Barbara DeAngelis
MÄNNER
Was jede Frau wissen sollte

Barbara DeAngelis

MÄNNER

Was jede Frau wissen sollte

Wilhelm Heyne Verlag
München

Titel der amerikanischen Originalausgabe:
SECRETS ABOUT MEN EVERY WOMAN SHOULD KNOW

Ins Deutsche übertragen von Elke Schmid und Gisela von Tschirnhaus
Redaktion: Regina Conradt

Die Originalausgabe erschien 1990 bei Delacorte Press,
Bantam Doubleday Dell Printing Group Inc., New York
Copyright © 1990 by Barbara DeAngelis
Published by arrangement with Author
Copyright © 1992 der deutschen Ausgabe by
Wilhelm Heyne Verlag GmbH & Co. KG, München
Umschlaggestaltung: Christian Diener
Satz: Kort Satz GmbH, München
Druck und Bindung: RMO-Druck, München
Printed in Germany

ISBN 3-453-05194-7

FÜR JEFFREY

von dem ich gelernt habe, der Liebe nie wieder nachzujagen

DANKSAGUNG

Ich möchte folgenden Leuten meinen besonderen Dank aussprechen:

Meiner Familie, die mir mit ihrer bedingungslosen Liebe und ihrem unerschütterlichen Glauben an mich geholfen hat, eines der schwierigsten Jahre meines Lebens durchzustehen.

Meinen Mitstreitern Jamie Branker, Kevin Roesch und Jeffrey James, die mich ermutigt haben, der Wahrheit nachzuspüren, gleichgültig, was dabei herauskäme. Die den Sprung mit mir wagten, eine Brücke der Liebe bauten und mir halfen, das andere Ufer zu erreichen.

Bill Chapelle, der wieder einmal genau im richtigen Moment in meinem Leben auftauchte, um meine Visionen mit mir zu teilen und mir zur Seite zu stehen, nicht nur als Direktor des Los Angeles Personal Growth Center, sondern auch als Freund.

David Sams, meinem Geschäftspartner und Manager, der mir half, meine Träume zu verwirklichen, und der meine Überzeugung teilte, daß dieses Buch geschrieben werden mußte.

Heather Simbrow Baroff, für ihre Loyalität, ihre angenehme Art und die Effizienz, mit der sie immer mein Büro leitete.

Virginia Bussinger, meiner persönlichen Assistentin, für ihre unschätzbare Gabe, Ordnung in mein Leben zu bringen und alles Nötige zu organisieren.

Lisa Guyer, die mich und meinen Haushalt vorzüglich betreut hat, während ich an diesem Buch schrieb.

Maria Talamini, die mich zwei Jahre lang täglich zur CNN fuhr und mir – wann immer ich es brauchte – stillschweigend die Hand hielt.

Dem gesamten Assistenten- und Versorgungsteam der Making Love Work-Seminare, für ihre beflügelnde Unterstützung.

Bill Gannon vom Polo Beach Club in Miami für den perfekten Ort zum Schreiben.

George Oliva und Bill Lewis von Radio KFI in Los Angeles, die mir ermöglichten, tagtäglich vielen Menschen zu helfen.

Bob Miller, dem Cheflektor von Delacorte, für sein Vertrauen, daß ich das Richtige tun würde, und für die gute und animierende Zusammenarbeit.

Harvey Klinger, meinem fabelhaften Literaturagenten, für optimale Geschäftsabschlüsse und die unterhaltsamsten Telefongespräche, die man sich als Autorin wünschen kann.

Ron Scolastico und The Guides, William Rainen und Dr. Peebles, die mir mit ihrem Wissen und ihrem unaufhörlichen Ideenreichtum immer dann zur Seite standen, wenn ich es am dringendsten brauchte.

Rabbi David Baron, der Stimme der Wahrheit und des Lichts in der Dunkelheit, meinem Lehrer, meinem Bruder, meinem Freund.

Verne Varona, für alles – für die Liebe und die Angst –, ohne die ich dieses Buch nicht hätte schreiben können.

Und besonderen Dank noch einmal Jeffrey James, der mein Felsen in der Brandung ist, der mir mit Geduld und Liebe in schmerzlichen Zeiten geholfen und Ruhe in mein Leben und Friede in mein Herz gebracht hat.

INHALT

Vorwort

Das Unbegreifliche im Verhalten von Frauen gegenüber Männern

1. Männer – ein Erlebnis der dritten Art 17
2. Die sechs größten Fehler von Frauen gegenüber Männern 32
3. Emotionales Lückenfüllen 86

Das Unbegreifliche an Männern

4. Drei mysteriöse Dinge 105
5. Geheimnisse über Männer und Sex 138
6. Die Hitliste der Lustkiller 171

Das Unbegreifliche im Zusammenleben

7. Geheimtips für die Verständigung mit Männern 225
8. Wie Sie Ihrem Liebsten helfen, aus sich herauszugehen 266
9. So werden Sie eine richtige Power-Frau 276

Was jede Frau von den Männern wissen sollte

VORWORT

Haben Sie sich nicht auch schon einmal gewünscht, die Männer würden Ihnen mit einer Bedienungsanleitung ins Haus geliefert? Wenn Sie einen Toaster oder Anrufbeantworter kaufen, ist immer eine nette kleine Broschüre dabei, die Ihnen hilft, das Gerät zu verstehen, die Ihnen die wichtigsten Funktionen erklärt und Sie auf mögliche Verletzungsgefahren bei der Benutzung hinweist. Und bei den Männern? Frauen »benutzen« Männer häufiger als andere »Geräte«, aber es wird von uns erwartet, daß wir alles über ihre Funktionsweise selbst herausfinden.

Tagtäglich gehen wir in unserem Leben mit Männern um – mit unseren Ehemännern oder festen Freunden, unseren Chefs oder Angestellten, unseren Vätern, unseren Söhnen, unseren Bekannten. Wir versuchen, sie zu verstehen, sie zu umsorgen, mit ihnen zu sprechen, sie zu lieben – sie dazu zu bewegen, daß sie uns auch lieben. Wenn das klappt, denken wir, daß Männer eine Wucht sind, und glauben felsenfest, ohne sie nicht leben zu können. Falls es hingegen nicht klappt, finden wir Männer unmöglich und denken, daß es uns vielleicht viel besser ginge, wenn wir nichts mit ihnen zu tun hätten. Wenn Ihnen zumute ist wie mir, dann haben Sie bestimmt auch schon irgendwann einmal in Ihrem Leben vor Frust die Hände über dem Kopf zusammengeschlagen und hätten bestimmt am liebsten gesagt: »Diesen Mann müßte man ins Werk zurückschicken, er hat eine Macke! Ihm fehlt irgend etwas, irgendein Teil, denn er ›funktioniert‹ einfach nicht richtig.« Oder: »Vielleicht ist dieses Modell inzwischen überholt – ich kann es einfach nicht richtig in Gang bringen!«

Als Frau haben Sie die Wahl zwischen drei Möglichkeiten, welche Rolle die Männer in Ihrem Leben spielen sollen.

Möglichkeit Nr. 1: Sie können Ihr Leben lang sauer sein auf die Männer, sich verrückt machen lassen und Ihre Zeit mit Klagen verbringen. (Das macht vielleicht eine Weile Sinn, aber nach ein paar Jahren hat es keinerlei Reiz mehr.)

Möglichkeit Nr. 2: Sie verzichten ganz auf Männer und schaffen sich einen netten, kuscheligen Hund an. (Das ist billiger und macht weniger Arbeit. Doch auf die Dauer ist es auch nicht abendfüllend.)

Möglichkeit Nr. 3: Sie entschließen sich, alles zu lernen, was zum Verständnis und zum Umgang mit Männern nötig ist, um dann in einer Beziehung zu leben, die genauso toll ist, wie Sie es sich gewünscht haben.

Ich habe in den letzten 15 Jahren mit vielen Tausenden Männern und Frauen geredet, um herauszubekommen, warum Beziehungen gut funktionieren oder woran sie scheitern. Die Männer verstehen zu lernen hat mich viel Zeit gekostet. Es war eine schwierige und oft schmerzhafte Reise, und ich habe unterwegs in meinen eigenen Beziehungen mit Männern viele Fehler begangen.

Es macht mich glücklich, sagen zu können, daß ich nicht nur überlebt habe: Ich bin aus dem Kampf mit einem neuen Verständnis für Männer hervorgegangen. Das hat mein Leben verändert, und diese Erfahrungen möchte ich mit Ihnen teilen. Ich hoffe, daß mein Buch in Sachen Männer genau der Ratgeber für Sie sein wird, nach dem Sie gesucht haben. Möge es Ihnen helfen, die liebevolle Beziehung mit einem Mann herzustellen, von der Sie schon immer geträumt haben.

Das Unbegreifliche im Verhalten von Frauen gegenüber Männern

1 Männer – ein Erlebnis der dritten Art

Lebe im Wandel der Zeit
Chinesisches Sprichwort

Stellen Sie sich vor, Sie gehörten zu den Auserwählten, die an einer Expedition auf einen fremden Planeten teilnehmen dürften. Man weiß nur, daß er von Wesen bewohnt wird, die in ihrer körperlichen Erscheinung den Menschen ähnlich sind. Nach einer langen Reise durchs All landen Sie endlich in einer fernen Welt und verlassen voller Erwartung Ihr Raumschiff. Sie werden von freundlich aussehenden Kreaturen begrüßt, die tatsächlich menschenähnlich aussehen – und zu Ihrer Verwunderung auch noch die gleiche Sprache sprechen.

Sie sind neugierig, reden mit ihnen und scheinen zunächst ganz gut miteinander klarzukommen. Aber nach einiger Zeit gibt es Spannungen, die immer größer werden, Mißverständnisse am laufenden Band, obwohl die Fremden offensichtlich Ihre Sprache beherrschen. Das, was Sie sagen, wird oft anders verstanden; Ihre Neugier wird beispielsweise als Kritik angesehen. Auch in der Art, wie diese Wesen miteinander umgehen, gibt es unübersehbare Unterschiede. Sie selbst sind es gewöhnt, sich kooperativ und feinfühlig zu verhalten, während hier jeder mit jedem im Wettbewerb steht. Sie haben gelernt, Ihre Gefühle mitzuteilen, und hier scheint man sich Mühe zu geben, Emotionen zu verbergen. Mit der Zeit wächst Ihr Frust, und Ihr Forschungsteam beschließt, diesen fremdartigen, unwirtlichen Ort wieder zu verlassen. Sie glauben, daß die Leute auch froh sind über Ihre Abreise, da Ihr Besuch nicht gerade Begeisterung ausgelöst hat. Aber zu Ihrer Überraschung sind sie sehr traurig und beteuern immer wieder, die Begegnung habe sie gefreut, und bitten Sie, nicht zu gehen. Trotz der heftigen Proteste besteigen Sie Ihr Raumschiff, sind aber endgültig verwirrt, und während Sie es sich in Ihrem Sitz bequem machen und spüren, wie die Triebwerke das Sternenschiff zurück ins All katapultieren, denken Sie erstaunt: *Das waren die eigenartigsten Typen, die mir je begegnet sind. Sie sagen eines, meinen aber etwas ganz anderes. Sie tun so, als würden sie sich nichts aus uns machen, aber das stimmt nicht. Sie schienen uns zwar nicht gern um sich zu haben, waren jedoch sehr unglücklich, als wir sie wieder verließen. Es war ja ganz interessant, sie mal zu besuchen, aber auf die Dauer möchte ich wohl kaum mit ihnen zusammenleben.*

Start in die abenteuerliche Männerwelt

Falls Sie es noch nicht wissen sollten: Diese Wesen von einem anderen Stern sind längst bei uns gelandet und leben mitten unter uns – man nennt sie »Männer«. Und wenn man die enormen biologischen, psychologischen und soziologischen Unterschiede zwischen uns betrachtet, könnten Männer tatsächlich von einem anderen Planeten sein. Bevor Sie weiterlesen: Überlegen Sie doch nur, wie schwer es sein kann, mit jemandem auszukommen, der aus einem ganz anderen Umfeld stammt als Sie und unter völlig anderen Wertmaßstäben erzogen wurde. Jemand, dem beigebracht wurde, völlig anders zu denken, zu handeln und zu kommunizieren. Fast unmöglich, stimmt's? Dennoch stellt sich uns tagtäglich diese Herausforderung, wenn wir Beziehungen zu Männern aufnehmen. Es ist eigentlich ein Wunder, daß wir überhaupt miteinander zurechtkommen.

Die Unterschiede zwischen Frauen und Männern gibt es schon seit Urzeiten, und darauf möchte ich in diesem Kapitel näher eingehen. Die Frauen akzeptierten diese Unterschiede, paßten sich an und übernahmen bestimmte Rollen, die man von ihnen erwartete. Aber zu Beginn des zwanzigsten Jahrhunderts fand eine Revolution statt, und zwar in der Art und Weise, wie Frauen sich selbst sahen und wie sie auch von seiten der Männer anders gesehen zu werden verlangten. Zum ersten Mal forderten Frauen Gleichberechtigung in allen Lebensbereichen, und in diesem Prozeß zerbrach jenes traditionell festgelegte Rollenverhalten, das sie, ihre Mütter und Großmütter und ihre Urgroßmütter als gegeben akzeptiert hatten. Die Einführung effektiverer Methoden zur Geburtenkontrolle und der Zugang zum Arbeitsmarkt eröffneten den Frauen die Möglichkeit zur schöpferischen und wirtschaftlichen Befreiung aus der Abhängigkeit vom Mann.

Und dadurch entstand eine Krise in männlich-weiblichen Beziehungen. Die Männer waren es gewohnt, Kontrolle auszuüben, und erwarteten von den Frauen unterwürfiges Verhalten. Nun erklärten die Frauen: »Das machen wir nicht mehr mit.« Tatsächlich wußten wir noch nicht so genau, wie wir uns als »neue Frauen« verhalten sollten. Das machte uns unsicher, und unsere Unsicherheit brachte die Männer, mit denen wir zusammen lebten, noch mehr durcheinander. Es schien ihnen, als würden wir noch immer das alte Spiel spielen. Doch die alten Spielregeln hatten wir über Bord geworfen, ohne jedoch die neuen so recht festgelegt zu haben. Einen Moment wollten wir unsere Freiheit genießen, im nächsten wiederum beschützt sein. Wir gingen arbeiten, lernten, für unseren Unterhalt zu sorgen, aber wir erwarteten von einem Mann weiterhin, daß er uns die Bürotür aufhielt. Wir forderten die Männer auf, sich uns zu öffnen und sich uns in ihrer Verletzlichkeit zu offenbaren, wandten uns aber enttäuscht ab, sowie sie anfingen, Schwäche zu zeigen. Unsere Doppelbödigkeit quälte uns selbst, und die Männer machte sie ganz verrückt.

Die Frauen der neunziger Jahre sind in der Lage, ihr Leben beruflich und finanziell zu meistern. Aber was unsere Beziehung zum Mann anbelangt, sind wir frustrierter denn je. Und manchmal scheint es, als hätten wir keinerlei Fortschritte gemacht. Vor kurzem sagte eine sehr erfolgreiche Geschäftsfrau zu mir: »Ich bin in der Lage, für meine Firma Hunderttausende Dollars zu machen und mir selbst ein eigenes Heim zu kaufen, aber ich weiß bis heute nicht, wie ich es schaffen kann, eine gute, dauerhafte Beziehung zu einem Mann aufrechtzuerhalten.« Für diese Frau und für viele von uns sind

Männer »ein Erlebnis der dritten Art«, der einzige Bereich in unserem Leben, der ein nicht zu entschlüsselndes Geheimnis für uns bleibt.

> **Achtung! In diesem Buch heißt es nicht: »Männer sind Idioten!« Es geht nicht darum, Männer bloßzustellen oder sie für ihr Verhalten zu verurteilen.**

Es ist vielmehr eine Sammlung wertvoller Informationen aus dem Erfahrungsbereich Tausender von Frauen.

Informationen, die ihnen geholfen haben, zu verstehen, warum Männer so sind, wie sie sind. Und die neue Wege im Umgang mit Männern zeigen.

Warum Männer so sind, wie sie sind

Haben Sie sich jemals gefragt, warum Männer lieber stundenlang suchend umherfahren, statt anzuhalten und nach dem Weg zu fragen?

Können Sie sich vorstellen, daß der Mann, der Sie zu beherrschen versucht, insgeheim Angst hat vor der Macht, die Sie auf ihn ausüben?

Was glauben Sie, warum es Männern so schwerfällt, wirkliche Nähe zuzulassen?

Haben Sie sich je Gedanken darüber gemacht, weshalb Männer so schnell wütend werden, wenn Sie einen Moment ihre Aufmerksamkeit möchten, während sie sich auf etwas zu konzentrieren versuchen?

Haben Sie sich schon einmal gefragt, warum ein Mann hartnäckig behauptet, nicht ärgerlich oder bestürzt zu sein, obwohl Sie ganz genau wissen, daß er es ist?

Sollten Sie die eine oder andere dieser Fragen mit Ja beantworten, dann sind Sie nicht die einzige. Jede Frau hat wohl manchmal, wenn sie den Mann anschaut, den sie liebt, das frustrierende Gefühl, einfach nicht begreifen zu können, warum er so ist, wie er ist. Als erstes müssen Sie wissen:

> Männer sind nicht so, wie sie sind, weil sie Frauen damit verrückt machen und ärgern wollen. Ihr Verhalten wurde ihnen seit Jahrtausenden antrainiert. Und diese Erziehung macht es ihnen schwer, Nähe zuzulassen.

Hierzu einige Hintergrundinformationen. Denken wir einmal darüber nach,
1. warum Männer immer als »einsame Jäger« und »ewige Krieger« bezeichnet werden,
2. warum Männer immer Frauen beherrscht haben,
3. wodurch Männern Liebesunfähigkeit anerzogen wird,
4. wie das Fernsehen uns geschlechtsrollentypisches Verhalten beibringt.

Der einsame Jäger

Kehren wir im Geiste zurück in die Steinzeit. Die Erde ist ein unwirtlicher, sich ständig wandelnder Planet voller Vulkane, Eisstürme, Überschwemmungen und abrupter klimatischer Extreme. Wilde Tiere streifen frei umher, der noch kärglichen menschlichen Bevölkerung weit überlegen, die in kleinen Gruppen lebt, wo immer sie Schutz findet. Die Welt ist ein primitiver Ort, in der nur das Recht des Stärkeren zählt.

Zusammengekauert in einer Höhle am Hang verzehrt eine Familie gerade eine Mahlzeit – die letzten paar Bissen eines wilden Hirsches, den der Mann zwei Tage zuvor erlegt hat. Damit ist ihr Vorrat verzehrt. Die Suche des Mannes nach Nahrung verlief seither erfolglos, bei diesem Wetter ist die Jagd schwierig. Es schneit schon seit einer Woche, und die meisten Tiere sind nach Süden gezogen, in wärmere Gegenden. Doch als der Mann sieht, wie seine Frau und die beiden Kinder gierig die letzten Reste von ihren Fingern lecken, weiß er, was er zu tun hat: Er muß hinausgehen auf die Jagd. Und er darf nicht zurückkehren, bevor er etwas erlegt hat. Wenn er versagt, werden er und seine Familie sterben und selbst gefressen von den Wölfen, die er jede Nacht heulen hört.

Plötzlich stürzt der Mann zum Höhleneingang, sein Körper in Angriffshaltung. Er glaubt, verdächtige Laute zu hören. Vielleicht ist da ein anderer, kräftigerer Mann, der hofft, ihn zu töten und sein Weib und die Höhle in Besitz nehmen zu können? Oder vielleicht ist es ein Wolf, der aus Hunger über sie herfällt? Oder es ist nur der Wind? Er kann sich nicht sicher sein. Er ist nie sicher. Darum will er nicht mit dem Rücken zur Höhlenöffnung sitzen, sondern ihr gegenüber, um jede nahende Gefahr wahrzunehmen. Darum ruht er nie ganz entspannt. Selbst im Schlaf horcht er immer auf beunruhigende Geräusche.

Er kauert sich wieder ans Feuer. Sein Herz klopft wie wild. Er hat Angst; er hat immer Angst. Doch wenn er seine Frau und seine Kinder ansieht, weiß er, daß er ihnen diese Angst niemals zeigen darf. Ohne seinen Mut würden sie alle Hoffnung verlieren. Ohne ihn sind sie so gut wie tot. Nein, er muß stark sein. Er muß sich daran erinnern, wer er ist. Er ist ein Mann. Er ist ein Jäger.

Der ewige Krieger

Das Leben des Mannes in der modernen Gesellschaft scheint keinerlei Ähnlichkeit mit dem seiner primitiven Vorfahren aufzuweisen. Aber – stammesgeschichtlich gesehen – bis vor nicht allzu langer Zeit jagten und töteten die Männer noch immer, um ihre Familie zu ernähren; sie mußten bereit sein, sie mit körperlichem Einsatz zu verteidigen, gegen wen auch immer.

Der Mann im zwanzigsten Jahrhundert muß nicht mehr jagen oder kämpfen. Die Taktiken, die ihm jahrhundertelang antrainiert und eingeübt wurden, sind nicht mehr notwendig. Es gibt keine Schlachten, es gibt keine Feinde, es gibt keine Bedrohung. Er ist der »verhinderte Krieger«.

Wundert es dann, daß Frauen sich über bestimmte Dinge beklagen, die sie an ihren Männern beobachten?

»Er scheint immer in Abwehrhaltung. Egal, was ich sage, er scheint ständig kampfbereit zu sein.«

»Es fällt ihm so schwer, sich zu öffnen und seine Gefühle zu zeigen. Als ob er immer Stärke demonstrieren müßte.«

»Ich wünschte mir sehr, mein Mann würde Freunde haben, aber er findet einfach keinen Zugang zu anderen Männern.«

»Bob nimmt seine Arbeit so ernst, daß er mich ganz verrückt macht. Ich versuche ihn zu lockern, aber er verhält sich, als ginge es um Leben oder Tod, wenn er seinen Bericht morgen anstatt heute zu Ende schreibt.«

»Mein Freund wird so wütend, wenn er sich durch jemanden kritisiert oder falsch behandelt oder bedroht fühlt. Er empfindet jede Art von Meinungsverschiedenheit als persönlichen Angriff, schlägt mit Sarkasmus zurück und führt sich auf wie ein Tyrann.«

»Wenn mein Mann sich über etwas aufgeregt hat, frißt er es in sich hinein. Er wird kühl und distanziert, und ich brauche drei Tage, bis er endlich herausläßt, was ihn bedrückt.«

Sicher können Sie jetzt im Verhalten der heutigen Männer die Jäger-Krieger-Mentalität eher begreifen. Sie werden immer noch von inneren Kräften beeinflußt, deren sie sich oft selbst nicht bewußt sind. Es wird sogar behauptet, daß die Menschen einen »genetischen Speicher« besitzen, eine Art Bewußtsein, das Jahrhunderte zurückreicht. Selbst im stillen Dasein eines Kleinstädters schwelt noch immer, was vor vielen Generationen bei seinen primitiven Vorfahren in der Steinzeit entwickelt wurde.

Es ist, als »erinnerten« sich Männer dieser primitiven Impulse, sich zu verteidigen, niemals Schwäche zu zeigen, sich immer unter Kontrolle zu haben, und handelten in ihrem Alltagsleben unbewußt noch immer dementsprechend.

WARUM MÄNNER IN RESTAURANTS BESTIMMTE PLÄTZE BEVORZUGEN

Vor einigen Jahren machte ich eine Erfahrung, die mich endgültig davon überzeugte, daß es so etwas wie einen genetischen Speicher geben muß. Zu dieser Zeit hatte ich eine Beziehung mit einem Mann, der Lehrer und Schriftsteller war. Jedesmal wenn wir zum Essen ausgingen, bemerkte ich etwas Seltsames. Kaum hatten wir das Restaurant betreten und der Kellner zeigte uns unseren Tisch, setzte ich mich auf den Stuhl, den mir der Kellner anbot. Wenn die Stuhllehne ins Restaurant wies, nahm mein Partner selbstverständlich den anderen Stuhl. Aber hatte ich den Stuhl, der einen besseren Blick über das Lokal ermöglichte, wurde mein Partner unruhig und fragte, ob wir die Plätze tauschen könnten. Zu Anfang dachte ich mir nichts Besonderes dabei und tauschte den Platz mit ihm. Aber eines Abends war ich in einer mutwilligen Stimmung, und als er mich fragte, sagte ich: »Nein, heute möchte ich diesen Stuhl. Immer hast du den besseren Überblick und kannst jeden beobachten. Diesmal möchte ich hier sitzen.«

Mein Partner stimmte widerwillig zu und saß mir gegenüber mit dem Rücken zum Restaurant. Wir bestellten unser Essen, und ich begann, von meinem Tag zu erzählen und über andere belanglose Dinge zu reden, bis mir auffiel, wie gequält er wirkte. Er wand sich buchstäblich auf seinem Sitz hin und her. »Stimmt etwas nicht?« fragte ich.

»Ich mag einfach nicht hier sitzen. Ich kann mich hier nicht entspannen«, erwiderte er.

»Ich verstehe nicht. Was ist daran so schrecklich, auf diesem Stuhl zu sitzen?«

»Ich kann überhaupt nichts sehen«, erklärte er. »Es ist so merkwürdig, mit dem Rücken zum Raum zu sitzen – es macht mich ganz nervös.«

Während der nächsten halben Stunde analysierten wir dieses sonderbare Gefühl meines Partners, und was wir dabei entdeckten, überraschte uns beide. Obwohl dieser Mann niemals zuvor darüber nachgedacht hatte, wählte er immer eine Sitzrichtung, bei der er den Überblick hatte, egal ob im Restaurant oder auf einer Party. Sein Verstand sagte ihm, daß es keine wirklich drohende Gefahr in dieser Situation gab, und doch fühlte er sich unsicher mit dem Rücken zum Raum. Allein der Gedanke an diese Sitzrichtung widerstrebte ihm in seinem tiefsten Innern. Als ob ihn eine innere Stimme warnte: *Paß auf! Bleib wachsam!*

Nun war dieser Mann keineswegs ein ausgesprochener »Macho«, sondern ein höflicher, gebildeter Mensch. Er beteuerte, daß weder sein Vater noch das Militär ihn gedrillt hätten, »verteidigungsbereit zu sitzen«. Und daß er sich bis zu diesem Zeitpunkt nie bewußt gewesen sei, wie er sich verhielt. Wir konnten keine andere Erklärung als die Genetischer-Speicher-Theorie finden: Er wußte, daß er seinen Rücken niemals dem »Höhleneingang« zuwenden durfte.

Von da an habe ich es mir angewöhnt, Männer nach ihren Sitzgewohnheiten in Restaurants zu befragen, und die Mehrheit von ihnen bestätigte, daß sie sich wohler fühlen, wenn sie einen klaren Überblick über den Raum haben. So zum Spaß können Sie eigene Untersuchungen darüber anstellen. Wenn Sie jemals einen Mann absichtlich beunruhigen wollen, bestehen Sie darauf, daß er mit dem Rücken zum Raum sitzt, und beobachten Sie, wie er sich windet!

Warum Männer immer Frauen beherrscht haben

Bis zur Einführung zuverlässiger Verhütungsmethoden war die Rolle von Frau und Mann einfach dadurch festgelegt, daß Frauen schwanger werden und Kinder zur Welt bringen können – und Männer nicht.

Lassen Sie uns mal bei Fred und Frieda Feuerstein vorbeischauen, wie sie zusammen jagen und arbeiten. Wenn Frieda von Fred nicht völlig beherrscht werden will, sollte sie lieber keinen Sex mit ihm haben – weil sie sonst schwanger wird und damit ihren gleichberechtigten Status verliert.

Schon bald wird sie so dick sein, daß sie nicht mehr schnell laufen kann. Dann wird sie ihr Kind bekommen und es pflegen und versorgen, und das hindert sie wiederum daran, mit Fred auf die Jagd zu gehen. Und wenn sie erst einmal drei oder vier Kinder hat, wird sie in jeder Hinsicht von Fred abhängig sein, da die Versorgung der Kinder ihre ganze Zeit beanspruchen wird.

Fred und seinesgleichen besaßen im Lauf der Zeit aus einem einzigen Grund die absolute Macht über die Frauen – sie spürten Wild auf, erlegten und verteilten das Fleisch. Und der Jäger, der das meiste Fleisch beschaffte, war der Anführer.

Wenn man nicht nett zu diesen Typen ist und ihre Regeln nicht befolgt, liegt es in ihrer Hand, einem kein Fleisch mehr zu geben, und man stirbt.

So einfach ist das. Vielleicht ist das die Ursache, warum manche Männer so wütend werden bei dem Gedanken, daß ihre Frauen zur Arbeit gehen. Ihre grundlegende Form der Kontrolle ist bedroht, wenn die Frau eigene »Beute« mit nach Hause bringt. Natürlich waren die Frauen auch noch, nachdem die Männer aufgehört hatten, auf die Jagd nach Nahrung zu gehen, in ihrer Eigenschaft als stillende Mütter ans Haus gebunden.

Daher hatten die Männer weiterhin die wirtschaftliche Macht in der Beziehung – und deshalb bestimmten sie.

Die psychologische Erklärung, warum Männer Frauen beherrschen

Würden Sie erwarten, daß ein Mann, der seine Frau schlecht behandelt und unterdrückt, insgeheim eifersüchtig auf sie ist oder sich sogar bedroht fühlt? Es gibt die Theorie, daß Männer aus Neid auf die weibliche Kreativität dazu getrieben würden, Frauen zu beherrschen.

Der weibliche Körper durchläuft einen geheimnisvollen Wandel, den Männer nicht nachvollziehen können. Frauen sind auch mit bestimmten intuitiven und kreativen Fähigkeiten ausgestattet, die Männer nicht besitzen. Vor allem können Frauen empfangen und gebären – ganz sicher das größte Wunder der Schöpfung. All diese Faktoren mögen dazu beitragen, daß Männer das Bedürfnis haben, Frauen zu beherrschen.

Eine neuere Theorie erklärt das Bestreben der Männer, die Frauen zu beherrschen, als einen Versuch, die Identifizierung mit dem Weiblichen zu verhindern, und den Drang, sich von ihren Müttern zu lösen.

Die Mutter ist erstes Vorbild, erste Beziehung für einen kleinen Jungen. Er wird sich in ihr mit dem Weiblichen identifizieren. Es sei denn, er versucht, sich von ihr zu lösen. Wir kennen die sonderbaren Verhaltensweisen von Jungen in der Pubertät: Sie wollen von ihren Müttern nicht geküßt oder berührt werden, sie behaupten sogar, sie zu hassen. Darin steckt der Versuch, sich anders zu definieren, nämlich als Mann. Nancy Chodorow, die Autorin des Buches *The Reproduction of Mothering*, erklärte dazu:

»In seinem Innern versucht der Junge, seine Mutter abzulehnen und die Liebe zu ihr und die starke Abhängigkeit, die er immer noch empfindet, zu verleugnen... Alles, was ihm in seinem Innern weiblich erscheint, versucht er zu unterdrücken, und bezeichnenderweise dadurch, daß er alles Weibliche in der Außenwelt verunglimpft.«

> Der kleine rebellierende Junge im Mann, der immer weiter beweisen will, daß er nicht wie seine Mutter ist, versucht daher fortwährend, die Frauen zu beherrschen und sie als unzulänglich und schwach zu sehen. Unter dem Motto: »Siehst du, da ich dich beherrsche, bin ich besser als du. Ich bin NICHT du.«

Später in diesem Buch werde ich darauf eingehen, wie der Wunsch des kleinen Jungen nach Loslösung von seiner Mami den erwachsenen Mann, den wir lieben, immer noch beeinflußt.

Wodurch Männern Liebesunfähigkeit anerzogen wird

»Mein Glückwunsch: ein Junge!« verkündet der Arzt und gibt damit das Signal, daß dieses zerbrechliche Geschöpf männlichen Geschlechts von vornherein anders behandelt wird als das kleine Mädchen im Nebenzimmer. Hier einige Fakten, die in zahlreichen Studien zusammengetragen wurden:

- Eltern von neugeborenen männlichen Babys tendieren dazu, ihre Söhne als *stärker, größer, munterer, energischer* und *ausdauernder* zu beschreiben.

  Eltern von neugeborenen Mädchen schildern ihre Töchter als *liebenswert, sanft, zierlich, hübsch* und *zerbrechlich*. Die Eltern glauben tatsächlich, ihr Kind habe diese charakteristischen Merkmale, obwohl die Krankenhausberichte normalerweise minimale oder gar keine Unterschiede zwischen den beiden Neugeborenengruppen aufzeigen.

- Eltern neigen dazu, höhere Anforderungen an kleine Jungen als an kleine Mädchen zu stellen, und erwarten von ihren Söhnen, daß sie verantwortungsvoller und mutiger sind.

- Eltern drängen Jungen mehr als Mädchen dazu, selbständig zu sein. Söhne, die Angst haben oder kränkeln, werden weniger umsorgt als Töchter, dafür werden Jungen wesentlich früher größere Freiheiten zugestanden als Mädchen.

- Eltern bestärken ihre Söhne darin, Gefühle zu unterdrücken, ihre Töchter hingegen, sie zu zeigen. Den Jungen wird beigebracht, es sei unmännlich, starke Gefühle zu empfinden. Das gilt nicht nur für Gefühle, die als »Schwächen« angesehen werden – etwa Angst oder Traurigkeit –, sondern genauso für Leidenschaft, Sehnsucht und starke Liebe. In seinem Buch *Male Sexuality* beschreibt Dr. Bernie Zilbergeld, wie Jungen beigebracht wird, ihre Gefühle zu kontrollieren:

»(Sie) lernen früh, daß nur ein geringer Spielraum in der Gefühlswelt erlaubt ist: Aggressivität, Konkurrenzdenken, Zorn und Empfindungen, die man mit Macht und Stärke in Verbindung bringt. Später betrifft das auch die sexuellen Empfindungen. Schwäche, Unsicherheit, Angst, Verwundbarkeit, Zärtlichkeit, Mitleid und Empfindsamkeit sind hingegen nur Mädchen und Frauen gestattet. Ein Junge, der auch nur den Anflug solcher Merkmale zeigt, macht sich leicht zum Gespött und wird als Heulsuse oder Mädchen bezeichnet (und was könnte erniedrigender sein?).«

Heutzutage versuchen viele junge Eltern, eine geschlechtsspezifische Erziehung ihrer Kinder zu vermeiden. Aber fast alle erwachsenen Männer, die heute herumlaufen, sind geprägt durch ihre frühkindliche Konditionierung.

Wie das Fernsehen uns geschlechtsrollentypisches Verhalten beibringt

Als kleine Kinder haben wir nicht nur von unseren Eltern gelernt, uns selbst als männlich oder weiblich zu empfinden, auch die unzähligen Stunden Fernsehberieselung prägten uns. Interessant ist, was in verschiedenen Untersuchungen über Männer- und Frauenrollen im Fernsehen herausgekommen ist:

- Männer werden grundsätzlich als ambitionierte, abenteuerlustige, starke und dominante Figuren gezeigt. Den Frauen bleiben nur die Darstellungsmöglichkeiten der abhängigen, unterwürfigen und schwachen Charaktere.

• Männer sind verwickelt in aufregende Aktivitäten, für die sie reich belohnt werden, während die Handlungsmuster die Rolle der Frauen meist auf unterstützende oder weniger wichtige Funktionen beschränken, in denen ihnen nur wenig Anerkennung zuteil wird.

• Die Fernsehwerbung zeigt Frauen als ängstlich, angespannt und besorgt über Probleme wie häusliche Aprilfrische, Migräneanfälle und Schmutzränder an weißen Hemden. Männer dagegen sind überlegen, wissen alles und verhalten sich wie Machos.

• Western-Serien, die vor allem in den 50er und 60er Jahren die Männerbilder der Jungen prägten, porträtierten den gesamtamerikanischen Helden, den Cowboy, als einen Einzelgänger, der tut, was getan werden muß. Der ganz allein in den Sonnenuntergang reitet, ohne jede Verpflichtung, ohne Bindungen – völlig frei.

Stellen Sie sich Ihren Lebensgefährten vor, wie er als kleiner Junge vor dem Fernseher hing und sich ein Programm nach dem anderen reingezogen hat. Lauter Sendungen, die – genau wie die Werbung – die Männer als stark, cool, emotionslos, immer beherrscht und absolut furchtlos dargestellt haben.

Ob er sich nun für Helden wie Lone Ranger, Zorro, Batman, Maverick, die Jungs von *Bonanza*, Peter Gunn oder irgendeinen anderen überlebensgroßen Cowboy, Detektiv oder Schläger begeisterte – er wollte genauso werden wie sie. Übrigens wird in solchen Sendungen nicht gezeigt, ob Zorro eine Frau oder Lone Ranger eine Freundin hat. Wieso auch, für diese Fernsehtypen bedeutet Intimität, ein Pferd zu haben oder einen Kumpanen, aber niemals eine Frau.

Wer weiß, die Zeiten können sich auch ändern!

Nun fangen Sie hoffentlich an zu verstehen, warum Männer so sind, wie sie sind. Warum »Mann sein« bedeutet, Gefühle zu unterdrücken, ständig im Wettbewerb zu stehen, gegen die Widrigkeiten dieser Welt kämpfen zu müssen, um zu überleben, Unabhängigkeit zu bewahren und die Vorherrschaft zu haben. Die Männer sind geprägt von Gewohnheiten, die von Generation zu Generation weitergereicht werden, und von Eltern, Gesellschaft und anerzogenen Wertvorstellungen, durch die ihnen Intimität verschlossen bleibt.

> Der Entschluß, ein »richtiger Mann« sein zu wollen, wie es die Gesellschaft von ihm verlangt, bedeutet für einen Mann, daß er besonders die Qualitäten verkörpern muß, die es ihm unmöglich machen, sich zu öffnen und Vertrauen zu haben zu der Frau, die er liebt.

Folgende Tabelle zeigt die gewaltigen emotionalen Widersprüche, mit denen Männer leben müssen:

Was Männern beigebracht wird, wie sie sein sollen	*Wie wir die Männer gerne hätten*
defensiv und mißtrauisch	offen und vertrauensvoll
Gefühle unterdrücken	Gefühle zeigen
stark und unbezwingbar erscheinen	zu ihren Schwächen stehen
konkurrierendes Verhalten	kooperatives Verhalten
die Welt draußen im Griff haben	sich mit dem Innenleben auseinandersetzen
alles unter Kontrolle haben, die Bestimmer sein	loslassen, nicht immer alles unter Kontrolle haben

Da stehen wir nun, die Frauen der 90er, und machen unseren Männern klar, daß die charakteristischen Merkmale, an deren Kultivierung sie so hart gearbeitet haben, genau die sind, die uns abstoßen und forttreiben. Eigenschaften, die wir gern bei ihnen stärker ausgeprägt sähen, sind genau die, die man ihnen als »schwächlich« und »unmännlich« dargestellt hat und gegen die sie mühsam angekämpft haben. Wenn Sie sich das einmal klarmachen, ist es viel einfacher zu verstehen, warum sich die Männer offensichtlich gegen Veränderung wehren, warum sie das Gefühl haben, wir würden in unfairer Weise Druck auf sie ausüben. Warum sie in einfachen Beziehungsangelegenheiten, die für uns so simpel sind, so unfähig erscheinen.

Wir erwarten von den Männern Kompetenz auf Gebieten, auf denen sie keinerlei Erfahrung haben – und es handelt sich dabei ausgerechnet um Bereiche, in denen die Frauen besonders gut sind: die Fähigkeit, Gefühle auszudrücken, Intimität herzustellen, die Nahrungsversorgung und die Liebe.

In den letzten zehn Jahren habe ich mit Tausenden Männern gesprochen. Und ich kann Ihnen versichern, daß Männer sich öffnen wollen, lernen wollen, tiefer zu empfinden und diese Gefühle auch auszudrücken gegenüber den Frauen, die sie lieben. Aber dieser Prozeß ist für sie schwierig, ja sogar beängstigend. Ich hoffe, wenn Sie dieses Kapitel gelesen haben, verstehen Sie besser, warum das so ist. Die Männer in Ihrem Leben brauchen alles Mitgefühl, all die Geduld und Unterstützung, die Sie nur aufbringen können, damit es ihnen gelingt, auch ihre Herzen zu öffnen.

Das chinesische Sprichwort am Anfang dieses Kapitels sagt: »Lebe im Wandel der Zeit.« Und die Zeiten ändern sich tatsächlich. Die alten Muster von Leben und Liebe funktionieren nicht mehr, doch wir haben noch keine neuen parat. In der Zwischenzeit versuchen wir weiter, Beziehungen herzustellen, und in diesem Prozeß durchleben wir eine Menge Enttäuschungen und Verwirrungen. Aber die Herausforderung ist da, denn mit den Veränderungen entstehen unglaubliche Möglichkeiten, neue Ebenen persönlichen Wachstums zu erreichen.

2 Die sechs größten Fehler von Frauen gegenüber Männern

Können Sie sich vorstellen, daß alles falsch ist, was Sie über Ihr Verhalten gegenüber Männern gelernt haben?
•
Tun Sie manchmal Dinge, von denen Sie ganz sicher sind, daß sie einen Mann erfreuen, und sind dann schockiert, wenn er besonders negativ darauf reagiert?
•
Haben Sie manchmal das Gefühl, eine schlechte Gebrauchsanweisung für einen erfolgreichen Umgang mit Männern erhalten zu haben, weil nichts so funktioniert, wie es sollte?

Wenn Sie eine dieser Fragen mit Ja beantwortet haben, stehen Sie damit nicht allein da. Ich habe in meinen Seminaren und Selbsthilfegruppen mit vielen Frauen gearbeitet, und die meisten wußten zwar, daß in ihren Beziehungen mit Männern irgend etwas falsch lief, aber sie waren nicht sicher, was es war oder wie sie etwas daran ändern könnten. Wenn Sie Ihre Beziehungen zu Männern verbessern wollen – ganz gleich, ob zu Ihrem Ehemann, Freund, Vater oder zu Ihren Mitarbeitern –, müssen Sie nicht nur deren Verhaltensweisen verstehen, sondern auch Ihr eigenes Verhalten einer ehrlichen Prüfung unterziehen.

Wie gesund sind Ihre Beziehungen zu Männern?

Hier ist ein Test, der Ihre Stärken und Schwächen in den Beziehungen zu Männern enthüllt. Beantworten Sie die Fragen mit einer der folgenden Bewertungen:

A: fast immer
B: oft
C: gelegentlich
D: selten
E: fast nie

Sie sollten die Fragen so ehrlich wie möglich beantworten. Überlegen Sie gut, was für Sie wirklich zutrifft. Es geht also nicht darum, wie Sie sich Ihrer Ansicht nach verhalten sollten, sondern was Sie wirklich *normalerweise* tun.

1. Wenn ein Mann in der Nähe ist, den ich mag oder den ich anziehend finde, bin ich teilweise gar nicht ich selbst, denn ich rede anders als sonst, suche Zustimmung, lasse meine Bedürfnisse außer acht oder bin gehemmt.
2. Ich fühle mich immer für die Männer in meinem Leben verantwortlich und sorge dafür, daß sie kriegen, was sie brauchen.
3. Ich lasse mich von Männern in einer Art behandeln, wie ich es mir von einer Frau nie gefallen lassen würde.
4. Ich benutze meine Sexualität, um bei Männern anzukommen, durch Flirten, Necken, Körpersprache etc.
5. Aus Angst vor eventuellen Reaktionen eines Mannes lasse ich mich von Dingen abhalten, die ich tun möchte, oder traue mich nicht zu sagen, was ich tatsächlich in seiner Gegenwart empfinde.
6. Ich verüble Männern, was sie mir in der Vergangenheit angetan haben oder wie sie mich momentan behandeln.

7. Ich gebe mich im Umgang mit Männern hilflos, mache mich klein oder tue ratlos, um Zuwendung oder Aufmerksamkeit zu erlangen oder um nicht ihren Ärger auf mich zu ziehen.
8. Ich glaube, ich bekomme von den Männern um mich herum allen Respekt und all die Wertschätzung, die ich verdiene.
9. Ich sage den Männern, aus denen ich mir etwas mache, immer offen alles, was ich möchte und brauche.
10. In Gegenwart mächtiger Männer (Chef, Vater, Autoritätsfiguren) fühle ich mich entspannt und selbstsicher. Ich behalte mein normales Verhalten bei, wodurch ich weder übermäßig geltungsbedürftig oder aggressiv noch besonders schüchtern erscheine.

Zählen Sie nun Ihre Punkte zusammen. Bei den Fragen 1 bis 7 geben Sie sich bei Antwort:
A: 2 Punkte
B: 4 Punkte
C: 6 Punkte
D: 8 Punkte
E: 10 Punkte

Bei den Fragen 8 bis 10 geben Sie sich bei Antwort:
A: 10 Punkte
B: 8 Punkte
C: 6 Punkte
D: 4 Punkte
E: 2 Punkte

80–100 Punkte: GRATULIERE! Ihre harte Arbeit an sich selbst und an Ihrer Beziehung, um eine starke, aber liebende Frau für den Mann in Ihrem Leben zu sein, hat sich bezahlt gemacht. Sie bewahren genug Sinn für sich selbst, auch wenn Männer, die Ihnen etwas bedeuten, in Ihrer Nähe sind. Und Sie wissen, daß eine gute Kommunikation die wichtigste Grundlage für gesunde und langanhaltende Beziehungen ist. Um weiterhin Probleme zu vermeiden, sollten Sie sich in Bereichen, in denen Sie eine geringere Punktzahl hatten, auch noch verbessern.

60–79 Punkte: IHRE BEZIEHUNGEN ZU MÄNNERN SIND NICHT SCHLECHT, ABER SIE KÖNNTEN VIEL BESSER SEIN. Die meisten Frauen fallen unter diese Kategorie. Es gibt einige Warnsignale, auf die Sie achten sollten, damit im Laufe der Zeit keine größeren Probleme daraus erwachsen. Arbeiten Sie daran, sich selbst und Ihre Bedürfnisse klar auszudrücken, und vermeiden Sie die sechs Fehler, die Frauen Männern gegenüber begehen – Fehler, auf die wir später in diesem Kapitel zu sprechen kommen. *Sie verdienen viel mehr Liebe, als Sie verlangen.*

40–59 Punkte: IN IHREN BEZIEHUNGEN ZU MÄNNERN GIBT ES ERNSTE PROBLEME. Sie haben einige schlechte emotionale Gewohnheiten, die verhindern, daß Sie die Liebe und das Verständnis erhalten, die Sie eigentlich verdient haben. Sie werden nie den gewünschten Respekt erfahren, wenn Sie weiterhin im Umgang mit Männern auf Ihre Power verzichten, sich wie eine Art Schuhabtreter verhalten und behaupten, alles wäre bestens. Veränderung tut not! Der erste Schritt ist, sich einzugestehen, wie unzufrieden Sie eigentlich sind. Wenden Sie alles, was Sie aus diesem Buch lernen, an. Bitten Sie Ihren Freund um Unterstützung, und nehmen Sie sich fest vor, endlich die starke Frau zu werden, die Sie sein könnten.

39 Punkte oder weniger: NOTFALL! IHRE BEZIEHUNGEN ZU MÄNNERN SIND UNGESUND. Sie haben viel gelitten und fühlen sich seit langem ungeliebt, so daß Sie wahrscheinlich vergessen haben, was für ein Gefühl es ist, Sie selbst sein zu können mit einem Mann an Ihrer Seite, der Ihnen wirklich etwas bedeutet. Vielleicht wissen Sie gar nicht, wie eine gesunde Beziehung zu einem Mann aussieht. Es ist höchste Zeit, mit Sofortmaßnahmen zu beginnen, doch das können Sie nicht allein. Bitten Sie andere Frauen um Hilfe; suchen Sie sich einen liebevollen und erfahrenen Therapeuten; nehmen Sie an Selbsthilfegruppen teil. Beschäftigen Sie sich mit diesem Buch so oft wie möglich, und tun Sie alles, was Ihnen Kraft verleiht, sich selbst wieder mehr zu lieben. Kämpfen Sie an gegen Dumpfheit, Negativität und Selbstmitleid. Hören Sie auf, das Opfer zu spielen! Nur Sie selbst können etwas verändern. Und Sie haben Besseres verdient!

Ich schlage vor, Sie wiederholen diesen Test von Zeit zu Zeit, um festzustellen, ob und wo Sie Fortschritte auf dem Weg zu einer starken Frau gemacht haben. Zuerst sollten Sie die Grundsätze dieses Buches in die Praxis umsetzen und erst nach einigen Wochen diesen

Test noch einmal machen. Dann sollten ein paar spürbare Verbesserungen stattgefunden haben und sich in einer höheren Punktzahl widerspiegeln. Damit sind Sie auf dem richtigen Weg, Ihre Liebesbeziehungen zu Männern so zu gestalten, wie Sie sie gern hätten.

BRINGEN SIE IHREN GELIEBTEN ZUR WEISSGLUT?

Ob Sie sich dessen bewußt sind oder nicht: Manchmal sind Sie es selbst, die den Mann, den Sie lieben, durch Ihr Verhalten zum Äußersten treibt.

Ich will damit NICHT sagen, daß an Beziehungsproblemen allein die Frauen schuld sind oder daß unsere Verhaltensweise »falsch« oder »schlecht« ist oder daß die Männer sich nicht ändern müssen, sondern nur wir. Ich will nur sagen, daß die Probleme zu 50 Prozent durch das Verhalten der Frauen gegenüber Männern bedingt sind.

Gerade die Verhaltensweisen, die wir in der Absicht angenommen haben, »liebevolle Frauen« zu sein, wirken sich oft besonders destruktiv auf unsere Beziehungen zu Männern aus.

Natürlich machen wir diese Fehler nicht absichtlich. Den meisten von uns wurden diese Verhaltensmuster von ihren Müttern beigebracht, und denen wiederum von ihren Müttern… Aber dadurch, daß wir an diesen alten Rollen und Gewohnheiten festhalten, bekommen wir selbst das Gefühl, als Frauen minderwertig zu sein. Und das ermutigt dann die Männer noch mehr, uns schlecht zu behandeln.

Die 6 größten Fehler von Frauen gegenüber Männern

1 FRAUEN VERHALTEN SICH WIE MÜTTER UND BEHANDELN MÄNNER WIE KLEINE KINDER

2 FRAUEN OPFERN SICH: DIE EIGENE WICHTIGKEIT WIRD ZURÜCKGESTELLT ZUGUNSTEN DES MANNES, DEN SIE LIEBEN

> **3** FRAUEN SIND VERLIEBT IN DIE POTENTIELLEN MÖGLICHKEITEN EINES MANNES
> **4** FRAUEN VERBERGEN, WIE HERVORRAGEND UND KOMPETENT SIE WIRKLICH SIND
> **5** FRAUEN VERZICHTEN AUF IHRE POWER
> **6** FRAUEN SPIELEN DIE KLEINMÄDCHENROLLE, UM IHRE WÜNSCHE VON MÄNNERN ERFÜLLT ZU BEKOMMEN

FEHLER NR. **1** *Frauen verhalten sich wie Mütter und behandeln Männer wie kleine Kinder*

Haben Sie irgend etwas in der Art schon mal zu einem Mann gesagt:
»Liebling, hast du deine Brieftasche auch nicht vergessen?«
»Vergiß nicht, auf dem Nachhauseweg die Sachen in der Reinigung abzuholen.«
»Denkst du daran, die fällige Stromrechnung zu bezahlen?«
»Hast du bemerkt, daß die Gasflasche fast leer ist?«
»Du hast sicher nicht daran gedacht, eine Reservierung vorzunehmen? Macht nichts, ich werde für dich anrufen.«
»Wie oft soll ich dir noch sagen, daß die nassen Handtücher nicht auf den Fußboden gehören?«
»Glaubst du nicht, daß du dich erkältest, wenn du nur diese leichte Jacke anziehst?«

Wenn Sie in Ihrer Veranlagung mir ähnlich sind, werden Sie nach dem Lesen dieser Auflistung von Schuldgefühlen gepackt. Fehler Nr. 1 – eine der häufigsten und schädlichsten Angewohnheiten, die wir gegenüber Männern haben: Wir behandeln sie wie kleine Kinder. Wir unterstellen, daß sie nicht für sich selbst sorgen können. Wir verhalten uns, als wären sie unfähig und brauchten uns dringlichst, um ihr Leben in die richtigen Bahnen zu lenken.
Ich weiß, Sie denken jetzt, daß unsere Mutmaßungen ja oftmals

auch richtig sind. Und da könnten Sie recht haben. Aber darum geht es nicht. Wichtig ist:

> **Wenn Sie einen Mann wie einen kleinen Jungen behandeln, wird er sich wie ein kleiner Junge verhalten. Wenn Sie glauben, ein Mann könne etwas nicht, wird er es weiterhin nicht können.**

Auf welche Weise Frauen Männer bemuttern und sie wie Kinder behandeln

1. Durch übertrieben hilfsbereites Verhalten, indem sie ihnen vieles abnehmen, das sie ihnen besser selbst überlassen sollten. Wir suchen seine Schlüssel; räumen hinter ihm auf; gehen ins andere Zimmer, um ihm etwas zu holen, was er problemlos selbst tun könnte; rücken seine Krawatte zurecht; kämmen ihm die Haare; wählen am Morgen aus, was er anziehen soll, und legen es ihm auf dem Bett zurecht.

2. Durch verbale Fragespiele mit Männern, bei denen Sie ihnen Informationen zu entlocken versuchen. Wir sagen: »Sag, hast du Hunger? Hast du Lust auf Müsli? Nein? Vielleicht auf eine Brezel? Keine Brezel? Okay, wie wäre es dann mit einem schönen Süppchen? Keine Begeisterung. Hmm, laß mich überlegen... ich weiß... ich könnte dir ein überbackenes Käsesandwich machen? Hättest du darauf Lust?«

3. Durch die Unterstellung, Männer wären grundsätzlich zerstreut oder vergeßlich und müßten an Dinge erinnert werden, an die sie von selbst denken sollten.
»Vergiß nicht, mich anzurufen, wenn du angekommen bist.«
»Vergiß nicht, Susie von der Tanzstunde abzuholen.«
»Vergiß nicht, heute abend müssen die Mülltonnen hinausgestellt werden.«
»Vergiß deinen Arzttermin nach der Arbeit nicht.«

4. Durch Schelte, als wären sie kleine Kinder.
»Was denkst du dir dabei, ohne Jacke loszugehen? Merkst du nicht, daß es draußen kalt ist?«

»Wie oft soll ich dir noch sagen, daß du erst das Licht ausmachen sollst, bevor du ins Bett kommst. Unsere Stromrechnung ist schwindelerregend hoch.«

»Du hast dir bei Herbys während der Fußballübertragung eine ganze Pizza und drei Bier reingezogen. Kein Wunder, daß du jetzt Magenschmerzen hast.«

5. Durch die Erledigung von Dingen, von denen Sie annehmen, daß er sie nicht richtig macht.

»Wenn ich Fred die Tischbestellung fürs Abendessen überlasse, bringt er irgendwie die Zeiten durcheinander und vergißt, um einen guten Tisch zu bitten. Also mache ich es lieber selbst.«

»Das letzte Mal, als ich die Kinder mit Stephen Kleider kaufen geschickt habe, war es eine Katastrophe. Sie kamen mit Sachen nach Hause, die sie in der Schule nie anziehen können. Also mache ich es seitdem lieber selbst. Noch mal verkrafte ich das nicht.«

»Vor ein paar Monaten hab' ich Jason schon gesagt, er soll für uns ein nettes Hotel in Chicago aussuchen. Und, man sollte es nicht glauben, es ist ihm einfach ›entfallen‹. Nun sind es nur noch drei Wochen, bis wir fahren, also bin letztendlich wieder ich diejenige, die sich ans Telefon hängen muß. Ich hätte es lieber gleich selbst machen sollen!«

6. Durch Besserwissen und Bestimmen.

»Nein, Liebling, das Pärchen, das wir im Urlaub getroffen haben, war aus Virginia und nicht West-Virginia.«

»So, wie du dieses Wort gerade benutzt hast, ist es nicht richtig, Liebster.«

»Ich denke, wenn du auf der Route 41 zur Schnellstraße fährst, können wir den Verkehr auf der Grant Avenue umgehen. Also, an deiner Stelle würde ich mich jetzt links einordnen.«

»Warum rufst du nicht einfach deine Mutter an, erzählst ihr erst mal, daß die Kinder nicht auf dem Posten sind, und erwähnst dann, wieviel du diese Woche im Büro zu tun hättest. Wenn sie dann besorgt reagiert, kannst du ihr mitteilen, daß wir beschlossen haben, sie nächsten Sonntag doch nicht zu besuchen. Was immer du sagst, erzähle ihr ja nicht, daß wir letztes Wochenende bei meiner Mutter waren.«

Warum Frauen Männer bemuttern

Ich weiß, Sie hassen die Vorstellung, daß Sie Ihrem Lebensgefährten gegenüber die Mutterrolle einnehmen könnten. Aber glauben Sie mir, Sie sind nicht die einzige. Warum verhalten wir uns wie Mamis und behandeln unsere Männer wie Kinder?

- **Frauen werden zur Mutterrolle erzogen und dafür belohnt.**

In der Zeit des Heranwachsens war Ihre Mutter Ihr Verhaltensvorbild. Sie erlebten, wie Ihre Mutter Sie und Ihre Geschwister versorgte, und lernten dabei, wie man sich behütend, umsorgend, selbstlos und aufmerksam gegenüber anderen verhält. Wenn dann Ihre Mutter Ihrem Vater gegenüber auch noch die Mutterrolle gespielt hat, wurde diese Konditionierung um ein Vielfaches verstärkt. Versuchen Sie es so zu sehen: Wenn Ihre Mutter sich Ihrem Vater gegenüber immer eher mütterlich als verliebt und gefühlsbetont verhielt, sind Sie als Kind zu der Annahme gekommen, dies sei die übliche Verhaltensweise einer Frau ihrem Mann gegenüber. Als Sie dann erwachsen waren und selbst in einer Beziehung mit einem Mann lebten, fingen Sie unbewußt an, ihn zu bemuttern, weil man Ihnen das so vorgelebt hatte.

Julie war mit Fred seit drei Jahren verheiratet, als sie zu mir kam und sich über ihre Beziehung beklagte. »Ich fühle mich nicht wie Freds Frau«, sagte sie bitter, »ich fühle mich wie seine Mutter! Er führt sich mir gegenüber wie ein Baby auf, in der Erwartung, daß ich hinter ihm herräume, für ihn denke und immer für alles verantwortlich bin. Er wird immer träger, und mich regt das mehr und mehr auf!«

Julie war sich überhaupt nicht bewußt, wie natürlich es war, daß sie Fred bemutterte. Sie warf ihm schon so lange seine Unreife vor, daß sie nie ihre eigene Rolle in diesem Konflikt überdacht hatte. Als wir über ihre Eltern sprachen, stießen wir auf die Wurzeln ihres Mamiverhaltens. »Ich kann mich nicht entsinnen, daß meine Eltern jemals intim oder zärtlich miteinander waren«, erinnerte sich Julie traurig. »Mein Vater war viel geschäftlich unterwegs, und meine lebhaftesten und häufigsten Erinnerungen an meine Mutter sind die, daß sie für ihn packte, bevor er auf Reisen ging, für ihn auspackte, wenn er wieder zurück war; ihn daran erinnerte, seine Termine in der Stadt nicht zu vergessen, und sich ständig über seine Kleidung aufregte. Als wir ins Teeny-Alter kamen, kam uns Papa wie wir Kinder vor. Mama schimpfte mit uns und schimpfte mit ihm. Sie machte uns Brote und machte Brötchen für ihn. Es war mir bisher nie klar, aber in gewissem Sinn muß ich daraus gefolgert haben, wenn man einen Mann liebe, dann behandle man ihn so, wie meine Mutter sich meinem Vater gegenüber verhielt.«

Bis vor gar nicht langer Zeit war Muttersein der einzig akzeptable »Beruf« für Frauen. Gleich danach kamen Berufe wie Krankenschwester und Lehrerin. In unserer Jugend haben wir vorgeführt bekommen, daß unsere Mütter für ihr sorgendes Verhalten belohnt wurden, und auch wir wurden gelobt, wenn wir uns so verhielten: »Gute Sally, du kannst so gut auf deinen kleinen Bruder aufpassen.« »Sei ein Schatz, Jane, und bringe Papa seine Hausschuhe – bist ein liebes Mädchen.«

Wir fallen oft in unser Mutterverhalten zurück, wenn wir von einem Mann geliebt werden wollen.

Darlene, seit 15 Jahren verheiratet, beschreibt es so: »Immer, wenn ich das Gefühl habe, nicht genügend Aufmerksamkeit von Charlie zu erhalten, nehme ich eindeutig wieder meine Bemutterungsmethoden auf. Ich bereite ihm seine Lieblingsgerichte zu oder räume ihm die Schubladen auf. Oder ich versuche, so hilfsbereit wie nur irgend möglich zu sein. Was ich wirklich möchte, ist mehr Zärtlichkeit, mehr Intimität, daß er sich mir gegenüber wie ein Liebhaber und nicht wie ein Ehemann verhält. Natürlich erreiche ich genau das Gegenteil von dem, was ich will: Der dankbare ›Sohn‹ freut sich über soviel Aufmerksamkeit.«

● **Wir bemuttern Männer, um für sie unentbehrlich zu werden.**
Wenn Sie sich große Mühe geben, alle Bedürfnisse eines Mannes zu erfüllen, wird er zwangsläufig von Ihnen abhängig. Wir kennen alle die Werbespots, wie ein Mann versucht, seinen Kindern ein Essen zuzubereiten, weil seine Frau mal einen Abend nicht zu Hause ist. Er wird als unfähiger Trottel dargestellt, der ohne seine Frau völlig hilflos im Haushalt ist. Je mehr Sie Ihren Mann umsorgen, desto mehr verläßt er sich auf Sie und um so unentbehrlicher werden Sie. Frauen bekämpfen häufig die Angst, etwas zu verlieren oder verlassen zu

werden, indem sie versuchen, die Männer von sich so abhängig zu machen, daß sie gar nicht auf den Gedanken kommen könnten, von uns wegzugehen. Als ob unser Unterbewußtsein denkt: *Wenn er mich nur genügend braucht, wird er mich niemals verlassen.*

● **Männer sind es gewöhnt, bemuttert zu werden, und lieben es, daß man sie umsorgt.**
Vor kurzem hielt ich ein Seminar mit einer Gruppe von Frauen und stellte rhetorisch die Frage ins Publikum: »Warum bemuttern Frauen die Männer?« Jemand ganz im Hintergrund rief: »Weil Männer das lieben!« Alle lachten, weil jede wußte, daß sie damit den Nagel auf den Kopf getroffen hatte. Wieso sollten sich auch die Männer beklagen, wenn wir sie bemuttern? Manchmal tun sie's, aber eher selten.

Männer fühlen sich geliebt, wenn wir sie bemuttern.

Männer wachsen unter der Fürsorge ihrer Mütter auf, und als Erwachsene neigen sie leicht dazu, den Frauen an ihrer Seite zu gestatten, die Mutterrolle fortzusetzen. Das betrifft besonders Männer, die miterlebt haben, wie ihre Mutter den eigenen Vater wie ein Kind behandelt hat. Vielleicht assoziierten sie dann mit dem Begriff »Frau« sogar eher die Mutter, Hausfrau und Erzieherin als die Geliebte, die beste Freundin und Partnerin. Und wenn ein Mann als kleiner Junge nicht so viel Liebe und Zuwendung, wie er gebraucht hätte, von seiner Mutter bekommen hat, wird er Ihnen gerne erlauben, »die Sache wiedergutzumachen«.

Wie das Bemuttern Ihre Beziehung zerstören kann

Es scheint sich zunächst zu lohnen, den Männern gegenüber die Mutterrolle zu spielen. Aber auf Dauer wird es sich auf Ihre Beziehung zerstörend auswirken.

1. Ihr Mann wird es Ihnen letztlich übelnehmen und sich gegen Sie auflehnen. Im ersten Kapitel sprachen wir von der psychischen Notwendigkeit, daß ein Junge seine Unabhängigkeit gegenüber der

Mutter verteidigen muß, um sich als Mann zu definieren. Wenn Sie Ihrem Mann gegenüber die Mutterrolle spielen, ist es unvermeidlich, daß er es Ihnen irgendwann übelnimmt und sich gegen Sie auflehnt. Er beklagt sich vielleicht nicht über Ihr Verhalten, nein, besteht sogar darauf, daß Sie auf keinen Fall damit aufhören. Aber schließlich wird er doch gegen Sie rebellieren, weil eben alle Jungen sich eines Tages von ihren Müttern abnabeln müssen.

Karen war 52 Jahre alt, als sie zu mir kam. Sie hatte entdeckt, daß ihr Ehemann eine Affäre mit einer 24jährigen Sekretärin aus seinem Büro hatte. Karen konnte nicht verstehen, warum ihr Leonard vom rechten Weg der Ehe abgekommen war. »Er schien immer ganz zufrieden«, erklärte sie mir. »Ich weiß, ich habe ihn verzogen. Er sagte immer, nicht einmal seine eigene Mutter hätte ihn so gut umsorgt wie ich! Aber er mochte es, verwöhnt und verhätschelt zu werden, das hat er immer wieder betont. Nun sagt er auf einmal, er käme sich in unserer Beziehung unterdrückt und gefangen vor und brauche seine Freiheit. Er hat sich 27 Jahre lang nie darüber beklagt. Ich verstehe überhaupt nicht, was passiert ist.«

Als ich mit Leonard sprach, bestätigte sich mein Verdacht: Ihm war, als hätte er die Mutter gegen eine Geliebte eingetauscht, indem er seine Frau verließ und sich eine jüngere wählte. Sogar die Begriffe, die er benutzte, um seine Beziehung zu Karen zu beschreiben – »unterdrückt, gefangen, Sehnsucht nach Freiheit« –, klingen wie die eines Teenagers, der es nicht erwarten kann, von zu Hause fortzugehen und selbständig zu werden. Karen glaubte, eine gute Ehefrau zu sein, indem sie Leonard bemutterte, aber letztendlich hat sie ihn damit vertrieben.

2. Ihr Mann wird sich schließlich unzulänglich fühlen. Wenn Sie einen Mann ständig so behandeln, als könne er alles mögliche nicht, wird er sich auch unfähig vorkommen. Je unzulänglicher er sich fühlt, desto geringer wird seine Selbstachtung, und er wird tatsächlich immer unfähiger. Daraus entsteht ein Teufelskreis:

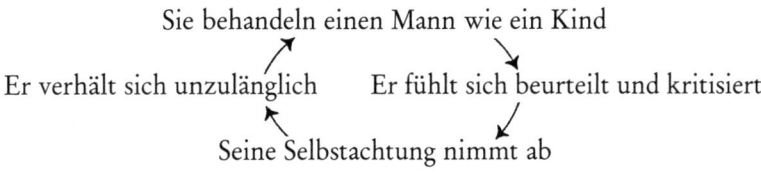

Wenn ein Mann ein gestörtes Selbstwertgefühl hat, wird er auch mit Ihnen weniger liebevoll umgehen.

Das Selbstwertgefühl eines Mannes bemißt sich nach seinen Fähigkeiten. Und wenn ein Mann das Gefühl hat, daß er auf keinem Gebiet seine Sache gut macht, wird es für ihn ziemlich schwer, sich selbst zu lieben und auch liebevoll mit Ihnen umzugehen. Wenn Sie seine Unfähigkeit noch unterstreichen, indem Sie ihn wie ein kleines Kind behandeln, dann werden Sie garantiert seine Liebesfähigkeit Ihnen gegenüber noch mehr hemmen.

Dazu kommt, daß Sie sich immer mehr von ihm abwenden, je unzulänglicher er Ihnen erscheint. Frauen fühlen sich durch Kompetenz angezogen. Daraus folgt: Je unbeholfener er scheint, um so unattraktiver wird er für sie.

3. Alle Leidenschaft wird in Ihrer Beziehung verlorengehen.

Wenn Sie den Mann, den Sie lieben, bemuttern, ist das der schnellste Weg, Ihrer Beziehung alle Leidenschaft auszutreiben.

Je mehr Sie einem Mann gegenüber die Mutter spielen, um so mehr wird er Sie als solche behandeln. Aber kein Mann möchte mit seiner Mutter schlafen. Das sexuelle Tabu, sich von Frauen mit mütterlicher Ausstrahlung angezogen zu fühlen, ist in den meisten Männern sehr tief verwurzelt. Es wird für Ihren Partner unmöglich, in Ihnen weiterhin eine erotische, begehrenswerte Person zu sehen, wenn Sie ständig die Fusseln von seinen Kleidern zupfen, ihn an seine häuslichen Pflichten erinnern und ihn im übrigen wie einen Sohn behandeln.

Und wenn Sie ihn wie ein Kind behandeln, wird auch Ihnen selbst die Lust vergehen. Welche zärtlichen Regungen werden Sie am Abend noch aufbringen können, wenn Sie beim Anblick Ihres Mannes nur denken: *Er findet seine Socken nie, er hat schon wieder seine Schlüssel verloren, ich mußte den Klempner anrufen, weil er es vergessen hat?* Wie sehr kann Sie jemand erregen, den Sie gerade wie einen Dreijährigen behandelt haben?

Ich glaube, dieser Fehler Nr. 1 ist in vielen Ehen einer der Hauptgründe für den Mangel an sexueller Zufriedenheit. 20 Jahre zusammenzuleben, finanzielle Schwierigkeiten zu haben, für eine Familie aufzukommen – all das trägt zu Spannungen bei, die der Leidenschaft abträglich sind. Aber nichts kann einer Beziehung so schaden, wie wenn Mann und Frau sich wie Mutter und Sohn verhalten.

Die Lösung: Schluss mit dem Bemuttern der Männer

Hier einige Vorschläge, was Sie tun sollten, um die Mutterrolle abzuschütteln und wieder die Geliebte Ihres Mannes zu werden.

1. Hören Sie auf, Dinge für Ihren Mann zu tun, die er selbst erledigen kann. Männer wie Kinder zu behandeln ist wie eine Sucht, und wie bei jeder Sucht, ist die einzige Möglichkeit aufzuhören: AUFHÖREN! Das bedeutet: Wenn Ihr Mann Sie fragt, wo seine Schlüssel sind, antworten Sie: »Ich weiß nicht.« Lassen Sie ihn selbst danach suchen. Wenn er sich für einen bestimmten Anlaß besonders anziehen will, machen Sie ihm keine Vorschläge. Wenn er einen Kleiderberg auf dem Boden liegenläßt, räumen Sie ihn nicht für ihn auf.

Wenn Ihr Mann gewöhnt ist, daß Sie Dinge für ihn erledigen, muß er sich erst auf Ihre neue Rolle einstellen. Zunächst wird es schwierig sein. Sie müssen mit seinem Frust fertigwerden, weil er nach all den Jahren erst lernen muß, Dinge selbst zu erledigen. Sie dürfen nicht verwundert sein, wenn Ihr Leben zeitweise recht chaotisch wird. Vielleicht kommen Sie zu einer Party zu spät, weil er seine Schlüssel nicht finden kann. Vielleicht verläßt er das Haus mit einer schlecht gebundenen Krawatte. Wenn das aber mehrfach passiert ist, wird er daraus lernen. Er wird daran denken, wie frustriert er nach seinen Schlüsseln gesucht hat, und lernen, sie jeden Abend an dieselbe Stelle zu legen. Er wird sich erinnern, wie oft ihm jemand gesagt hat, daß seine Krawatte schief sitzt, und lernen, deren Sitz im Spiegel zu kontrollieren. Mit anderen Worten, er wird erwachsen und lernt, für sich selbst zu sorgen.

Das bedeutet natürlich nicht, daß Sie das nächste Mal, wenn Ihr Mann Sie fragt, ob Sie seine Schlüssel gesehen hätten, antworten: »Such sie doch selbst! Ich bin schließlich nicht deine Mutter!« Und es ist damit auch nicht gemeint, daß Sie aufhören sollten, Ihren Partner liebevoll und sorgend zu unterstützen. Es bedeutet einfach, mehr Frau und Lebensgefährtin und weniger Mutter zu sein.

2. Behandeln Sie Ihren Mann wie einen kompetenten, zuverlässigen Menschen. Erinnern Sie ihn nicht an Dinge, an die er selbst denken sollte. Spielen Sie nicht Gedächtnis und Kalender für ihn. Behandeln Sie ihn wie einen fähigen Erwachsenen, auf den man sich verlassen kann. Denken Sie daran, daß Ihr Mann möglicherweise träge geworden ist, weil Sie ihm so viel Planung abgenommen haben. Vielleicht verläßt er sich unbewußt darauf, daß Sie schon dafür sorgen, daß er keine wichtigen Verabredungen oder Verpflichtungen versäumt. Wenn Sie also aufhören, ihn zu bemuttern, kann es passieren, daß er Sitzungen verpaßt, Rechnungen nicht bezahlt oder die Mülltonnen am Abend nicht hinausstellt. Sollte das geschehen, schimpfen oder kritisieren Sie ihn nicht. Versuchen Sie einfach mitfühlend gegenüber seinem Frust zu sein, und gehen Sie Ihren eigenen Angelegenheiten nach.

Nehmen wir an, Ihr Partner hat am Donnerstag einen Zahnarzttermin. Sie sagen ihm am Donnerstag morgen wie gewöhnlich Tschüs. Am Donnerstag abend kommt er dann nach Hause und verkündet: »Ich bin so wütend auf mich. Die Praxis von Dr. Hopkins rief mich im Geschäft an und teilte mir mit, daß ich heute einen Termin gehabt hätte. Den hatte ich vollkommen vergessen.« Sie antworten darauf: »Das ist wirklich sehr ärgerlich, Liebling, aber ich bin sicher, daß du ihn nachholen kannst.« *Nach genügend verpaßten Verabredungen und vergessenen Terminen wird Ihr Partner lernen, sein Leben besser zu organisieren.*

3. Reden Sie mit Ihrem Partner nicht, als wären Sie seine Mama. Nehmen Sie sich fest vor, mit Ihrem Mann nicht mehr so zu reden, als wäre er fünf Jahre alt. Das bedeutet: Schelten Sie nicht mit ihm! Es ist vollkommen in Ordnung, wenn Sie Ihren Partner wissen lassen, daß Sie bestürzt oder wütend sind. Aber sagen Sie ihm das wie einem erwachsenen Menschen. Nicht wie eine gereizte Mutter, die zu ihrem unerzogenen, kleinen Jungen spricht.

Was bedeutet die sogenannte »Babysprache« für eine Beziehung? Ich denke, manchmal ergibt sich so eine Art Babysprache – sie ist eine vertrauliche Möglichkeit, sich über seine Verletzlichkeiten auszutauschen. Wenn Sie jedoch mit Ihrem Partner sehr häufig in der Babysprache reden, besonders im Bett oder beim Sex, dann haben Sie ein Problem. Es wird Zeit für eine erwachsene Beziehung.

4. Entscheiden Sie, welche Verantwortlichkeiten in der Beziehung Sie ihm überlassen, und nehmen Sie sie ihm auch dann nicht ab, wenn er Fehler macht. Ich weiß, daß es vielen von Ihnen sehr schwerfallen wird. Das bedeutet, die Kontrolle aufgeben, die Dinge geschehen lassen und darauf vertrauen, daß letztlich doch alles klappen wird, auch wenn erst nichts so läuft, wie Sie es gerne hätten. Angenommen, Ihr Mann schlägt vor, die Tischreservierung für das Abendessen zu übernehmen, aber er ruft das Restaurant zu spät am Nachmittag an und alles ist schon ausgebucht. Wenn er Ihnen dann um sechs Uhr abends mitteilt, daß er nichts reservieren konnte, dann sagen Sie: »Zu dumm! Ich bin, wie ausgemacht, ab acht Uhr bereit. Sicher findest du noch etwas anderes, wo du mit mir hingehen kannst. Also, bis später!« Er wird sich blöd vorkommen, weil er so schlampig war, wird Ihnen aber auch dankbar sein, daß Sie nicht sauer reagiert haben. Er wird sich an dieses Gefühl erinnern, wenn er das nächste Mal vorhat, Sie zum Essen auszuführen.

Vorsicht: Sie werden in Versuchung geraten, einzugreifen, wenn etwas nicht richtig läuft. Ihr Urlaub rückt immer näher, und Sie wissen, Ihr Mann hat immer noch keine Flüge gebucht. Oder Ihr Freund hat sich entschlossen, Lasagne zu machen, und Sie wissen, daß er zuviel Soße hineintut.

Geben Sie der Versuchung, ihn zu retten, nicht nach.

Lassen Sie ihn seine eigenen Fehler machen, und nehmen Sie die Konsequenzen in Kauf. Das ist für ihn die einzige Möglichkeit, zu lernen, die Dinge beim nächsten Mal anders zu machen.

Wie ich es einem Mann abgewöhnte, mich verrückt zu machen

Nachdem ich 15 Jahre meines erwachsenen Lebens ständig die Männer bemuttert habe, kann man mich leider als Expertin auf diesem

Gebiet ansehen. Deshalb möchte ich Ihnen erzählen, wie mir der Ausstieg aus dem Mama-Spiel gelang. Ich lebte in einer Beziehung zu einem Mann, der chronisch vergeßlich war. Er vergaß seine Verabredungen. Er vergaß, Telefonanrufe zu beantworten. Er vergaß, Rechnungen zu überweisen. Er vergaß sogar, wo er hin wollte, wenn er irgendwo mit dem Auto unterwegs war, und verpaßte die richtige Ausfahrt auf der Schnellstraße. Zwei Jahre lang übernahm ich die Verantwortung, sein Gedächtnis zu sein, erinnerte ihn daran, was er zu tun und zu lassen hatte. Wohin wir auch verreisten, ich war nie entspannt. Ich hielt ständig Ausschau nach den Ausfahrts- und Richtungsschildern, um sicherzugehen, daß wir pünktlich an unserem Bestimmungsort ankamen.

Schließlich hatte ich es satt, ihn zu bemuttern. Die einzige Möglichkeit, daß er lernte, selbst auf die Straße zu achten, bestand darin, daß ich es nicht mehr tat. An einem Wochenende wollten wir einen Ausflug an einen Badeort in Südkalifornien machen. Wir waren schon einmal dort gewesen, und natürlich kannte ich den Weg. Wir waren ungefähr eine Stunde gefahren, als wir die Ausschilderung erreichten, die besagte, daß unsere Ausfahrt nur noch wenige Kilometer vor uns lag. Ich blickte flüchtig meinen Partner an, um zu sehen, ob er es registriert hatte, und spürte, wie sich mein Magen zusammenzog. *Nein!* Ich rief mir ins Gedächtnis: *Du hast versprochen, daß Du nicht eingreifen wirst.* Kurz vor der Ausfahrt war ich nur noch ein Nervenbündel. Und natürlich fuhr mein Partner einfach geradeaus weiter. Er hatte die Ausfahrt nicht bemerkt. Ich biß die Zähne zusammen, um nicht zu schreien.

Die Zeit schien stillzustehen. Wir fuhren 20, 30 Kilometer weiter. Plötzlich fragte er mich: »Kommt dir diese Gegend bekannt vor?«

»Nein«, antwortete ich ruhig.

»Mir auch nicht«, sagte er. »Vielleicht habe ich die Ausfahrt verpaßt.« Er hielt an einer Tankstelle und fand heraus – was Wunder –, daß er inzwischen 40 Kilometer zu weit gefahren war, so daß wir viel zu spät in unserem Badeort ankommen würden. Es kostete mich meine ganze Selbstbeherrschung, nichts zu sagen. Als mein Partner das Auto gewendet hatte und wieder in die entgegengesetzte Richtung fuhr, blickte er mich belämmert an und sagte: »Du hast gemerkt, daß ich die Abfahrt verpaßt habe, stimmt's?« Ich grinste ihn an, und er grinste zurück. Wir wußten beide, daß diese Lektion, ihn 40 Kilometer in der Gegend herumfahren zu lassen, ihm mehr genutzt hatte, als wenn ich eingegriffen und ihn auf den Fehler aufmerksam gemacht hätte.

5. Machen Sie eine Liste: »Meine Art zu bemuttern…« Setzen Sie sich hin und schreiben Sie auf, wie und wo in Ihrer Beziehung Sie die Mutterrolle spielen. Beobachten Sie sich selbst ein paar Wochen lang, und vervollständigen Sie Ihre Liste, wann immer Sie sich ertappen. Wenn Sie wirklich mutig sind, bitten Sie Ihren Partner, auch seinerseits Dinge anzugeben. Sie werden vielleicht überrascht sein, wie lang Ihre Liste wird. *Der erste Schritt, Ihr Verhalten zu ändern, ist, sich dessen bewußt zu werden.*

6. Reden Sie mit Ihrem Lebensgefährten über die Mutter-Sohn-Spiele zwischen Ihnen, und arbeiten Sie gemeinsam daran, eine erwachsene Beziehung zu gestalten. Ich schlage vor, Sie lassen auch den Mann, mit dem Sie leben, dieses Buch lesen, damit er Sie und sich selbst besser verstehen kann. Reden Sie ernsthaft über alles, was Sie in diesem Kapitel gelesen haben, und fragen Sie ihn nach seiner Meinung. Treffen Sie dann gemeinsam einige Abmachungen – Richtlinien, an die sich jeder hält und mit deren Hilfe Sie eine erwachsene Beziehung erreichen können.

7. Bleiben Sie konsequent. Das wichtigste ist das konsequente Einhalten der neuen Regeln und das Vermeiden der alten Fehler. Halten Sie sich an Ihre Abmachungen, egal, welche Folgen es hat. Sie haben beispielsweise verabredet, daß Sie Ihrem Mann im Badezimmer nicht mehr hinterherputzen und daß es seine Aufgabe ist, seine Unterwäsche und Handtücher ins Waschzimmer zu bringen. Eine Woche später entdecken Sie, daß mitten in seinem Badezimmer ein riesiger Kleiderberg liegt, daß kein einziges sauberes Handtuch mehr im Regal ist und er keine Unterwäsche mehr in der Schublade hat. *Fassen Sie diesen schmutzigen Kleiderberg ja nicht an!* Warten Sie, bis er sich darüber beklagt, daß keine sauberen Handtücher mehr da sind oder keine Unterwäsche zum Anziehen. Machen Sie ihn dann darauf aufmerksam, daß alle seine Handtücher und Unterhosen auf dem Boden liegen, wo er sie hingeworfen hat. Das hebt vielleicht nicht gerade seine Laune, aber er wird es kapieren. Wenn Sie Ihrem eigenen Ordnungssinn nachgeben, wird er Ihre neue Abmachung nie ernst nehmen und sich niemals daran halten.

Denken Sie daran: Es ist nicht leicht, mit dem gewohnten Mutterverhalten zu brechen. Tun Sie es dennoch. Sie werden sich wieder viel mehr als Frau fühlen, und Ihr Partner wird mehr Ihr Mann sein.

FEHLER NR. 2 *Frauen opfern sich: die eigene Wichtigkeit wird zurückgestellt zugunsten des Mannes, den sie lieben*

Sie haben aufwendig ein besonderes Abendessen für sich und Ihren Partner vorbereitet: Seezungenfilet mit gebackenen Mandeln. Als Sie die Teller auftragen, fällt Ihnen auf, daß eine der Fischportionen größer ist als die andere. Angenommen, Sie und Ihr Partner haben den gleichen Appetit, bekommt er die größere Portion, oder behalten Sie sie für sich?

Die meisten Frauen, denen ich diese Frage stellte, gaben kleinlaut zu, sie hätten über dieses Dilemma nie viel nachgedacht! Natürlich gaben sie die größere Portion immer ihm, weil sie gewöhnt waren, daß der Mann an erster Stelle kommt und sie zurückstehen. Tatsächlich sagten viele Frauen, die ich interviewt habe, sie hätten *Schuldgefühle*, wenn sie sich selbst das größere Stück Fisch nehmen würden. Sie sprachen von *Egoismus, Geiz, Lieblosigkeit*.

Fehler Nr. 2 besteht darin, daß wir Frauen uns aufopfern und unsere eigene Bedeutung erst an zweiter Stelle hinter den Männern ansetzen. Wie geht das vor sich?

1. Wir geben unsere eigenen Interessen und Aktivitäten auf.
Sara, 31, widmete sich normalerweise recht intensiv ihren Meditationen und Yoga-Übungen. Sie dienten ihr zur Entspannung, wie sie fand, und sie fühlte sich ausgeglichen. Dann lernte sie Bill kennen, einen 36jährigen Computerspezialisten, der gegenüber »diesem östlichen Quatsch«, wie er es nannte, eine zynische und skeptische Haltung hatte. In der Annahme, einen Konflikt zu vermeiden, verzichtete sie darauf, einmal im Monat an einem Yoga-Wochenende teilzunehmen, und bemerkte, wie sie immer häufiger ihre regelmäßigen Meditationen vernachlässigte und schließlich ganz aufgab. Auf die Frage, warum sie diesen Interessen nicht mehr nachginge, antwortete sie:

»Ich glaube, ich bin jetzt in einer anderen Lebensphase. Irgendwie bin ich über solche Dinge hinausgewachsen.«

Eineinhalb Jahre später trennten sich Sara und Bill. Innerhalb von zwei Wochen begann Sara wieder mit ihren Meditationsübungen. »Ich kann gar nicht begreifen, wie ich so lange darauf verzichten konnte«, meinte sie.

Emily hat schon immer gern getanzt. Sie nahm in ihrer Jugend Ballett- und Jazzstunden und ging häufig am Wochenende mit Freunden zum Tanzen. Tanzen gab ihr das Gefühl, lebendig, anmutig und frei zu sein. Als Emily 29 war, traf sie Andreas (31). Sie gingen miteinander, verliebten sich und heirateten zwei Jahre später. Vor kurzem bin ich in einem Kaufhaus regelrecht mit Emily zusammengestoßen. Nachdem ich sie dann gefragt hatte, wie es ihr und Andreas ginge, erkundigte ich mich nach dem Tanzen. Emily wurde betrübt und sagte: »Ich tanze kaum noch.« Auf meine Frage, warum, erklärte sie: »Wissen Sie, Andreas hat nie richtig Spaß am Tanzen gehabt. Er sagt, er fühle sich dabei immer wie ein Klotz. Anfangs wollte ich ihn in die Clubs mitschleppen, aber er hat dann den ganzen Abend dagesessen und sich geweigert, mit auf die Tanzfläche zu gehen. Es macht keinen Spaß, ihn schmollen zu sehen. Also ließen wir es. Er forderte mich auf, ohne ihn zum Tanzen zu gehen und nicht seinetwegen darauf zu verzichten. Ich ging auch ein- oder zweimal mit Freunden aus, aber ich hatte ein schlechtes Gewissen, ihn alleine zu Hause zu lassen. Ich muß gestehen, ich vermisse das Tanzen, aber eigentlich ist es nicht so wichtig.«

So wie diese Frauen handeln viele von uns – *Wir geben unsere eigenen Interessen und Hobbys auf, weil sie für unsere Lebensgefährten nicht so wichtig sind.* Wir bemerken noch nicht einmal, daß wir diese Opfer bringen. Wir reden uns ein, wir würden das alles nicht wirklich vermissen und es mache uns nichts aus. Aber es macht uns etwas aus. Wenn eine Beziehung zu Ende ist, wird einem oft erst bewußt, daß man seine Bedürfnisse und Aktivitäten immer zweitrangig behandelt hat, und nimmt sie automatisch wieder auf. Dann erinnert man sich, wie sehr man es genossen hat zu meditieren, zu tanzen, Gartenarbeit zu machen, radzufahren oder was immer man aufgegeben hat, weil der Lebensgefährte kein besonderes Interesse daran zeigte.

2. Wir geben den Umgang mit Freunden oder Familienangehörigen auf, weil unsere Partner sie nicht akzeptieren. JoAnne, eine

26jährige Kosmetikerin, lernte ihren Freund Lawrence, einen 30jährigen Antiquitätenhändler, auf einem Flohmarkt kennen. JoAnne war temperamentvoll, klug und geschickt, und obwohl sie keine höhere Schule besucht hatte, besaß sie einiges an Lebenserfahrung und war gut in ihrem Job. Lawrence hatte ein Studium an einer East Coast Ivy League Universität hinter sich und hielt sich für einen Intellektuellen. Erste Probleme zwischen den beiden wurden spürbar, als JoAnne Lawrence zu einer Geburtstagsparty mitnahm. JoAnne genoß den Abend, bis sie sich umschaute und Lawrence ganz allein sitzen sah. »Was ist los, Liebling?« fragte sie.

»Ich fühle mich hier nicht recht wohl«, antwortete Lawrence. »Ich habe mit deinen Freunden hier wirklich nichts gemein.«

Auf dem Nachhauseweg im Auto erörterten JoAnne und Lawrence die Party. »Mir gefällt es nicht, daß dir meine Freunde nicht gut genug sind«, schrie sie, »was macht's schon, wenn sie keine höhere Schule besucht haben! Es sind wirklich nette Leute.«

»Schau, wenn du deine Zeit mit ihnen verbringen willst, ist das deine Angelegenheit«, erwiderte er, »aber erwarte nicht von mir, daß ich daran teilnehme.«

JoAnne war wütend auf Lawrence' erhabenes Getue, aber sie fragte sich insgeheim, ob er recht hatte. Waren ihre Freunde vielleicht auch für sie selbst nicht gut genug? Sie hatte Angst vor dem, was geschehen würde, wenn sie sich weiterhin mit ihnen traf. Würde sich Lawrence von ihr trennen? In den folgenden Monaten verbrachte sie immer weniger Zeit mit ihren alten Freunden, und schließlich hörte sie ganz auf, sich mit ihnen zu treffen. Sie fühlte sich einsam – aber immerhin hatte sie ja Lawrence.

Jackies Eltern hatten Mike schon nicht akzeptiert, als Jackie während der Studienzeit mit ihm zu gehen begann. Und sie waren erst recht dagegen, als die beiden beschlossen zusammenzuziehen. Mike war ein starker Trinker; er behauptete zwar, wenn er wolle, könnte er jederzeit aufhören, schien es aber niemals zu wollen. Jackie liebte Mike und wußte, daß er sie auch liebte. Aber sie traute sich nicht, ihn auf seine Trinkerei anzusprechen. Zu ihren Eltern hatte sie immer ein sehr enges Verhältnis gehabt, da sie das einzige Kind war. Das begann sich zu ändern, nachdem sie mit Mike zusammengezogen war. Jedesmal, wenn Jackie erwähnte, mit ihrer Mutter oder ihrem Vater gesprochen zu haben, warf Mike ihr vor, immer noch viel zu abhängig von ihren Eltern zu sein und sich aufzuführen wie ein kleines Mädchen. Und daß es endlich Zeit wäre, sich von ihren Eltern abzunabeln und ihr eigenes Leben zu leben. Jackie liebte ihre Eltern, aber sie wollte Mike nicht verlieren. Also begann sie, die Telefonkontakte und Besuche allmählich zu reduzieren, bis sie fast gar keine Verbindung mehr zu ihren Eltern hatte. Mike lobte sie und sagte, er sei sehr stolz auf ihre »Stärke«. Aber Jackie fährt einmal in der Woche in die Nähe ihres Elternhauses, parkt das Auto ein Stück straßaufwärts und weint.

Wenn ich Sie fragte: »Würden Sie einen Freund oder ein Familienmitglied ablehnen, weil Ihr Mann es verlangt?«, dann würden Sie wahrscheinlich »Ich denke nicht daran!« antworten. Und trotzdem, viele junge Frauen machen genau das: Sie kehren lieber auch für sie wichtigen Menschen den Rücken, als das Risiko einzugehen, die Liebe eines Mannes zu verlieren.

Warum wollen manche Männer, daß man sich von Menschen abwendet, die einem etwas bedeuten?

Männer, die ihrer selbst nicht sicher sind, versuchen oft, Frauen aus ihrem Bekanntenkreis herauszulösen.

Es gibt Männer, die brauchen das Gefühl, ihre Partnerin vollkommen unter Kontrolle zu haben. Sie fürchten sich davor, selbst kontrolliert zu werden. Eine ihrer Strategien, um Macht ausüben zu können, besteht darin, die Partnerin von Einzelpersonen oder Gruppen zu trennen, die sie lieben und unterstützen – ihre Familie, ihre Freunde, ihre Kirche oder religiöse Gemeinschaft. Das hat gleich zwei Konsequenzen:

1. Frauen werden abhängiger von der Zuneigung des Mannes, wenn die anderen Quellen versiegen.
2. Die Beziehung wird isoliert und entzieht sich dem prüfenden Blick der anderen liebenden Menschen. Dadurch ist der Partner geschützt vor möglicher Kritik und negativem Feedback über die Art, wie er seine Frau behandelt.

3. **Wir sind »emotionale Chamäleons«.** Wir lassen uns als unbeschriebenes Blatt in eine Beziehung ein und werden so, wie der

Mann uns haben will. Es passiert ziemlich häufig, daß Frauen sich selbst herabsetzen, indem sie bereitwillig ihre eigene Persönlichkeit opfern und so werden, wie ihr Mann sie haben will. Frauen, die so sind, nenne ich »emotionale Chamäleons«, weil sie bereit sind, sich selbst zu verwandeln – ihr Aussehen, ihr Verhalten – und sogar ihre Ansichten zu ändern, um seinen Wunschvorstellungen von einer Frau zu entsprechen. *Ich werde die Frau seiner Träume sein* – beschließen wir und verwandeln uns erfolgreich in etwas, was jemand anderem als sein Bild einer liebenswerten Person erscheint.

Dies ist die wahre und traurige Geschichte einer Frau, die einige Jahre lang einem Mann zuliebe auf jegliches Eigenleben verzichtet hat.

Janice, eine 32jährige Sängerin, kam in mein Büro und war voller Bitterkeit und Wut. Sie hatte gerade ihre dreijährige Beziehung zu Tony, einem Telefontechniker, beendet. »Wissen Sie, was ich drei Jahre lang jedes Wochenende machen mußte?« fragte sie mich. »Ich mußte mir Ringkämpfe ansehen. Kein Kino, kein Theater, immer nur die gottverdammten Ringkämpfe. Auch wenn wir zu Hause waren, was glauben Sie, was da im Fernsehen angeschaut wurde? Ringkämpfe. Ich kannte jeden Ringer, ich wußte, wer wen haßte, ich kannte alle Bewegungsabläufe.«

»Ich verstehe nicht, was Sie meinen«, antwortete ich. »Sie haben mir noch nicht erzählt, was daran so problematisch war.«

Janice schaute mich mit blitzenden Augen an und knurrte: »*Ich hasse Ringkämpfe!* Ich hasse Sport überhaupt. Aber Tony liebte es, und was Tony wollte, das tat ich. Ich wurde Ringkampf-Groupie, nur ihm zuliebe. Ich nahm es als ›Liebesopfer‹. Wenn ich jetzt nur daran denke, wird mir schon schlecht.«

Janice ist in die Beziehung mit Tony als unbeschriebenes Blatt hineingegangen und war bereit, ihre Persönlichkeit zu verändern, um dafür Liebe zu bekommen. Hier in Los Angeles treffe ich oft Frauen, die diesen unglückseligen Fehler in extremer Weise begehen. Das geht soweit, daß viele sogar ihr Aussehen, ihre äußere Erscheinung durch plastische Chirurgie verändern lassen, weil der Mann, mit dem sie zusammen sind, es möchte. Ich habe Dutzende von Frauen beraten, die von ihren Männern überredet worden waren, sich ihren Busen vergrößern oder den Po straffen zu lassen. Sie hatten sich willig den operativen Eingriffen unterzogen und anschließend erst Wut und Erniedrigung darüber empfunden.

4. Wir geben unsere Träume auf, um dem Mann zu helfen, seine zu verwirklichen. Typisch: die Frau, die eine Ausbildung abbricht, um ihren Mann zu unterstützen, während er seinen Doktor macht. 15 Jahre später erkennt sie dann, daß sie ihre eigenen Träume verraten hat, z. B. behinderte Kinder zu unterrichten...

Oder die Frau, die ihren Job in einem größeren Betrieb aufgibt, um ihrem Freund die Buchhaltung in seinem Importgeschäft zu machen. Als sie sich drei Jahre später trennen, erkennt sie, daß sie es nur seinetwegen getan hat und nun mit leeren Händen dasteht...

Ich bin sicher, wenn Sie selbst nichts in der Art erlebt haben, kennen Sie doch sicher eine Frau, auf die es zutrifft. Es ist traurig, daß wir Frauen so schnell bereit sind, unsere Träume aufzugeben und statt dessen die des geliebten Mannes zu fördern.

Warum opfern Frauen sich auf in ihren Beziehungen?

Vielleicht erscheint Ihnen die Frage ziemlich überflüssig. Eine meiner Freundinnen drückt es so aus: »Schätzchen, Aufopfern ist meine zweite Natur!« Es gibt verschiedene Gründe, warum Frauen sich so bereitwillig für Männer opfern.

● **Männer erwarten von uns, daß wir hinter ihnen zurückstehen.** Man hat ihnen über Jahrtausende beigebracht, Frauen als Menschen zweiter Klasse, als minderwertig anzusehen. Immerhin leben wir in einer Welt, in der Frauen auch heute noch in manchen Ländern, als Zeichen der Unterwürfigkeit, nur hinter ihren Männern auf der Straße gehen dürfen. Ist es dann verwunderlich, daß Männer von uns erwarten, daß wir uns für sie aufopfern?

● **Wir Frauen wurden dazu erzogen, uns als zweitrangig zu betrachten.** Viele von uns beobachteten ihre Mütter und Großmütter, wie sie Talente, Interessen, Träume und Karrieren opferten, um den Vätern stützend zur Seite zu stehen. Wenn wir etwas für uns selbst tun wollten, wurden wir als »egoistisch« bezeichnet.

● **Wir glorifizieren unser Opfer als eine Art Großtat, anstatt loszuziehen und unsere Träume zu verwirklichen.** Es ist so viel einfacher und verlangt viel weniger persönlichen Einsatz, zu sagen: »Na ja, ich hätte auch meinen Abschluß machen und Rechtsanwältin werden können. Aber ich wollte mehr für Henry dasein, als er sein Jurastudium machte. Deshalb entschloß ich mich, dieses Opfer zu bringen.«

Die Folgen des Liebesopfers

Wenn Sie sich aus Liebe opfern und sich selbst in der Beziehung zurücknehmen, dann hoffen Sie im tiefsten Innern, daß Ihr Mann Sie dafür letztendlich mehr lieben wird. Ob das wirklich so ist, bleibt offen. Was aber tatsächlich geschieht, ist folgendes:

Wenn Sie sich aufopfern, um von einem anderen mehr geliebt zu werden, werden Sie sich selbst immer weniger lieben.

Jedes Mal, wenn Sie Interessen, einen Freund oder einen Traum aufgeben in der Hoffnung, damit die Liebe eines Mannes zu gewinnen, geben Sie auch einen Teil von sich selbst auf. Je mehr Sie opfern, desto weniger bleibt von Ihnen, bis Sie eines Tages erwachen und sich selbst leer fühlen. Es ist nichts von Ihnen übriggeblieben. Sie haben alles aufgegeben, um mehr Zuneigung zu erhalten, doch dabei haben Sie das verloren, was Sie im wesentlichen ausmacht: die Seele Ihrer Weiblichkeit.

Als Folge dieses Verlustes empfinden Frauen meist Wut oder Depressionen. Sie bereuen es sehr, durch ihr eigenes Zutun all ihre Selbstachtung und ihr Selbstwertgefühl verloren zu haben. Und sie sind wütend auf den Mann, für den sie sich aufgeopfert haben und der sie dann doch nicht so liebte, wie sie es sich eigentlich vorgestellt hatten.

Die Lösung: Hören Sie auf, sich in Ihren Beziehungen aufzuopfern!

1. Machen Sie sich eine Liste aller Varianten, wie Sie sich aufgeopfert haben. Denken Sie dabei an alle Beziehungen, die Sie je

hatten. Das soll KEIN Jux sein, sondern ich sehe darin eine höchst wirksame Methode, genügend Motivation und Entrüstung aufzubauen, um ein für allemal aufzuhören, sich selbst als zweitrangig anzusehen.

2. Notieren Sie die Menschen, Interessen, Aktivitäten und Überzeugungen, die für Sie wichtig sind. Das wird Ihnen helfen, sich zu erinnern, wer Sie sind und was Sie wollen. Es wird Ihnen danach viel schwerer fallen, sich selbst davon zu überzeugen, Sie hätten Freude an Geländerennen, am Angeln oder Briefmarkensammeln – oder wo immer die Interessen Ihres nächsten Partners liegen mögen.

3. Machen Sie sich daran, Ihre eigenen Träume zu verwirklichen. Das wird Sie voll ausfüllen und Sie nicht mehr in die Situation bringen, als leeres »emotionales Chamäleon« darauf zu warten, von einem Mann ausgefüllt zu werden. Wenn Sie sich als Frau vollwertig und nicht eingeschränkt fühlen, ist es ziemlich unwahrscheinlich, daß Sie nur aus Sehnsucht nach Anerkennung in eine Beziehung geraten, wo Sie ein voraussichtlicher Aufopferungskandidat sind. Im Schlußkapitel dieses Buches mache ich Ihnen einige Vorschläge, wie Sie sich wirklich zu einer starken Frau entwickeln können – ein Potential, von dem Sie wissen, daß es in Ihnen steckt.

Fehler Nr. 3 *Frauen sind verliebt in die potentiellen Möglichkeiten eines Mannes*

Sind Sie stolz auf Ihre Fähigkeiten, »das Beste aus einem Mann zu machen«?

Haben Sie manchmal gedacht, der Mann, den Sie lieben, könnte mit »ein wenig Mühe und Geduld« genau so werden, wie Sie ihn haben wollen?

Hatten Sie schon einmal das Gefühl, Ihr Mann sei nur deshalb nicht so weit gekommen, wie er gern gewollt hätte, weil niemand da war, der »ihn wirklich geliebt und unterstützt« hat – bis Sie ihm über den Weg gelaufen sind?

Ich weiß nicht, wie es Ihnen ergeht, mir jedoch kommen diese Fragen schmerzlich bekannt vor. Bis vor kurzem war Fehler Nr. 3

regelrecht mein Meisterstück. Ich war vernarrt in die potentiellen Möglichkeiten eines Mannes. Ich war Expertin darin, Männer in Not zu finden und viel Zeit und Energie darauf zu verwenden, ihnen »zu helfen«, sie »aufzurichten«. Manchmal lohnte sich meine Mühe, und der Mann wurde erfolgreich. Manchmal schlugen meine Bemühungen auch gänzlich fehl. Doch jedesmal ereignete sich für mich das gleiche: *Ich schaffte es immer wieder, meiner eigenen Karriere, meinen eigenen Träumen aus dem Weg zu gehen, indem ich versuchte, jemand anderen zu retten.*

Soweit ich mich zurückerinnern kann, habe ich mir immer Männer ausgesucht, die in irgendeiner Beziehung Unterstützung brauchten. Einige mußten emotional aufgebaut werden. Einige hatten es nötig, ihre verkorkste Kindheit aufzuarbeiten. Einige mußten aus ihrer Entschlußlosigkeit herauskommen, lernen, sich selbst zu organisieren und ihre Talente zu nutzen, um Geld zu verdienen. Einige mußten lernen, sich mündlich oder schriftlich besser auszudrücken oder wie man sich korrekt anzieht oder wie man ein aufmerksamer Liebhaber ist. Und natürlich kam ich als Retterin immer gerade richtig, um aus Ratlosigkeit zu helfen. Ich war bereit, mit Liebe, Geld, Kraft und gutem Rat beizustehen. Meine Freunde und Verwandten äußerten immer wieder Mißbilligung und gaben mir zu verstehen, daß ich meine Zeit verschwendete, doch das konnte mich nicht davon abbringen. Und sogar wenn es den Anschein hatte, daß die Männer keine Fortschritte machten oder meine Hilfe nicht in Anspruch nahmen, gab ich nicht auf.

Rückblickend erkenne ich, daß ich jedesmal gar keine richtige Beziehung erlebte. Ich arbeitete an einem Projekt. In Wirklichkeit hatte ich mich nicht mit einem Mann eingelassen, sondern arbeitete an einem Fall.

Ich liebte den Mann nicht so, wie er war – ich liebte die potentiellen Möglichkeiten in ihm.

Nach vielen Jahren der Frustration, des Herzeleids und der Enttäuschung wachte ich eines Tages auf, merkte, daß ich Anfang Dreißig war und bisher keines meiner eigenen Karriereziele erreicht hatte.

Da sagte ich mir: »Barbara, wenn du nur die Hälfte der Menge an Kraft, Kreativität und Pflichtbewußtsein, die du hilfreich in Männer zur Verwirklichung ihrer Möglichkeiten investiert hast, *in deine eigenen Ziele und dein eigenes Leben* stecken würdest – nicht auszudenken, wie erfolgreich und ausgefüllt du sein könntest!« Und das tat ich dann auch, und Sie erleben gerade einen Teil des Ergebnisses mit, denn dieses Buch gehört dazu.

Wie kommt es, dass wir uns in die Möglichkeiten eines Mannes verlieben?

1. Wir lieben »emotionale Rettungsmissionen«, suchen uns Männer, die sich nicht selbst helfen wollen, und versuchen, sie zu retten.

Allison, eine 32 Jahre alte Immobilienverkäuferin, kam zur Karriereberatung zu mir. Je länger wir miteinander redeten, um so offensichtlicher wurde, daß ihr Problem gar nichts mit dem Immobilienjob zu tun hatte, sondern mit ihrem anderen Fulltime-Job – sich um Harry zu kümmern. Allison lebte mit Harry, einem 37jährigen Schauspieler, schon seit drei Jahren zusammen. »Ich liebe Harry so sehr«, erklärte sie. »Er hatte eine wirklich harte Kindheit und eine erste Ehe, die geradezu schrecklich war. Also war er sehr unsicher und ablehnend sich selbst gegenüber, als ich ihm begegnete. Er ist ein guter Schauspieler, wirklich! Trotzdem hat er es schwer, Arbeit zu finden. Er war ziemlich auf Koks und rauchte wie ein Schlot. Es gelang mir, ihn davon abzubringen, das ist jetzt vorbei. Inzwischen arbeite ich mit ihm daran, sich genaue Ziele zu stecken und plangemäß einzuhalten. Ich bin sicher, Sie halten mich für verrückt, weiter mit ihm zusammenzubleiben. Aber ich weiß sicher, daß er erfolgreich sein könnte, das spür' ich einfach.«

Allison glaubte stärker an Harry als der an sich selbst. Sie liebte die potentiellen Möglichkeiten in ihm, nicht den Mann, der er Tag für Tag war. Ein Teil ihrer Vorstellungen lief darauf hinaus, daß es ihr Erfolg wäre, wenn Harry sein Leben in den Griff bekäme. Daher fühlte sie sich, obwohl ihre eigene Karriere gut vorankam, als Versagerin, da Harry nicht die Fortschritte machte, die sie für ihn vorgesehen hatte.

2. Wir geraten an Männer, die uns weder lieben, noch gut behandeln, und suchen nach dem, was wir nicht bekommen, denn wir sind sicher, daß es in ihnen steckt.

Die 45jährige Erika ist das perfekte Beispiel einer Frau, die den Fehler Nr. 3 begeht. Sie war 19 Jahre lang mit Arnold verheiratet und in der ganzen Zeit niemals glücklich mit ihm. »Ich verliebte mich in potentielle Möglichkeiten, die ich in ihm sah«, gestand sie weinend, »die habe ich geheiratet! Er war niemals ein sehr liebevoller, gebender Mensch. Er ist gefühlsmäßig eher verschlossen und sehr kritisch. Aber tief innendrin ist er dieser süße, ängstliche Junge, der hin und wieder zum Vorschein kommt und geliebt werden möchte. Als wir uns die ersten paar Male trafen, erahnte ich einen Schimmer jenes Teils von ihm und wurde weich. Ich erinnere mich an die Nacht, in der er mir einen Heiratsantrag machte. Er brach zusammen und weinte zum ersten Mal, seit ich ihn kannte. Mir war klar, daß es Probleme gab, doch ich sagte mir, ›wenn ich ihn nur genügend liebe, werden sie sich lösen lassen‹. Meine Eltern mißbilligten die Heirat, aber ich glaubte, Arnold besser zu kennen.

Na ja, 19 Jahre und drei Kinder später hat sich Arnold kein bißchen verändert. Die meiste Zeit meiner Ehe fühlte ich mich ungeliebt und unbeachtet. Doch jetzt halte ich es nicht mehr aus. Ich liebe ihn immer noch und sehe weiterhin diese schöne Seite in ihm, aber mir ist endgültig klar, daß er sich einfach nicht ändern wird. Ich weiß, ich treffe die richtige Entscheidung, indem ich ihn verlasse. Aber irgendwie habe ich das Gefühl, wenn ich ihn noch mehr geliebt oder ihm mehr geholfen hätte, vielleicht wäre dann das Gute zum Vorschein gekommen.«

Erika verbrachte ihr Leben in der Sehnsucht nach diesem Teil von Arnold, den er ihr versagte, anstatt der Wahrheit ins Auge zu sehen, wie ihre Beziehung wirklich war. Ich weiß genau, wie sich Erika fühlte, weil ich in einer meiner Beziehungen genau das gleiche erlebte. Ich verbrachte mehrere Jahre mit jemanden, den ich sehr liebte, der aber seine eigenen Möglichkeiten nicht ausschöpfte und mir immer dieses letzte Stück seines Herzens vorenthielt, diese letzten zehn Prozent emotionaler Hingabe und Verbundenheit. Und wie Erika stempelte ich mich selbst zum Versager, indem ich dachte:

Wenn ich ihn genügend liebe, wird er sich ändern.

Die Wahrheit ist, nur ein Mann, der *sich selbst* genügend liebt, wird sich ändern!

Frauen, die sich in die potentiellen Möglichkeiten eines Mannes verlieben, sind mit sich selbst oft nicht im Einklang. Sie glauben, erst etwas vollbringen zu müssen, um von jemandem geliebt zu werden. Sie suchen sich Männer, die sie emotional herausfordern, und nehmen sich vor, sie zu lieben, ohne Rücksicht darauf, wer sie sind. Dann können sie sagen: »Seht, wie liebevoll, geduldig, tolerant und mitfühlend ich bin. Ich bin doch liebenswert, oder?«

Ich habe definitiv gelernt:

Um eine gesunde Beziehung mit einem Mann zu haben, muß man ihn lieben, wie er *jetzt* ist, nicht *obwohl* er heute so ist und *in der Hoffnung,* daß er morgen ein anderer sein wird.

Aus welchem Grund verlieben sich Frauen in die potentiellen Möglichkeiten eines Mannes?

• Es gelingt uns, unserem eigenen Leben und Schicksal aus dem Weg zu gehen, indem wir beschließen, dafür verantwortlich zu sein, daß einem anderen geholfen wird.

• Wir fühlen uns besonders gut, wenn wir zeigen können, wie hilfreich, liebevoll und geduldig wir sind.

• Wir fühlen uns als Versagerin und lasten es uns selbst an, daß wir nicht perfekt genug sind, wenn unsere Männer sich nicht so entwickeln, wie wir es uns vorgestellt haben.

• Frauen lieben es, Dinge zu übernehmen und sie besser zu machen! Wir lieben es, Verbesserungen an Häusern, Frisuren oder sonstigem vorzunehmen! Es ist ein Ausdruck jenes Gestaltungsbedürfnisses, das für uns so natürlich ist. Es ist schwierig für eine Frau, dem Verbesserungsdrang zu widerstehen.

Wie Sie erkennen, ob Sie »rettungssüchtig« sind

Hier einige Warnsignale, auf die Sie achten sollten; sie zeigen an, daß Sie dabei sind, Fehler Nr. 3 zu begehen:

• Wenn Sie sich alle paar Monate sagen, daß Ihr Mann nur ein bißchen mehr Zeit braucht, um mit sich selbst und seinem Leben zurechtzukommen.

• Wenn Sie sich einreden, niemand hätte Ihren Mann jemals wirklich ausreichend geliebt und daß Sie diejenige sind, die ihn genügend liebt, um ihn zu verändern.

• Wenn Sie das Gefühl haben, daß alle anderen Ihren Mann falsch sehen und nur Sie wissen, wie er »wirklich« in seinem Innern ist. – »Keiner kennt ihn so gut wie ich.«

• Wenn Sie Entschuldigungen gegenüber Freunden und Verwandten vorbringen, warum Ihr Mann Sie nicht gut behandelt und nicht richtig im Leben vorankommt.

• Wenn Sie das Gefühl haben, diesen Mann nicht aufgeben oder verlassen zu können, weil es seine Minderwertigkeitsgefühle bestätigen und er sich dann nie verändern würde.

• Wenn Sie sich einreden, daß das Vorhandene wertvoll genug ist, um die Beziehung mit Ihrem Mann fortzuführen, auch wenn er sich nie ganz öffnet und Ihnen nicht sein ganzes Herz schenkt.

Die Lösung: Verlieben Sie sich nie mehr in die potentiellen Möglichkeiten eines Mannes!

Lassen Sie mich Ihnen, als genesene »Rettungssüchtige«, einige Vorschläge machen, wie Sie sich selbst von diesem schmerzvollen Verhaltensmuster kurieren können.

1. Konzentrieren Sie Ihre kreativen Energien in erster Linie auf Ihr eigenes Leben und Ihre Karriere statt auf die Ihres Mannes.

Schreiben Sie Ihre Träume und Ziele auf, und machen Sie einen konkreten Plan, wie Sie sie erreichen wollen. Halten Sie sich an Ihr Konzept, und hüten Sie sich vor Ablenkungen. Im Klartext: Wenn Sie planen, an einem Gruppentreffen teilzunehmen, das dazu beiträgt, mehr Kunden für Ihr Geschäft zu gewinnen, Ihr Freund aber Hilfe braucht, um seine Wohnung in Ordnung zu bringen: Gehen Sie in die Versammlung! Finden Sie erst einmal heraus, was Sie vom Leben erwarten, damit Ihre Pläne Vorrang haben, wenn Sie sich in eine neue Beziehung einlassen.

2. Machen Sie sich eine Liste: »Dinge, denen ich in meinem Leben aus dem Weg gehe, indem ich Männer rette.« Oft ist man sich nicht darüber im klaren, wieviel eigene Gefühlserlebnisse und Herausforderungen einem durch die Rettung von Männern entgehen. Die Aufstellung einer Liste wird Ihnen helfen, Ihre Aufmerksamkeit auf diese verdrängten Bereiche zu konzentrieren.

3. Suchen Sie sich einen Mann, der Verantwortung übernehmen will für seine eigene Lebensgestaltung, damit Sie die Arbeit nicht für ihn machen müssen. Grundsätzlich ist es nicht falsch, den Mann, den Sie lieben, in seinem persönlichen Wachstum zu fördern und ihm in dem angestrebten Veränderungsprozeß zu helfen. Wenn zwei Menschen sich wirklich gegenseitig lieben, tragen beide dazu bei, die verborgenen Fähigkeiten des anderen zu wecken. Aber es ist wichtig, daß Sie als Team arbeiten. Ihr Mann sollte sich genauso verpflichtet fühlen, an sich zu arbeiten, wie Sie.

Ich schlage vor, daß Sie zu Beginn einer Beziehung Ihren neuen Partner fragen, welche persönlichen Ziele er hat und wie er sie zu erreichen gedenkt. Entgegen Ihren eigenen Wunschvorstellungen, daß er mehr Gefühlskraft und Ausdrucksfähigkeit entwickelt, finden Sie vielleicht heraus, daß er keine dahingehenden Interessen hat. Dann wissen Sie: Er ist nicht der Richtige für Sie. Wenn er aber von sich aus sagt, er würde gern in den Bereichen vorankommen und wachsen, in denen Sie es gern sehen würden, dann sollten Sie ihm etwas Zeit geben, dazu Ihre Liebe und Unterstützung, und einige Monate später die Lage neu beurteilen. Wenn Sie bis dahin keinerlei Fortschritt oder Veränderung wahrgenommen haben, reden Sie mit ihm darüber, um herauszufinden, warum sich nichts getan hat. Denken Sie daran: *Taten sagen mehr als Worte.*

FEHLER NR. 4 *Frauen verstecken, wie hervorragend und kompetent sie wirklich sind*

Haben Sie die schlechte Angewohnheit, sich in der Gegenwart eines Mannes selbst herabzusetzen?
Fällt es Ihnen schwer, Komplimente und Lob entgegenzunehmen?
Besitzen Sie Talente und Fähigkeiten, die Ihr Partner noch nicht einmal bemerkt hat?

Die meisten Frauen sind wahre Meister darin, den Fehler Nr. 4 zu begehen, ohne sich dessen überhaupt bewußt zu sein. Wir verheimlichen unsere Intelligenz, Bildung, Urteilskraft und unser Können, damit sich der Mann in unserem Leben nicht dadurch bedroht fühlt und um sein Selbstwertgefühl zu heben. Wir tun das auf recht verschiedene Art und Weise.

1. Wir machen abfällige Bemerkungen über uns selbst, nehmen uns selbst schon die geringsten Fehler übel und lassen uns dadurch anmerken, daß wir uns selbst nicht besonders mögen.
»Unglaublich, wie blöd ich war, dein Geschäftstreffen heute abend zu vergessen. Manchmal erinnere ich mich anscheinend an überhaupt nichts mehr.«
»Mein Chef sagt, daß er mit meinem Bericht zufrieden ist. Aber ich glaube, ich habe keine wirklich gute Arbeit geleistet. Ich bin nicht ganz klargekommen mit der Finanzplanung und wußte eigentlich nicht so recht, worüber ich überhaupt rede.«
»Ich bin so unglücklich darüber, daß ich immer fetter werde. Jetzt schau dir mal diese Orangenhaut an!«

2. Wir diskutieren mit Männern, wenn sie versuchen, uns ein Kompliment zu machen, und tun so, als wollten wir ihnen ihre positive Meinung über uns ausreden.
»Wirklich? Dir gefällt dieses Kleid? Aber es ist schon zwei Jahre alt. Ich glaube einfach nicht, daß dieser Schnitt besonders kleidsam ist, aber ich wollte es auch noch nicht ausmustern. Trotzdem, danke.«
»Ach, Liebling, es hat mir überhaupt nichts ausgemacht, die Überraschungsparty für dich zu veranstalten. Ich meine, es hat mich nicht

soviel Zeit gekostet, und außerdem hatte ich Hilfe. Du solltest nicht soviel Aufhebens davon machen.«

»Hat dir meine Präsentation gefallen? Eigentlich war ich ja ziemlich in Bedrängnis, als mir klar wurde, daß ich die letzte Rednerin bin. Und ich war mir nicht sicher, ob meine Fakten wirklich gut ankommen. Ich denke, alle waren einfach erleichtert, als die Sitzung endlich zu Ende war – darum bekam ich den ganzen Applaus.«

3. Wir verbergen unsere Talente und unsere Bildung vor unserem Lebensgefährten.
Sondra ist das perfekte Beispiel einer Frau, die in den Fehler Nr. 4 verfallen ist. Sie war mit Greg sieben Jahre verheiratet und wahrhaft eine Meisterin darin geworden, sich selbst immer weniger kompetent und intelligent darzustellen als ihn. »Greg mag es, wenn er das Gefühl hat, er sei der Verantwortliche«, vertraute mir Sondra mit sanfter Stimme an, »deshalb stimmt es sicher, daß ich mich von Anfang an immer selbst heruntergespielt habe.« Sondra war klar, was ablief. Sie hatte Greg nie gesagt, daß sie das College mit Auszeichnung abgeschlossen und sogar ein Stipendium bekommen hatte, um die höheren Fachsemester zu absolvieren. Er hatte weder Ahnung, daß sie fließend Französisch sprach, noch daß ihr ein sehr erfolgreicher Geschäftsmann angeboten hatte, bei ihm in Paris zu arbeiten, kurz bevor sie Greg begegnete. Sondra »unterließ« es, Greg diese Dinge zu erzählen. »Sie sind«, wie sie meint, »inzwischen wirklich nicht mehr so wichtig.«

Ellen, 37, und ihr Ehemann Andy, 39, waren beide dabei, Karriere zu machen. Andy war Anlageberater in einer größeren Finanzfirma, und Ellen machte Public Relations für einen Kleiderfabrikanten. Sie kamen in meine Beratung, weil es in ihrer Ehe plötzlich kriselte. »Ich habe nicht das Gefühl, daß Andy mich wirklich richtig anerkennt«, beklagte sich Ellen. »Ich arbeite genauso hart wie er, aber immer reden wir über seine Probleme, nie über meine.«

»Es ist wahr, wir verwenden mehr Zeit darauf, über meine Arbeit zu sprechen«, antwortete Andy, »aber ich denke, das liegt daran, daß meine Arbeit komplexer ist als deine.« Natürlich war Ellen wütend, als sie hörte, daß ihr Gatte seinen Job höher bewertete als ihren.

Ich unterhielt mich mit Ellen und Andy eine ganze Zeitlang, bis ich die Ursache des Problems entdeckte: Fehler Nr. 4 – Indem Ellen ständig ihre Qualifikationen vor Andy verbarg und die Bedeutung ihrer Arbeit herunterspielte, versuchte sie ihm das Gefühl größerer Wichtigkeit zu vermitteln. Natürlich tat sie das nicht bewußt. Es war eine Angewohnheit, die sie als Heranwachsende als »klügere« ältere Schwester eines jüngeren Bruders entwickelt hatte, weil die Eltern immer sagten: »Komm, Ellen, hör auf, Jonathan immer vorzuführen, wie gut du in diesem Halbjahr in der Schule warst. Du weißt doch, daß er Probleme mit seinen Leistungen hat.«

Ellen setzte dieses Verhalten gegenüber ihrem Ehemann fort. Sie ließ ihn nie wissen, welche wichtigen Kunden ihr zur Betreuung zugewiesen wurden. Sie erzählte ihm nie, wie sehr ihre Kollegen sie schätzten, und nur selten sprach sie mit ihm über ihre Träume und Zukunftspläne.

Millionen Frauen sind wie Ellen und Sondra – kompetent, talentiert und beruflich stark engagiert. Und sie wissen nicht, wie sie die Freude an ihren Erfolgen mit ihren Lebensgefährten teilen können.

Was haben wir davon, unsere Qualitäten und Erfolge zu verheimlichen?

● **Wir verbergen unsere Qualitäten und Kompetenzen, weil wir glauben, daß die Männer uns dann mehr lieben.**

Erinnern Sie sich, daß Sie als junges Mädchen hin und wieder folgendes gesagt bekamen:

»Du mußt immer die Jungen gewinnen lassen, wenn ihr spielt. Dann mögen sie dich besser leiden.«

»In Gegenwart von Männern tust du besser nicht zu gescheit, sonst will keiner mit dir ausgehen. Du mußt sie aufbauen und ihnen das Gefühl geben, daß sie klüger sind als du.«

Als Frauen werden wir konditioniert, unseren Männern das Gefühl zu vermitteln, daß sie gescheiter und besser sind als wir. Denn nur dann werden sie uns lieben.

Wir beginnen eine Beziehung in dem Glauben, daß wir den Mann nur halten können, wenn wir keine zu gute Figur neben ihm machen. Deshalb geben wir uns große Mühe, ihn besser erscheinen zu lassen, als er ist, und machen uns schlechter, als wir sind.

- **Wir verbergen unsere Stärke und unsere Kompetenz, weil wir Angst haben, von anderen als arrogant und eingebildet angesehen zu werden.**

Erinnern Sie sich, wie man Ihnen ähnliche Ratschläge gegeben hat?

»Es freut mich, Susie, daß du lauter Einser in deinem Zeugnis hast, aber ich würde darüber nicht so viel reden. Prahlen ist nicht schön, und Mädchen müssen bescheiden sein.«

»Ginny, hör auf, dich immerzu im Spiegel zu betrachten. Es gehört sich nicht für eine junge Dame, zu sehr von sich selbst eingenommen zu sein. Mädchen mit zuviel Stolz sind unbeliebt.«

Ich erinnere mich, daß meine Mutter mir, als ich noch auf der Hauptschule war, sagte, je erfolgreicher und gebildeter ich würde, desto mehr Leute würden eifersüchtig auf mich sein. Ich würde weniger Freunde haben und sollte lieber aufpassen, daß ich andere Menschen durch meine Begabung nicht einschüchterte. Wie alle Mütter meinte sie es gut, und ich muß zugeben, daß ich auch derartige Reaktionen in meinem Leben zu spüren bekommen habe. Aber sie gab nur einfach die Philosophie der Selbstverneinung weiter, die ihr von ihrer Mutter beigebracht worden war und die so viele von uns in ihrer Jugend lernten. *Eine Frau sollte keine zu gute Figur abgeben – das war weder weiblich noch attraktiv.*

In der Absicht, »nette Mädchen« zu sein, verstecken Frauen ihre wahre Größe.

Warum es gar nichts nützt, wenn Sie verbergen, wieviel Format Sie haben

1. Wenn Sie Ihre Qualitäten verstecken, zerstört das die Leidenschaft in Ihrer Beziehung. Wenn wir unsere Erfolge und Fähigkeiten herabsetzen und vor unseren Lebensgefährten verbergen, glauben wir damit zu erreichen, daß wir weniger bedrohlich und dafür um so attraktiver auf sie wirken. Aber in Wirklichkeit passiert genau das Gegenteil.

Kompetenz zieht die Männer an, Schwäche wirkt eher abstoßend.

Männer lieben Kompetenz an Frauen. Ihnen wurde beigebracht, selber erfolgreich zu sein, und dies an einem anderen Menschen zu entdecken, wirkt auf sie anziehend. Bei meinen Umfragen zu diesem Buch sprach ich mit vielen hundert Männern, und fast alle waren der Meinung, daß eine Frau, die Selbstvertrauen ausstrahlt, äußerst reizvoll ist. Männer respektieren solche Frauen und nehmen sie eher ernst.

Das ist die Ironie an der Sache: Frauen glauben, wenn sie sich klein machen und bescheiden auftreten, auf dem richtigen Weg zu sein, von den Männern mehr Liebe zu bekommen. Dabei zerstört dieses Verhaltensmuster in Wahrheit alle Leidenschaft in der Beziehung.

3. Wenn Sie die Angewohnheit haben, Ihre Erfolge und Fähigkeiten vor Männern zu verbergen, werden Sie sie am Ende auch vor sich selbst verstecken. Das Sprichwort »Aus den Augen, aus dem Sinn!« bewahrheitet sich absolut für Fehler Nr. 4. Je mehr Sie Ihre Qualitäten gegenüber anderen herunterspielen, um so weniger erinnern Sie sich selbst daran, bis Sie schließlich selbst nicht mehr an Ihre Stärke glauben.

Die Lösung: Hören Sie endlich auf, Ihre eigenen Erfolge und Qualitäten zu verbergen!

1. Machen Sie eine Liste, auf der Sie all Ihre Talente, Fähigkeiten, Auszeichnungen, Erfolge und Ihre guten Eigenschaften notieren. Dann zeigen Sie diese Liste Ihrem Partner. Diese Anweisung bekommen auch die Frauen in meinen Seminaren, und ich habe einige verblüffende Storys über die Resultate zu hören gekriegt. Viele Frauen berichteten, allein das Niederschreiben habe sie an Dinge erinnert, die sie längst total vergessen und über die sie ganz sicher nie mit ihrem Partner gesprochen hatten. Und die Männer berichteten, daß sie überrascht und erfreut gewesen seien, so viele liebenswerte Eigenschaften an ihren Frauen zu entdecken.

2. Achten Sie bei sich selbst darauf, ob Sie Komplimente nicht akzeptieren, sich selbst herabsetzen oder Ihre Leistungen herunterspielen. Üben Sie sich darin, SICH ZU IHRER WAHREN GRÖSSE ZU BEKENNEN. Sie werden erstaunt sein, wie oft Sie sich bei Fehler Nr. 4 ertappen und wie sehr Sie sich im Unterbewußtsein an solche Dinge gewöhnt haben. Ertappen Sie sich auf frischer Tat, drehen Sie gleich den Spieß um: Schluß mit dem Herunterspielen Ihrer Qualitäten! Zeigen Sie, was in Ihnen steckt, und lassen Sie sich dafür loben! Wenn Ihnen das nächte Mal jemand Komplimente macht, atmen Sie einmal tief durch und sagen einfach: »Danke!« Werfen Sie Ihre falsche Bescheidenheit zum Fenster hinaus.

3. Suchen Sie nach einem Mann, der sich in Ihrem Glanz sonnen mag. Wir wissen alle, daß es auch Männer gibt, die aus den verschiedensten Gründen nicht mit einer Frau zusammensein wollen, die stark und selbstbewußt auftritt. Es ist schwer, sich im Umfeld eines Menschen ins rechte Licht zu rücken, der nicht daran interessiert ist, daß Glanz auf Sie fällt. Schauen Sie sich nach einem Partner um, der Sie darin unterstützt, die Prachtfrau zu werden, die in Ihnen schlummert.

Fehler Nr. 5 *Frauen verzichten auf ihre Power*

Es tut mir leid, sagen zu müssen, daß die Behauptung, »Frauen verzichten auf ihre Power zugunsten der Männer«, gar nicht oft genug wiederholt werden kann. Wie wir schon feststellen konnten, bestand die Rolle der Frau schon seit jeher darin, ihre Kraft einem Mann zu widmen, und das wurde als unumstößliche Tatsache des Lebens angesehen und nicht als Fehler betrachtet. Ich kann Ihnen aus Erfahrung sagen: Die Erkenntnis, wie Sie Ihre Kraft in Ihren Lebensgefährten investieren, und zu lernen, wie Sie damit Schluß machen können, wird einer der wichtigsten Schritte auf dem Weg zu einer gesunden, liebevollen Beziehung sein.

Ich habe eine Bezeichnung gefunden für Frauen, die ihre Power in Männer investieren, in der Hoffnung, dafür um so mehr geliebt zu werden: Sie sind Märtyrerinnen der Liebe. Ein Märtyrer ist ein

Mensch, der sich persönlich für eine Sache aufopfert. Auf Frauen bezogen heißt das: Wir sind bereit, unsere Selbstachtung, unsere persönliche Würde, unsere Integrität und unser Selbstwertgefühl zu opfern, um einen Mann zu bekommen, der uns liebt.

Sind Sie eine Märtyrerin der Liebe?

Dieser Test wird Ihnen sagen, wie tief Sie in ein Liebesmartyrium verstrickt sind. Sie können sich in diesem Test auf Ihre augenblickliche Partnerschaft beziehen, auf eine vergangene oder auf Ihre Beziehungen mit Männern im allgemeinen. Beurteilen Sie bei jeder Aussage die für Sie zutreffende Häufigkeit.

sehr häufig	0 Punkte
oft	4 Punkte
gelegentlich	8 Punkte
selten oder nie	10 Punkte

Antworten Sie so ehrlich wie möglich. Es fällt Ihnen vielleicht schwer, sich einiges davon einzugestehen, aber den Tatsachen ins Auge zu sehen ist der erste Schritt zur Veränderung.

Zehn Warnsignale für eine Märtyrerin der Liebe

1. Sie glauben, auf Zehenspitzen um Ihren Partner herumschleichen zu müssen, um ihn ja nicht zu erzürnen oder sein Mißfallen zu erregen.
2. Sie haben das Gefühl, daß Ihr Partner Ihnen nicht immer mit Respekt begegnet.
3. Sie fühlen sich selbstsicherer und kraftvoller bei der Arbeit oder bei Freunden als Ihrem Partner gegenüber.
4. Sie haben ein unsicheres oder ungutes Gefühl, wenn Sie Ihrem Partner ein negatives Feedback geben.
5. Sie zögern, Ihren Partner darum zu bitten, sich nach Ihren Wünschen und Bedürfnissen zu richten, und fragen sich manchmal, ob Sie vielleicht zu »anspruchsvoll« oder zu »unsicher« sind.
6. Sie haben das Gefühl, daß Ihr Partner Sie weniger gut behandelt als Sie ihn.

7. Wenn Ihr Partner mit Ihnen nicht sehr liebevoll umgeht, neigen Sie dazu, sich ihm gegenüber noch liebevoller zu verhalten, in der Hoffnung, ihn für sich zu gewinnen.
8. Sie spüren, daß Sie etwas dafür tun müssen, wenn Sie Ihren Partner von Ihren Rechten in Sachen Liebe, Zärtlichkeit, Gleichheit, Freiheit etc. überzeugen wollen.
9. Sie verteidigen oft das Verhalten Ihres Partners oder Ihre Lebenssituation oder entschuldigen sich dafür vor sich selbst oder vor anderen.
10. Sie sind oft wütend auf sich selbst, weil Sie sich in Gegenwart von Männern wie ein »Nichts« verhalten. Und obwohl Sie sich geschworen haben, es nie wieder zu tun, lassen Sie es zu, weiterhin weniger liebevoll behandelt zu werden, als Sie es verdienen.

Zählen Sie nun Ihre Punkte zusammen.

80–100 Punkte: Gratuliere! Sie haben genügend Power gegenüber Ihrem Lebensgefährten und opfern sich normalerweise nicht auf, um geliebt zu werden. Um zukünftige Probleme zu vermeiden, sollten Sie auf die Bereiche achten, in denen Sie eine niedrige Punktzahl erzielt haben.

60–79 Punkte: Sie sind zwar keine wirkliche Märtyrerin der Liebe, aber Sie investieren oft zuviel Kraft in bestimmte Bereiche Ihrer Beziehungen mit Männern. Beachten Sie, wie die Angst vor Verlust und Mißbilligung Sie daran hindert, von Ihrem Partner das zu verlangen, was Ihnen zusteht. Arbeiten Sie daran, sich selbst mehr zu lieben und weniger Kompromisse einzugehen.

40–59 Punkte: ACHTUNG! Ob Sie es sich eingestehen oder nicht, Sie sind eine Niete in Sachen Männerbeziehungen. Sie lassen es zu, daß man sie schlecht behandelt, und setzen sich nicht für eigene Belange ein. Sie sind eine Meisterin der Aufopferung aus Liebe, so daß Sie vergessen haben, wie es sein kann, wenn man einem Mann gegenüber ganz ungezwungen ist. Befolgen Sie die Anweisungen in diesem Kapitel sorgfältig, und beginnen Sie damit, sich selbst ein wenig von der Liebe zu schenken, die Sie Männern so ohne weiteres zukommen lassen.

0–39 Punkte: HÖCHSTE ALARMSTUFE! SIE SIND EIN PROFI ALS MÄRTYRERIN DER LIEBE. Wahrscheinlich haben Sie wenig oder gar keine Selbstachtung mehr in Anbetracht dessen, wie schlecht Sie von Ihrem Lebensgefährten behandelt werden. Erwarten Sie nicht, geliebt zu werden, bevor Sie nicht anfangen, sich selbst zu lieben. Es wird Zeit, daß Sie sich aufrichten, sich wie eine Frau fühlen und verhalten und sich nicht mehr als Fußabtreter benutzen lassen! Und Sie müssen AUF DER STELLE handeln! Halten Sie sich an die Vorschläge dieses Buches, und suchen Sie sich einen persönlichen Berater zur weiteren Unterstützung. Hören Sie auf, sich zu opfern, fangen Sie an, wieder in Würde zu leben.

Wie kommt es, dass wir unsere Würde als Frau nicht wahren?

Alle diese Warnsignale weisen auf eines hin: *Daß wir uns als Frauen nicht behaupten.* Das bedeutet:

● daß wir uns von Männern in einer Art behandeln lassen, wie wir es keiner Tochter wünschen würden;

● daß wir uns nicht für die eigene Sache einsetzen, obwohl wir wissen, daß man es tun sollte;

● daß wir ständig Angst haben vor Kritik und Mißbilligung des Partners;

● daß wir uns mit weniger Liebe und Interesse zufriedengeben, als wir tatsächlich beanspruchen könnten.

> **Jedesmal, wenn Sie auf Ihre Power zugunsten eines Mannes verzichten, indem Sie ihm gestatten, daß er Sie respektlos oder lieblos behandelt, verlieren Sie auch Respekt vor sich selbst.**

Das bewirkt, wie ich es nenne, einen der Selbstachtung schadenden Zyklus. Und der funktioniert so: Sie lassen es einem Mann durchgehen, daß er Sie schlecht behandelt. Vielleicht beschimpft er Sie oder weigert sich, Sie zu besänftigen, wenn Sie aufgebracht sind, führt sich auf wie ein trotziges Kind, wenn Sie über die Beziehung reden wollen, und ist irgendwie unempfindsam gegenüber Ihren Gefühlen. Sie setzen sich nicht genug für Ihre Interessen ein, und das endet damit, daß Sie sich am Ende ratlos, bedrückt und schlecht fühlen. Wenn Sie unzufrieden mit sich selbst sind, nimmt Ihr Selbstvertrauen ab. Und wenn Ihr Selbstvertrauen gering ist, werden Sie zuwenig Mut haben, zu sich selbst zu stehen. Wenn ein Mann Sie dann das nächste Mal schlecht behandelt, werden Sie noch weniger Mut haben, und der Kreislauf wiederholt sich wieder und wieder.

Der negative Selbstachtungszyklus

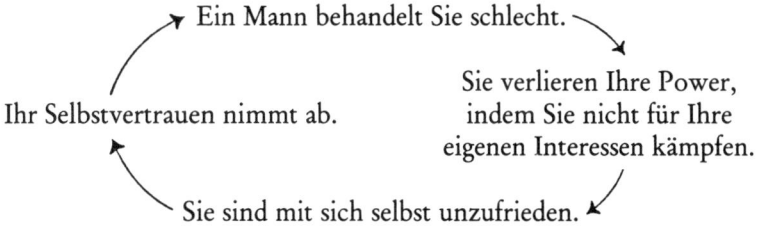

Es gibt nur einen Weg, diesem Teufelskreis zu entrinnen: Stehen Sie zu sich selbst und bewahren Sie Ihre Würde; lassen Sie nicht zu, daß man Sie mit weniger Liebe und Respekt behandelt, als Sie es verdienen. Wenn Sie das tun, werden Sie sich selbst besser fühlen und infolgedessen wächst Ihr Selbstvertrauen. Wenn Sie dann das nächste Mal schlecht behandelt werden, *besitzen Sie genug Power und behalten sie auch.*

Finden Sie es angenehm, von Männern schlecht behandelt zu werden?

Haben Sie sich schon mal ein neues Auto gekauft und bei der ersten Fahrt plötzlich festgestellt, wie schwer dagegen Ihr altes zu fahren war?

Sind Sie jemals von einem Haus oder einer Wohnung in eine andere, geräumigere gezogen und haben plötzlich bemerkt, wie eng Ihre alte war?

Sind Sie nicht auch schon einmal in neue, bequeme Schuhe geschlüpft und haben erst da bemerkt, wie unbequem Ihre alten waren?

Sie wissen es vielleicht gar nicht, aber Sie verzichten auf Ihre Power zugunsten der Männer und lassen es zu, in Ihren Beziehungen mies behandelt zu werden, weil Sie es gewöhnt sind, mies behandelt zu werden. Wir Menschen tendieren dazu, uns an das, was uns passiert, zu gewöhnen, und bemerken erst die Mängel dieser Situation, wenn wir eine neue kennenlernen. Plötzlich spüren wir den Unterschied zwischen den zwei Paar Schuhen oder Wohnungen oder Autos oder Beziehungen, und erst dann gestehen wir uns selbst ein, daß es vorher unbequem war.

Wir Frauen sind es so gewöhnt, nicht mit Respekt und Achtung behandelt zu werden, daß wir uns damit abfinden, von Männern weniger geliebt zu werden, als wir es verdienen.

Bis vor kurzem habe ich meine Power jedesmal zugunsten des Mannes aufgegeben, mit dem ich eine Beziehung hatte. Ich selbst habe zugelassen, nicht genügend gewürdigt zu werden. Ich habe ein Verhalten hingenommen, das ich meinen Klienten nie gestattet hätte, ihren Partnern gegenüber zu tolerieren. Ich verzichtete auf Wünsche und Bedürfnisse, um meinem Gefährten gefällig zu sein. Ich lebte in ständiger Angst vor Mißbilligung. War ich mir bewußt, eine Märtyrerin der Liebe zu sein? Nein! Ich hätte schwören können, daß ich mich wie eine starke, selbstbewußte Frau verhalte. Die Wahrheit war, ich war es so gewohnt und es war mir so vertraut, auf meine Power zu verzichten, daß ich noch nicht einmal wußte, daß ich es tat. War das die Schuld meiner Lebensgefährten? Nicht im geringsten! Ich handelte nicht liebevoll mir selbst gegenüber, und sie reagierten entsprechend.

Nun lerne ich zum ersten Mal in meinem Leben, meine Würde in der Beziehung mit einem Mann zu behaupten, und das ist nicht einfach! Die Angewohnheit, eine Liebesmärtyrerin zu sein, versucht mich immer erneut einzuholen und veranlaßt mich, irgend etwas aus Liebe zu opfern. Aber ich werde die Lektion meistern, mit Hilfe der Techniken dieses Buches, der Unterstützung meiner Freundinnen und der Ermutigung meines Lebensgefährten, der möchte, daß ich Power besitze. (Er kann es nicht ertragen, wenn ich mich wie ein Schwächling verhalte!) Ich bin dabei, auch in meinen Beziehungen die starke Frau zu werden, die zu sein ich mir in meiner Karriere so hart erarbeitet habe.

Von der Niete zur Nervensäge: Erst ducken sich die Frauen vor den Männern, und dann rebellieren sie gegen sie

Louis, 36, und Linda, 32, gingen seit neun Monaten zusammen, als sie zu mir kamen, um sich Rat zu holen. »Linda macht mich verrückt«, begann Louis. »Als ich sie traf, dachte ich, daß sie wirklich süß und liebenswert ist: die Art Frau, mit der ich mein Leben verbringen wollte. Aber nach zwei oder drei Monaten schien sie sich komplett zu verändern. Sie verhielt sich defensiv, sarkastisch, manchmal sogar abweisend. Ich habe versucht, mit ihr darüber zu reden. Aber sie sagte nur, sie sei nun mal so und ich solle aufhören mit meinen Bemühungen, sie zu verändern. Ich mag es mir nicht eingestehen, aber ich habe das Gefühl, daß sie sich in eine echte Nervensäge verwandelt hat.«

Während Louis seine Geschichte erzählte, saß Linda mit einem sehr harten Gesichtsausdruck auf der Couch. Irgend etwas sagte mir, daß ich eine bessere Chance hätte, an sie heranzukommen, wenn er nicht mit im Raum wäre. Also bat ich ihn, hinauszugehen.

»Erzählen Sie mir von sich, Linda«, sagte ich zu ihr. »Ich würde gern etwas über die Beziehungen hören, die Sie vor Louis hatten.«

»Ich war zwei Jahre lang mit einem Typen verlobt, als ich 29 war«, antwortete Linda. »Ich war verrückt nach ihm und hätte alles getan, um ihn glücklich zu machen. So bin ich überhaupt nach Kalifornien gekommen. Er wurde von Texas hierher versetzt, ich gab meinen Job auf und kam mit, um mit ihm zusammenzusein. Er war sieben Jahre älter als ich. Ich glaube, ich habe ihn auf ein Podest gestellt.«

Als Linda über ihren Ex-Verlobten sprach, füllten sich ihre Augen mit Tränen, und ihr Gesicht wurde ganz sanft.

»Was ist passiert?« fragte ich freundlich.

»Ich war so blöd«, platzte es da aus ihr heraus. »Er hat mich nie gut behandelt, aber ich habe es hingenommen. Ich habe mir diese Scheiße von ihm gefallen lassen. Und er schob den Hochzeitstermin immer wieder auf. Eines Tages kam ich früher von der Arbeit nach Hause und fand ihn im Bett mit einer Sekretärin aus seinem Büro. Wissen Sie, er hat sogar versucht, mich zu überzeugen, daß seine Bumserei nichts bedeute und es keinerlei Grund gebe, die Verlobung zu lösen.«

Ich hielt Linda in meinen Armen, während sie sich die Seele ausweinte, und ich verstand ihre Beziehung zu Louis. Linda hatte lange Jahre ihre Power an ihren Verlobten vergeudet und war so verletzt worden, daß sie im Unterbewußtsein beschlossen hatte, ins andere Extrem überzuwechseln, um sich nie wieder von einem Mann ausnutzen zu lassen. Sie hatte sich vom Weibchen zum Weibsstück gemausert, war vom Verhätscheln ihres Verlobten zur Rebellion gegen ihn übergegangen.

Kein Wunder, daß Louis die Persönlichkeitsveränderung bei Linda unbegreiflich war.

Viele Frauen folgen genau diesen Mustern in ihrem Leben. Sie haben eine Beziehung, in die sie ihre Power investieren und sich wie Schwächlinge verhalten, und dann schwören sie sich, es nie wieder zu tun. Sie rebellieren, indem sie sich gegenüber dem nächsten Mann, in den sie sich verlieben, wie eine Nervensäge aufführen. Und so weiter und so weiter.

Eine andere Variante des gleichen Themas ist die Verwandlung vom Weibchen zum Weibsstück innerhalb ein und derselben Beziehung. Ich habe eine Freundin, die ihren Ehemann nach diesem Schema verrückt macht. Ungefähr eine Woche lang verhält sie sich ihm gegenüber unterwürfig und schwach, dann wird sie wegen dieses Verhaltens wütend auf sich selbst und macht eine Kehrtwendung um 180 Grad, indem sie sich kalt und distanziert gibt. Er hat die Nase voll von ihrer Zurückweisung und stellt sie. Sie bricht zusammen und entschuldigt sich und kehrt zurück in ihre Weibchen-Rolle.

Solche Verhaltensweisen verleiten die Männer dazu, Frauen als »launisch«, »unberechenbar«, »leicht erregbar« und »gereizt« anzusehen. Die Lösung wäre, eine gewisse Balance zu finden zwischen Weibchen und Weibsstück, Niete und Nervensäge. Wenn wir mit unserer eigenen Wertschätzung integer umgehen, können wir uns aus dem ewigen Kreislauf von Unterwürfigkeit und Rebellion befreien.

Die Lösung: Nie mehr unsere Power zugunsten der Männer aufgeben!

Hier einige Vorschläge, die Ihnen helfen können, Fehler Nr. 5 zu bekämpfen:

1. Hören Sie auf, Ihren Lebensgefährten dafür zu belohnen, daß er Sie schlecht behandelt. Veronika und ihr Mann David hatten einen schrecklichen Streit. Es begann damit, daß Veronika David bat, ihr zu helfen, die neue Tapete für ihre Küche auszusuchen, und er sein Desinteresse zum Ausdruck brachte. Je dringlicher Veronika darum bat, desto mehr geriet David aus der Fassung, bis er schließlich wütend wurde, Veronika anschrie, sie als »Nervensäge« beschimpfte und aus dem Haus stürmte.

Nun liegt Veronika schluchzend auf ihrem Bett und würde gern die Uhren um ein paar Stunden vor dem Streit zurückdrehen. Sie hört David ins Haus zurückkommen, ins Wohnzimmer gehen und den Fernseher anschalten. Mit dem Wunsch, alles wiedergutzumachen, und in der Sehnsucht, sich ihrem Mann wieder nah zu fühlen, geht Veronika ins Wohnzimmer, kniet neben Davids Stuhl nieder, legt ihren Kopf in seinen Schoß und schnieft eine Zeitlang, während er seine Sendung anschaut. Nach einigen Minuten spürt sie, wie David seine Hand ausstreckt und ihr Haar berührt, und weiß, daß er nicht mehr verärgert ist. Veronika wendet sich um und streckt ihre Arme nach David aus und sagt: »O Liebling, ich bin so froh, daß du zurück bist. Ich habe dich vermißt. Ich möchte nicht mit dir streiten.« »Ich möchte auch nicht mit dir streiten«, sagt David mit einem Seufzer der Erleichterung. Das Paar küßt sich und richtet sich auf einen gemütlichen gemeinsamen Abend ein.

Sharon und ihr Freund Ernie stehen mitten in ihrer Wohnung und haben einen riesigen Krach. Ernie hat Sharon gerade mitgeteilt, daß er mit einer Ex-Geliebten zu Abend essen wird: eine, die nicht weiß, daß er mit Sharon zusammenlebt. Als Sharon Ernie fragt, ob er überhaupt etwas von ihr erzählt habe, gibt er zu, daß er es nicht getan hat. Aber er behauptet, nur weil das Mädchen emotional labil sei und er ihre Gefühle nicht verletzen möchte. Sharon ist empört, daß Ernie nicht ehrlich zu ihrer Beziehung steht. »Es interessiert dich mehr, wie sich deine blöde Ex-Freundin fühlt, als wie ich mich fühle!« wirft sie Ernie vor. »Ich höre mir diesen Blödsinn nicht länger an«, schreit Ernie und schlägt die Tür zu, um zur Arbeit zu gehen.

Den ganzen Tag über fühlt sich Sharon miserabel, wenn sie daran denkt, wie Ernie und seine Ehemalige gemeinsam zu Abend essen werden und wie gefühllos er an diesem Morgen war. Im Laufe des Tages verstärkt sich ihre Angst, bis sie schließlich nur noch denken kann, daß sie Ernie verlieren wird. Sie weiß, sie wird Ernie vor dem späten Abend nicht wiedersehen, und beschließt, ihm eine große Überraschung zu bereiten, wenn er nach Hause kommt. Sie bäckt seinen Lieblingskuchen, kauft eine Flasche guten Wein und stellt Kerzen auf. Um 22.30 Uhr kommt Ernie zurück, und Sharon wirft sich ihm in die Arme. »Willkommen zu Hause, Schatz«, flüstert sie, »ich habe dich vermißt. Ich möchte dich niemals verlieren.« »Ich möchte dich auch nicht verlieren«, erwidert Ernie, erleichtert darüber, daß Sharon so guter Stimmung ist. Und sie haben einen wunderschönen Abend zusammen.

Was haben Sie sich beim Lesen dieser beiden Geschichten gedacht? Hatten Sie geglaubt, sie würden glücklich enden? Hatten Sie das Gefühl, die beiden Frauen wären richtig mit ihren Männern umgegangen? Wenn ja, liegen sie *falsch!* Veronika und Sharon mögen geglaubt haben, daß sie verständig, liebevoll und nachsichtig sind. Tatsächlich aber waren sie Liebesmärtyrerinnen der schlimmsten Art: Sie belohnten ihre Männer noch dafür, daß sie sie schlecht behandelten!

Einer der größten Fehler von Frauen gegenüber Männern: Sie belohnen sie mit liebevollem Verhalten, wenn sie sie schlecht behandeln.

In welcher Weise wir das machen? Wir umarmen und küssen einen Mann, der uns respektlose Dinge sagt. Wir widersprechen einem Mann nicht, der uns anschnauzt. Eher entschuldigen wir uns, weil wir ihn wütend gemacht haben. Wir schlafen mit einem Mann, der uns nur wenige Minuten oder Stunden zuvor wie den letzten Dreck behandelt und noch mit keinem Wort erwähnt hat, daß es ihm leid tut. Wir verwöhnen und machen viel Wirbel um einen Mann, der etwas getan hat, das unsere Gefühle verletzt, um ihm zu zeigen, daß wir ihn trotzdem lieben.

Wie lautet die Botschaft an die Männer, wenn wir uns so verhalten?
Du kannst mich behandeln, wie du willst. Ich liebe dich dennoch. Ja, je schlechter du mich behandelst, um so ängstlicher und auch liebevoller werde ich sein.
Die Entsprechung dazu würde so aussehen: Sie haben einen kleinen Hund und ein hübsches, neues weißes Sofa. Sie kommen nach Hause, stellen fest, daß Ihr Hündchen das ganze weiße Sofa bepißt hat, und gehen in die Küche, holen Hundekuchen und geben ihm diesen als Belohnung! Dem entspricht der Kuß, den Sie einem Mann geben, der sich Ihnen gegenüber häßlich verhalten hat.

Tierzüchter betonen immer, wie wichtig es ist, Hunde zu erziehen. Sie drücken die Hundenase in die Pisse und geben noch einen Klaps mit einer Zeitung dazu, damit die Botschaft verstanden wird: Piß ja nie wieder aufs Sofa oder ähnliches. Ich schlage nun nicht vor, wenn Ihr Mann sich »danebenbenimmt«, daß Sie eine Zeitung zusammenrollen und ihm damit eins draufgeben. Ich will damit nur sagen: Wenn ein Mann dafür belohnt wird, daß er Sie schlecht behandelt, dann ermuntert ihn das dazu, dieses Verhalten fortzusetzen.

Was sollten Sie tun, wenn ein Mann Sie auf unakzeptable Weise behandelt?

● Zeigen Sie ihm, daß er Sie verletzt und wütend macht.

● Warten Sie eine Reaktion ab, die anzeigt, daß er Ihre Gefühle versteht und sein Verhalten bereut.

● Überlegen Sie, auf welche Weise es Ihnen gemeinsam gelingen könnte, solche Krisen mit mehr Verstand und Einfühlungsvermögen zu behandeln, wenn sie wieder vorkommen.

● Erst dann ein Kuß und Versöhnung!

2. Machen Sie zwei Listen: Auf welche Weise ich zugunsten der Männer auf meine Power verzichte.
Auf welche Weise ich meine Power in Beziehungen vergeude.
Während des Schreibens werden Sie einen wichtigen Prozeß durchmachen. Wenn Sie Ihr Verhalten als Märtyrerin der Liebe durchdenken und notieren, wird Ihnen manches darüber klarwer-

den. Das ist der erste Schritt auf dem Weg zur Änderung. Wenn Sie mit dieser Auflistung fertig sind, sollten Sie einer Freundin darüber berichten, um sich selbst zu verpflichten, nie wieder auf Ihre Power zu verzichten.

3. Machen Sie für sich selbst eine weitere Liste mit Spielregeln für richtiges Verhalten. Verpflichten Sie sich, sie einzuhalten und besondere Negativ-Verhaltensweisen Männern gegenüber zu vermeiden. Ich werde im letzten Kapitel des Buches genauer erklären, wie man sich ein Büchlein mit Beziehungsregeln anlegt.

4. Bewahren Sie Ihre Würde. Ich liebe diesen Satz. Ich schreibe ihn auf kleine Zettelchen und hefte sie im Haus überallhin, als Denkzettel, wer ich wirklich bin. Manchmal, wenn ich mich dabei ertappe, gerade wieder die Liebesmärtyrerin spielen zu wollen, schließe ich die Augen und meditiere einige Minuten lang einfach über diesen Satz und dessen Bedeutung. Er bringt mich fast immer an den zentralen Punkt meines Selbstwertgefühls. Sie wissen sicher, was Ihnen dieser Satz bedeutet und wie notwendig es ist, Ihre Würde als Frau zu bewahren.

Denken Sie daran: Power in bezug auf Männer zu haben bedeutet *nicht,* Macht über sie zu besitzen, aber *für sich selbst Kraft zu schöpfen,* indem Sie sich selbst mit Liebe und Respekt betrachten und darauf bestehen, daß Ihr Lebensgefährte das auch tut.

Fehler Nr. **6** *Frauen spielen die Kleinmädchenrolle, um ihre Wünsche von Männern erfüllt zu bekommen*

Als Sie ein kleines Mädchen waren, erhielten Sie eine Menge Aufmerksamkeit, weil Sie süß, niedlich und zerbrechlich waren. Sie glauben gar nicht, wie oft Sie sich in Gegenwart von Männern noch heute so geben, vor allem, wenn Sie Liebe und Anerkennung erheischen. Es macht mich traurig, wenn ich Frauen beobachte, die Fehler Nr. 6 begehen, und ich fühle mich richtig unwohl, wenn ich mitansehe, wie Männer dieses Verhalten geradezu aufsaugen.

Wie läuft das ab?

1. Frauen tun naiv oder unwissend, auch wenn sie die Wahrheit oder Antwort kennen. Das gibt den Männern ein Gefühl der Überlegenheit. Es stärkt ihre Selbstachtung, aber mit falschen Mitteln, macht, daß sie sich Ihnen gegenüber wohl fühlen, aber nur, weil sie sich überlegen vorkommen und nicht, weil sie Sie respektieren.

2. Frauen reagieren verletzt, wenn sie in Wirklichkeit wütend sind.

Weinen Sie manchmal, wenn Sie wirklich richtig verärgert sind?

Schmollen Sie nur, wenn Ihnen eigentlich der Sinn danach steht, einem Mann zu sagen, daß er sich wie ein Arschloch verhält und Sie die Schnauze voll haben?

Hängen Sie manchmal schlecht gelaunt rum, statt aufzustehen und zu gehen?

Nachdem den meisten von uns beigebracht wurde, daß es sich für ein Mädchen nicht schickt, aus der Haut zu fahren, unterdrücken wir unsere Wutgefühle und drücken die eher akzeptablen »weiblichen« Gefühle aus: Traurigkeit, Angst und Schuld. Doch die Wut bleibt und schwelt weiter und nagt an uns. Wir tun dies, weil es auf Männer viel weniger bedrohlich und dadurch eher liebenswert wirkt.

3. Frauen geben vor, mit einer Sache nicht klarzukommen, wenn es gar nicht der Fall ist. Das ist eine unserer übelsten Angewohnheiten – wir geben vor, nicht zu wissen, was wir wollen oder wie wir uns fühlen oder was wir tun sollen. Wir schauen rat- und hilfesuchend aus und warten auf den Mann, der kommt, um uns zu retten. Und, was Wunder: Er fühlt sich so stark, so hilfreich.

Wir benutzen Hilflosigkeit als Tarnung für andere, erwachsene und eher unangenehme Gefühle – wie Ärger, Groll, Schuld, Schmerz und Angst. Ich kann schon nicht mehr zählen, wie oft ich Frauen beraten habe, die in etwa gesagt haben: »Ich bin so durcheinander über meine Beziehung, ich weiß nicht, was da vor sich geht.« Und wenn ich sie bitte, Genaueres zu erklären, heißt es: »Na ja, mein Mann betrügt mich. Seit zwei Jahren schlafen wir nicht mehr miteinander. Ich fühle mich wertlos, aber ich bin so hilflos.« Es gibt natürlich überhaupt nichts Verwirrendes an dieser Situation, aber wenn diese Frau so tut, als sei sie ganz hilflos, muß sie keinerlei Entscheidung treffen oder Verantwortung dafür tragen, wie sich ihr Leben entwickelt.

4. Frauen behandeln ihre Männer, als wären sie ihre Väter.
Es ist nicht falsch, dem Mann, den Sie lieben, zu erlauben, daß er hin und wieder väterlich auf Sie achtgibt. Aber es stimmt sicher was nicht in Ihrer Beziehung, wenn Sie ihn die meiste Zeit wie eine Vaterfigur behandeln. Es gibt einige schlimme Angewohnheiten:

- den Geliebten tatsächlich »Papa« nennen,

- auf seinem Schoß sitzen und schmollen,

- ihm gestehen, Sie wären ein »unartiges Mädchen« gewesen,

- Ihren Mann das Geld verwalten und sich selbst nur ein »Taschengeld« geben lassen.

Ich brauche wohl nicht ernsthaft die psychologische Bedeutung dieser Verhaltensweisen zu durchleuchten. Es ist offensichtlich: Je mehr Sie Ihren Lebensgefährten in die Vaterrolle drängen, um so kindlicher werden Sie angesehen.

5. Frauen reden nicht erwachsen, sondern mit weinerlicher Kleinmädchenstimme mit ihren Männern. Als Frauen machen wir von unserer Kleinmädchenstimme besonders gern Gebrauch...

- ... wenn wir Angst haben, das zu sagen, was wir denken.

- ... wenn wir uns vor der Reaktion der Männer fürchten.

- ... wenn wir Meinungsverschiedenheiten erwarten.

Wenn Sie wie ein kleines Mädchen sprechen, signalisieren Sie einem Mann damit: »Schau, ich bin nur ein kleines Mädchen. Verletz mich nicht, und sei nicht gemein zu mir, o. k.?«

6. Frauen inszenieren Chaos, damit einer kommt und sie rettet.

- Stecken Sie ständig in Lebenskrisen?

- Gibt es immer etwas, wofür Sie dringend die Hilfe oder den Rat eines Mannes brauchen?

- Genießen Sie es heimlich, gerettet zu werden?

Teil des Kleinmädchenspiels ist es, sich in eine Krise hineinzumanövrieren, so daß ein Mann gerade recht kommt, um Sie zu retten. Vielleicht tun Sie das, weil der Vater in Ihrer Kindheit nie für Sie da war. Vielleicht tun Sie es, um Ihren Mann zu »testen«. Sie wollen wissen, ob Sie sich auf ihn verlassen können. Das Problem ist, daß Sie von Krisen abhängig werden, um die gewünschte Aufmerksamkeit zu erhalten – eine eindeutige Kleinmädchentaktik.

Wie das Kleinmädchenverhalten den Mann in Ihrem Leben beeinflusst

Männer werden Sie nicht respektieren. Gehen Männer auf die Kleinmädchenromantik ein? Total. Es gibt ihnen das Gefühl, groß, stark und verantwortlich zu sein. Möglicherweise werden sie völlig davon aufgesaugt. Vielleicht genießen sie es sogar. Aber sie werden Sie nicht respektieren, sondern Sie schließlich wie ein kleines Mädchen behandeln und nicht wie die Frau, die Sie sind. Das bedeutet weniger Leidenschaft und weniger wahre Liebe.

Männer werden es Ihnen verübeln. Wenn Sie sich wie ein kleines Mädchen verhalten, veranlaßt es die Männer, sich für Sie verantwortlich zu fühlen. Wie schon vorher erwähnt, fühlen sich die Männer aber meist schon überfordert durch die Verantwortung im täglichen Leben. Auch wenn die Männer sich gern als Retter in Ihrer Hilflosigkeit aufspielen, kann es darauf hinauslaufen, daß er Ihnen alles am Ende gewaltig verübelt.

Die Lösung: Die Kleinmädchenspiele sein lassen!

1. Machen Sie eine Liste: »Wie ich gegenüber Männern die Kleinmädchenrolle spiele.« Es mag Ihnen peinlich sein und sogar demütigend vorkommen, aber glauben Sie mir, es wird helfen, Ihnen den Fehler Nummer sechs auszutreiben. Das nächste Mal, wenn Sie sich selbst dabei ertappen, wie Sie eine Locke um den Finger drehen oder mit dieser Singsangstimme reden oder was immer Ihre Angewohnheiten sind, werden Sie über sich selbst empört sein und sofort aufhören.

2. Wenn Ihnen zum Weinen zumute ist, fragen Sie sich lieber: »Ist da nicht etwas, worüber ich mich ärgere?« Wenn Sie wissen, daß es Ihnen schwerfällt, Wut zu empfinden und auszudrücken, sollten Sie ganz besonders daran denken: Auch wenn Ihnen zum Weinen zumute ist, könnten Sie in Wirklichkeit äußerst wütend sein. Und Sie haben die Wahl, Ihre tatsächlichen Gefühle auf erwachsene Weise mitzuteilen oder sie hinter Tränen zu verstecken. Natürlich bedeutet das nicht, daß Sie nicht weinen dürfen oder daß Sie immer wütend sind, wenn Sie Tränen vergießen. Sie sollten es nur deutlich abwägen.

3. Das nächste Mal, wenn Sie sich hilflos oder ratlos fühlen, stellen Sie sich die Frage: »Wenn ich nicht so durcheinander wäre, würde ich vielleicht selber merken...« Das ist eine Super-Übung, um der Ratlosigkeit Herr zu werden. Bevor Sie hilflos zusammenbrechen und einen Mann zu Ihrer Rettung erwarten, schauen Sie, ob Sie nicht selbst klarkommen. Einige Ihrer Kleinmädchengewohnheiten beherrschen Sie möglicherweise schon sehr lange, und es wird nicht einfach sein, sie aufzugeben. Aber es wird eines Tages wunderbar für Sie sein, als richtige Frau geliebt und geschätzt zu werden.

Ich hoffe, ich habe Ihnen geholfen, etwas mehr über Ihre Beziehungen zu Männern zu begreifen, indem ich Ihnen diese »sechs Fehler« vorgeführt habe. Ich bin sicher, Sie haben erkannt, daß ich sie nicht durch Untersuchungen in psychologischen Zeitschriften oder sonstigen theoretischen Abhandlungen herausgefunden habe, weil ich selber jeden der sechs Fehler wieder und wieder begangen habe. Wie die meisten Frauen habe ich erst einmal so ziemlich alles falsch gemacht, was man falsch machen kann bei dem Versuch, einen Mann zu finden, der einen liebt, und meine Lehrzeit war sehr hart. Vielleicht werden Sie es einfacher haben, nachdem Sie nun einige Fallen kennen, auf die Sie zu achten haben, und einige Techniken zur praktischen Anwendung bekommen haben.

Es ist schwer, mit alten Gewohnheiten zu brechen, auch dann, wenn man unbedingt will. In den nächsten Tagen und Wochen werden Sie sich selbst dabei ertappen, daß Sie viele der Dinge tun, über die Sie gerade gelesen haben. Wenn das geschieht, *lassen Sie sich nicht entmutigen. Denken Sie daran: Der erste Schritt zur Veränderung ist immer, sich bewußt zu werden, was man tut und was einem weh tut.* Behalten Sie die sechs Fehler im Gedächtnis, machen Sie alle Übungen, ziehen Sie Ihre Freunde zu Rat, und holen Sie sich die nötige Unterstützung, um die starke, liebenswerte Frau zu werden, die Sie sein wollen.

3 Emotionales Lückenfüllen: Hören Sie auf, in der Liebe immer mehr zu geben, als Sie bekommen

»Ich gebe und gebe, und das liebt er an mir. Aber manchmal frage ich mich, ob er mich genauso lieben würde, wenn ich nicht mehr immerzu gäbe.«

•

»Immer war ich diejenige in meinen Beziehungen, die mehr geliebt hat. Mein Wunschtraum ist, einen Mann zu finden, der mir genauso viel gibt wie ich ihm. Aber ich glaube nicht, daß solche Männer existieren.«

•

»Ich habe das Gefühl, daß ich den emotionalen Zusammenhalt unserer Beziehung bestimme. Wenn ich mir nicht immerzu wieder Mühe gäbe, sie aufrechtzuerhalten, wüßte mein Mann nicht, was er machen sollte, und unsere Ehe würde auseinandergehen.«

Haben Sie sich auch schon mal gefühlt wie diese Frauen – daß Sie in Beziehungen immer mehr geben, als Sie bekommen? Haben Sie sich je insgeheim gewünscht, von einem Mann genauso heiß geliebt zu werden, wie Sie ihn lieben? Dieses Kapitel handelt vom größten Fehler, den Frauen in Beziehungen machen: Wir Frauen lieben Männer immer viel mehr, als sie uns zurücklieben. Ich habe beschlossen, daß es besser ist, diesem Fehler ein ganzes Kapitel zu widmen, als ihn in die »sechs Fehler« miteinzubeziehen, denn ich finde, daß dieses Thema zu wichtig ist, um es nebenbei abzuhandeln.

Dieses Kapitel habe ich beim Schreiben als das härteste und schmerzvollste empfunden, weil mir alles so vertraut ist. Ich wollte mit diesem Kapitel an einem Freitag beginnen, und in der Nacht davor hatte ich einen Alptraum nach dem anderen – dunkle, wirre Träume voller Angst, Traurigkeit und Mißerfolgen. Als ich am Morgen aufwachte, verstand ich erst nicht, warum ich eine derart unruhige Nacht gehabt hatte – bis ich mich an meinem Computer niederließ, den Titel für dieses Kapitel eingab und in Tränen ausbrach. Ich starrte auf die Worte vor mir, und die Tränen liefen mir übers Gesicht. Ich wußte plötzlich, was die Alpträume verursacht und was mich zum Weinen gebracht hatte: Es war der Schmerz, der aus meiner verwundeten Seele kam; der Schmerz darüber, in der Liebe so viele Male so viel mehr gegeben zu haben, als ich zurückerhielt; der Schmerz aus so vielen Jahren, in denen ich versucht hatte, Beziehungen am Leben zu erhalten. Und dabei immer feststellen mußte, daß meine Partner nicht willens waren, es genauso hart zu versuchen wie ich; der Schmerz darüber, daß ich Expertin darin war, andere Menschen zu lieben, aber unfähig, mich selbst zu lieben.

Die Tränen, die ich an diesem Tag vergoß, galten aber nicht nur mir und meinem Schmerz, sondern vielen Frauen. Ich weiß aus erster Hand, daß viele von Ihnen auch mit gebrochenem Herzen herumlaufen, weil Sie nicht genügend geliebt werden. Ich kann schon nicht mehr zählen, wie oft ich dagesessen und einer weinenden Frau zugehört habe, wie sie die Beziehung zu ihrem Mann oder Freund beschrieb. Ich kenne jenen schmerzvollen Blick zur Genüge: »Ich verstehe einfach nicht... Ich liebe ihn so sehr. Ich gebe ihm alles, was ich kann, und er liebt mich immer noch nicht so, wie ich ihn liebe. Was mache ich falsch?« Und jedesmal, wenn ich eines meiner »Making Love Work«-Seminare halte, stehen einige Frauen auf, wenden sich mit Tränen in den Augen ihrem Mann zu und sagen: »Liebling, du weißt, wie sehr ich dich anbete. Aber es bricht mir fast das Herz, daß ich immer betteln muß, damit du mir zeigst, daß du mich liebst. Und du schenkst mir deine Liebe einfach nicht so, wie ich dir meine schenke.«

Das entzückendste kleine Mädchen auf der Welt

Es war einmal ein kleines Mädchen. Mehr als alles auf der Welt wünschte es sich, für immer glücklich zu leben. Es las Märchen über Prinzessinnen und Prinzen und wahre Liebe und beschloß, wenn es groß wäre, so lange danach zu suchen, bis es die Art von Beziehung gefunden hätte, die die Bücher beschrieben. Es meinte, es wäre am besten, sich gleich auf der Stelle auf dieses romantische Schicksal vorzubereiten. Als es sich auf die Suche nach Märchenprinzen machte, fand sie nur einen, ihren Papa. Wie die meisten kleinen Mädchen hielt es seinen Papa für vollkommen und glorifizierte seine Liebe. Und so war es nur natürlich, daß es den Vater als den Mann in seinem Leben ansah, der es ganz bestimmt glücklich machen würde.

Eines Tages packte der Vater des kleinen Mädchens seine Koffer und erzählte ihm, daß er ausziehen würde. Er erklärte ihm, daß er es immer noch sehr liebe, aber mit der Mutter nicht mehr auskomme und deshalb gehen müsse. Das kleine Mädchen rannte hinauf in sein Zimmer, warf sich aufs Bett und weinte. *Wie kann er mich verlassen?* schrie es. *Wenn er mich wirklich liebte, würde er bleiben. Anscheinend bin ich nicht liebenswert genug.* Und in diesem Moment schwor sich das kleine Mädchen, so liebenswert wie möglich zu werden und so lieb zu seinem Papa zu sein, daß er zurückkäme.

Also machte es sich auf, das liebenswerteste kleine Mädchen auf der Erde zu werden. Es fand heraus, was es tun mußte, um seinen Papa glücklich zu machen, und tat das alles: Es bekam lauter Einsen in der Schule; es strengte sich in Wettkämpfen und Spielen an und lernte zu schauspielern; und es las viele, viele Bücher. Aber vor allem bemühte es sich, seinem Papa zu beweisen, daß er wundervoll sei, weil es entdeckte, daß er es vor allem dann liebte, wenn er sich geliebt fühlte. Es hörte aufmerksam seinen Geschichten zu und lachte an den lustigen Stellen, war ängstlich bei schaurigen Passagen und sagte seinem Papa, daß er der klügste und schönste Mann auf der Welt sei. Und es wollte niemals mit ihm streiten oder ihn kritisieren, weil es wußte, in Zeiten, in denen es das tat, mochte der Vater es nicht besonders gern.

Nun ja, der Papa dieses kleinen Mädchens zog zwar nie wieder in das Haus zurück, aber er liebte es sehr, behandelte es wie sein Lieblingskind, und so folgerte es daraus, daß sein Plan aufgegangen war! Und der Vater bestätigte es, indem er sagte: »Du bist das entzückendste kleine Mädchen auf der Welt.« Jetzt würde seine große Zeit kommen.

Wie verführt man einen Prinzen siebten Grades?

Die Kleine wuchs heran, und als es an der Zeit war, sich zu verlieben, war sie zuversichtlich, denn sie wußte ja, wie sie es anstellen mußte. »Das Geheimnis ist«, vertraute sie ihren Freundinnen in der Schule an, »deinen Freund so-o-o-o-o sehr zu lieben und so-o-o-o-o wundervoll zu sein und ihm ein so-o-o-o-o gutes Gefühl zu vermitteln, daß er ohne dich nicht leben kann.« Und genau das tat sie. Sie fand einen Jungen, den sie mochte, und begann ihn zu lieben. Sie hinterließ jeden Tag kleine Botschaften in seinem Spind, jubelte ihm bei jedem Basketballtraining zu und versicherte ihm immer, wie wunderbar er einfach war. Und sie liebte und liebte und liebte ihn, bis er sich selbst sagte: *Wow! Niemand hat mich jemals zuvor so sehr geliebt, nicht einmal meine eigenen Eltern. Ich nehme an, ich bin in sie verliebt.*

Eine Zeitlang war das Mädchen glücklich. *Das ist mein Prinz,* sagte es sich, *und ich bin seine Prinzessin.* Aber nach einiger Zeit bemerkte sie, daß sie nicht glücklich war, obwohl sie einen Freund hatte. Und sie erkannte, daß zwar sie ihn wie einen Prinzen, er sie aber *nicht* wie eine Prinzessin behandelte. Also rannte sie in ihr Zimmer, warf sich aufs Bett und schluchzte und dachte: *Ich liebe ihn mehr, als er mich liebt. Wie kann das geschehen, wenn ich ihm soviel gebe?* Und sie konnte keine Antwort darauf finden.

Die Herzenskönigin

Die Jahre vergingen, das Mädchen wuchs zur Frau heran, die Jungen waren nun Männer, und aus Schwärmereien wurden Liebesaffären oder Ehen. Und obwohl sich die Details der Geschichte veränderten, die Fabel blieb dieselbe: Sie versuchte verzweifelt, ihren Mann zu halten, indem sie sich alle Mühe gab, durch und durch liebevoll und liebenswert zu sein. Anstatt Nachrichten im Spind zu hinterlassen oder Komplimente in den Fluren der Schule zu machen, bewaffnete sich die Frau nun mit schärferer Munition: Sie versuchte ihren Lebensgefährten mit Liebesgedichten, Kurzgeschichten und klugen Bemerkungen in ihren Bann zu schlagen. Regelmäßige Geschenke und Überraschungen gehörten zur Tagesordnung für den Liebhaber; mit guten Ratschlägen und klugen Hinweisen machte sie sich unersetzlich; und mit Lob, Zuneigung und sexuellen Aufmerksamkeiten überschüttete sie ihn derart, bis er sich wie der meistgeliebte Mann auf dieser Erde vorkam.

Jedesmal und mit jedem Mann war es immer wieder das gleiche: Er sagte ihr, wie wundervoll sie sei und es hätte ihn noch nie jemand so geliebt wie sie. Sie sei seine Herzenskönigin, und er wäre ein Glückspilz, sie zu besitzen.

Und sie war so mit Geben beschäftigt, daß sie nie innehielt, um sich zu fragen, ob ihr ebenso gegeben wurde. Bis sie eines Tages bemerkte, daß ihr Mann zwar ein Meister im Nehmen war, aber eine Niete im Geben. Sowie sie einmal aufhörte, sich um ihn zu kümmern, kam auch von seiner Seite nichts mehr. Und sie fühlte sich sehr alleine, selbst wenn er bei ihr war.

Und bald gestand ihr dann ihr Mann: »Ich glaube, ich liebe dich nicht so, wie du mich liebst.« Und sie sagten sich Lebewohl. Und die Frau lief in ihr Schlafzimmer, warf sich schluchzend aufs Bett und dachte:

Wieso passiert mir das nur immer wieder? Ich habe so viel dafür getan, die liebenswerteste Frau auf Erden zu sein. Warum kann ich keinen Mann finden, der mich so liebt wie ich ihn? Und trotz all der Jahre und all der Tränen in all den Betten konnte sie immer noch keine Antwort darauf finden.

HARTE LIEBESDIENSTE

Die Frau, über die ich geschrieben habe, ist keine meiner Klientinnen oder Seminarteilnehmerinnen. Die Frau bin ich selbst. Die Geschichte ist meine Lebensgeschichte. Ich war das kleine Mädchen, das auszog, um sich die Liebe eines Mannes zu verdienen. Ich war der Teenager, der lernte, einen Jungen mit Aufmerksamkeit und Wertschätzung zu erobern, bis er selbst glaubte, in mich verliebt zu sein. Und ich war bis vor kurzem die Frau, die immerzu so sehr damit beschäftigt war, ihrem Lebensgefährten alles zu geben, daß ich gar nicht bemerkte, daß ich nicht zurückbekam, was ich brauchte.

Wie so viele von Ihnen dachte ich, daß ich etwas tun müßte, um einen Mann zu bekommen, der mich liebt. Ich wurde eine Weltmeisterin im Geben. Unglücklicherweise war ich darin so gut, daß es sich auszahlte: Ich konnte einem Mann so viel geben, daß er glaubte, mich zu lieben, während er in Wirklichkeit nur das liebte, was ich ihm gab.

Kein Wunder, daß ich mich niemals wirklich von einem Mann geliebt fühlte.

Kein Wunder, daß meine Beziehungen bei mir ein Gefühl von Zerrissenheit und Ausgenutztsein hinterließen, selbst wenn ich es war, die sie abbrach. Das kam heraus aus meinem Leben:

- **Ich geriet an die »falschen« Männer.** Ich war so damit beschäftigt, mir Gedanken darüber zu machen, wie sehr mich der Mann liebte, daß ich mir nie Zeit nahm, mich selbst zu fragen, wie sehr ich ihn liebte.

Ich war so mit der Frage beschäftigt, ob der Mann fand, ich sei die richtige Frau für ihn, daß ich mir nicht die Zeit nahm, mich zu fragen, ob er der richtige Mann für mich war.

Daher hatte ich Beziehungen mit Männern, die ich liebte, aber nicht besonders mochte oder die nicht zu mir paßten. Sprich – ich hatte die »falschen Männer«, weil ich gar nicht darauf achtete, was für Gefühle ich in bezug auf sie hatte.

- **Ich gab den Männern keine Chance herauszufinden, was sie wirklich für mich empfanden.** Ich war so damit beschäftigt, »mich selbst an den Mann zu bringen«, den ich liebte, daß ich ihm nie den Spielraum ließ, mich *aus eigenem Antrieb* zu begehren. Dem verlassenen kleinen Mädchen in mir fehlte das Vertrauen, daß ein Mann nur meinetwegen mit mir zusammenbleiben würde, also arbeitete ich wie der Teufel, um mich für einen Mann so wertvoll erscheinen zu lassen, daß er das Gefühl bekam, mich lebensnotwendig zu brauchen und ohne mich nicht leben zu können.

Wie Frauen emotionale Lücken füllen

Ich bezeichne das, was ich und viele andere Frauen sehr häufig in ihren Beziehungen tun, als »emotionales Lückenfüllen«. Wir haben ein bestimmtes Bild im Kopf, wie eine gute Beziehung auszusehen hat. Wir suchen uns einen Mann und machen uns daran, diese Beziehung zu gestalten, ohne große Beteiligung von seiner Seite. So als wollten wir ihm sagen: »Du hast nur Tag für Tag dazusein, ich kümmere mich um den emotionalen Teil der Beziehung – die Intimität, die sozialen Aktivitäten, die Gespräche – und zeige, wohin das alles führen soll. Alles, was du geben mußt, ist dein Einverständnis, mein Partner zu sein.«

Die Gefahr dieser Handlungsweise liegt darin, daß wir am Ende eine Beziehung mit uns selbst haben. Wir bemühen uns so sehr, unsere Beziehung gut aussehen zu lassen, daß wir uns selbst glauben machen, es sei eine gemeinsame Schöpfung, aber in Wirklichkeit ist es nur eine Solo-Performance, bei der der Mann einen Sitzplatz in der ersten Reihe hat.

Hier einige Beispiele dafür, wie Frauen emotionale Lücken füllen. Vielleicht haben Sie zum einen oder anderen Beispiel einen Bezug.

1. Lückenfüllen im sozialen Bereich und in der Freizeitgestaltung. Sie sind es, die meistens alle Ihre gemeinsamen Unternehmungen überlegt und plant:

Sie lesen die Zeitung und prüfen, was es an Veranstaltungen gibt, und überreden Ihren Partner, irgendwo hinzugehen.

Sie schlagen vor, was Sie und Ihr Partner am Wochenende machen könnten.

Sie denken schon Wochen oder Monate im voraus und planen Unternehmungen.

Sie planen Feiertage und besondere Ereignisse.

Sie erledigen die meisten Telefonanrufe mit Freunden und Verwandten (sogar mit seinen) und arrangieren Besuche und Zusammenkünfte.

Sie regen neue und interessante Unternehmungen an und probieren sie aus – neue Restaurants und dergleichen.

Sie beginnen Gespräche über den Urlaub und planen ihn dann im Detail.

2. Sexuelles Lückenfüllen. Meistens sind Sie es, die sexuelle und körperliche Kontakte in Gang bringt:

Sie sind es, die meist auf ihn zugeht und ihn umarmt oder als erste darum bittet.

Sie suchen im allgemeinen von sich aus die Hand Ihres Partners, wenn Sie im Kino sitzen, spazierengehen oder abends beim Fernsehen.

Meistens geht das Küssen von Ihnen aus.

Sie folgen Ihrem Partner durch den Raum, um in seiner Nähe zu sein.

Sie machen beim Sex den ersten Schritt oder bemängeln, daß Sie nicht genug miteinander schlafen. (Achtung: Das könnte der einzige Punkt in dieser Aufzählung sein, der eher den Mann betrifft.)

Sie rutschen nachts von Ihrer Bettseite aus hinüber zu Ihrem Partner, um zu kuscheln, bevor Sie einschlafen.

3. Intimes Lückenfüllen. Sie sind diejenige, die den größten Teil an Intimität in die Beziehung einbringt:

Sie erinnern Ihren Partner daran, daß es schon eine Weile her ist, seit Sie zärtlich-liebevoll miteinander umgegangen sind.

Sie regen an, über Ihre Gefühle zu sprechen.

Sie sind diejenige, die die Themen Gemeinsamkeit oder Zukunft anspricht.

Sie gestalten ein intimes Umfeld – Musik, Kerzen, besondere Abende.

Sie hinterlassen die meisten Botschaften, Grußkarten oder kleine Geschenke und schreiben die meisten Briefe.

Sie sind es, die sich im allgemeinen nach einem Streit zuerst wieder dem Partner zuwendet.

4. Lückenfüllen in der Kommunikation. Sie suchen und beginnen fast immer den verbalen Austausch mit Ihrem Partner:

Wenn Sie mit Ihrem Partner zusammen sind, reden Sie mehr als er.

Sie stellen Ihrem Partner mehr Fragen als er Ihnen.

Es macht Sie nervös, wenn Ihr Partner über längere Phasen schweigt. Sie versuchen, durch Fragen zu ergründen, wie er sich fühlt und was er denkt.

Wenn Sie von Ihrem Partner keine Antwort auf Ihre Fragen erhalten, benennen Sie, was er möglicherweise fühlen könnte, um so ein beidseitiges Gespräch in Gang zu halten.

Sie ertappen sich, wie Sie herauszufinden versuchen, was Ihr Partner empfindet, oder wie Sie ihn ausfragen, seitdem er Ihnen freiwillig keine Informationen mehr gibt.

Sie machen Ihrem Partner Vorschläge, wie er mit seinem Chef, einem Angestellten, seiner Mutter oder Ihren Kindern reden sollte, und erklären, was er sagen soll.

5. Kreatives Lückenfüllen. Sie sind diejenige, die die meiste Kreativität in die Beziehung einbringt:

Sie stellen die meisten neuen Ideen oder Pläne zur Diskussion.

Sie machen immer wieder Vorschläge, wie etwas verändert werden könnte: in der Beziehung, in den Lebensgewohnheiten oder auch in der Inneneinrichtung.

Sie machen Ihren Partner mit neuer Musik, Büchern oder mit neuen Ernährungsweisen bekannt.

Wir alle regen von Zeit zu Zeit zu neuen Aktivitäten an. Falls Sie aber in der Beziehung immer diejenige sind, von der die Anregungen ausgehen, sind Sie zweifellos eine Lückenfüllerin.

Wie das Lückenfüllen Ihre Beziehung zerstören kann

● **Sie entwickeln Ablehnung.** Wenn Sie zu Beginn einer Beziehung Lücken füllen können, fühlen Sie sich glücklich, weil Sie die Liebe Ihres Partners »gewinnen« und sich Ihre Mühe dadurch auszahlt. Auf die Dauer werden Sie es ihm aber übelnehmen, wenn Ihnen klar wird, daß immer Sie es sind, die die emotionale Last in der Beziehung zu tragen hat.

Suzanne und Jerry steckten in einer Ehekrise, als sie zu mir kamen. »Ich habe das Gefühl, daß ich in unserer Beziehung alles machen muß«, beklagte sich Suzanne. »Ich mache alle Pläne, ich rufe unsere Freunde an, ich schlage vor, daß wir über unsere Probleme reden. Wir sind seit sieben Jahren verheiratet, und in der ganzen Zeit hat Jerry, glaube ich, noch nicht einmal die Verantwortung übernommen.«

Jerry wirkte überrascht, als er hörte, worüber sich seine Frau aufregte. »Ich habe immer gedacht, du würdest das alles ausgesprochen gern machen«, erklärte er. »Seitdem wir zusammen sind, warst immer du diejenige, die unsere Wochenenden und Ferien plante. Vermutlich habe ich mich so daran gewöhnt, daß ich immer davon ausging, du würdest gern die Initiative ergreifen.«

Ich beriet Suzanne und Jerry und half ihnen zu erkennen, in was für ein Verhaltensmuster sie hineingeraten waren: Suzanne war verärgert, weil sie sich nicht umsorgt fühlte, und Jerry konnte nicht verstehen, warum es sie plötzlich störte, Dinge zu tun, die sie immer gern gemacht hat. Alle Taktiken, die Suzanne benützt hatte, um Jerry dazu zu bringen, sie zu lieben, erwiesen sich jetzt als Bumerang, weil sie dadurch in die Rolle der Beziehungsverantwortlichen geraten war.

- **Sie lassen Ihrem Partner nicht den Spielraum, eventuelle Lücken selbst zu füllen.** Wenn Sie aus lauter Gewohnheit immer alle Lücken füllen, nehmen Sie Ihrem Partner jede Möglichkeit, selber die Initiative zu ergreifen. Sie sind frustriert, weil er sich um nichts kümmert, merken aber nicht, daß Sie ihm gar keine Chance geben!

> **Männer haben es gern, wenn sie Verantwortung übernehmen oder Unternehmungen anregen können. Nimmt man ihnen die Chance dazu, werden sie sich kastriert und unglücklich fühlen.**

Eileen und Roy waren in einer Zwickmühle. Sie lebten seit drei Jahren zusammen, als sie in mein Seminar kamen.

»Ich liebe Roy wirklich«, begann Eileen, »aber wir haben große Probleme beim Sex. Ich habe nicht das Gefühl, daß Roy mich wirklich begehrt. Immer bin ich diejenige, die mit dem Sex anfängt oder die mit Schmusen beginnt. Wenn wir uns lieben, ist es großartig, aber ich wünschte, er würde mehr von sich aus auf mich zugehen.«

»Es ist wahr«, gab Roy zu. »Ich bin Eileen gegenüber vielleicht wirklich nicht so aktiv. Aber wenn ich es mir recht überlege, kommt es mir so vor, als ob sie mir gar keine Chance dazu läßt. Sie kommt immer auf mich zu und sagt, daß sie mich will, grapscht in der Küche nach mir oder wenn ich von der Arbeit nach Hause komme. Tatsächlich kommt es mir überhaupt nie in den Sinn, den ersten Schritt zu tun – ich muß es nicht. Denn ich weiß, sie wird gleich die Arme um mich legen oder den Versuch machen, mich zu verführen, also bin ich faul geworden.«

Eileen gab Roy gar keine Chance, sie zu begehren. Sobald sie so etwas wie ein Vakuum in ihrer sexuellen Beziehung spürte, hatte sie nichts Eiligeres zu tun, als diese Lücke zu füllen. Was dabei herauskam, war, daß er sich kastriert und sie sich ungeliebt fühlte, und so waren beide unzufrieden.

Wie Roy werden viele Männer mit zwiespältigen Gefühlen reagieren, wenn ihre Partnerin derart perfekt im Lückenfüllen ist. Auf der einen Seite fühlen sie sich von der Verantwortung entlastet, ständig etwas zur Beziehung beitragen zu müssen; andererseits fühlen sie sich der Möglichkeit beraubt, selbst die Lücken zu füllen.

Wenn Sie immerzu die Lücken in Ihrer Beziehung füllen, berauben Sie Ihren Mann der Möglichkeit, mehr über das Lieben zu lernen, und nehmen ihm die Chance zu wachsen.

● **Sie laufen Gefahr, sich selbst einzureden, in Ihrer Beziehung sei alles in Ordnung.** Wenn Sie wirklich eine Expertin im Lückenfüllen sind, können Sie die Illusion einer großartigen Beziehung erzeugen, die gar nicht existiert. Ich muß leider gestehen, daß ich das selbst mehrere Male in meinem Leben gemacht habe. Lassen Sie mich von einer Beziehung erzählen, die ich mit einem Mann hatte, den ich hier Sandy nenne. Als ich Sandy kennenlernte, spürte ich, daß er mich mochte. Doch ich beschloß, eine märchenhafte Liebesaffäre daraus zu machen. Ich begann sofort damit, die Lücken in der Beziehung zu füllen. Ich plante wunderbare Verabredungen für uns. Ich schrieb Sandy schöne Gedichte und Briefe, in denen ich ihm mein intimstes und privatestes Inneres offenbarte. Ich brachte tiefe und philosophische Gedanken zur Sprache, erklärte ihm meine Ansichten zu allen möglichen Dingen und redete über Stunden. Ich erzählte ihm meine neuesten Entdeckungen über unsere Beziehung und was ich daraus lernte. Und natürlich versuchte ich, ihn so oft wie möglich in mein Bett zu locken!

Wehrte sich Sandy etwa gegen irgendeinen meiner Versuche, die Leerräume zu füllen? Absolut nicht! Im Gegenteil, er liebte es. Ich erleichterte ihm die Lebensbereiche, in denen er sich unzulänglich fühlte, und es gefiel seinem Ego, eine Frau zu haben, die derart verrückt nach ihm war.

Daraus entstand eine sehr dynamische Beziehung. Ich beschrieb sie meinen Freunden, und sie waren alle der Meinung, daß es großartig klang. Wenn uns Leute zusammen sahen, bestätigten sie uns, wie glücklich wir aussahen! Und wenn ich mich selbst fragte: *Ist das eine gute Beziehung?*, rief ich mir die aufregenden Ausflüge, die wir gerade nach Palm Springs unternommen hatten, in Erinnerung oder die wunderschöne Liebesnacht der letzten Woche oder den liebevollen Moment der Vertrautheit, als ich ihm ein selbstgeschriebenes Gedicht gab. Und ich bestätigte mir selbst: *Ja, es ist eine großartige Beziehung.*

Doch eines Tages kam Sandy nach Hause und teilte mir mit, er werde mich verlassen. Er erklärte, er hätte sich in der Beziehung zeitweise nicht wirklich er selbst gefühlt und wolle mich nicht länger hinhalten. Was ich da hörte, versetzte mir einen totalen Schock. Wie konnte das passieren, da unsere Beziehung doch so wundervoll schien? In den folgenden Wochen beschäftigte ich mich mit den Wahrheiten über mich selbst, denen ich aus dem Weg zu gehen versucht hatte. Dabei fand ich heraus: Meine Beziehung mit Sandy war im Grunde eine »Ein-Mann-Show«, in der ich die Hauptrolle spielte und er der Zuschauer war. Ich war so beschäftigt gewesen, alle Lücken zu stopfen und die Art unserer Beziehung zu gestalten, daß ich nie innehielt, um zu prüfen, was tatsächlich an ihr dran war. Äußerlich betrachtet war unsere Beziehung perfekt – Ausflüge und Schnickschnack und lustige Zeiten. Aber im Innern fehlte etwas Entscheidendes: Sandys Beteiligung am Spiel und ein emotionaler Einsatz seinerseits.

Sind Sie es, die allein Ihre Beziehung voranbringt?

Hier noch eine Analogie, die das Lückenfüllen in Beziehungen verdeutlicht. Stellen Sie sich vor, Sie und Ihr Partner wären in einem Ruderboot auf einem See. Sie sitzen vorn und Ihr Partner hinten. Jeder von Ihnen hat zwei Ruder, und Sie glauben, daß sie beide rudern, weil sich das Boot glatt über den See bewegt. *Was für eine wunderschöne Fahrt*, denken Sie bei sich. *Rudern wir nicht toll zusammen?*

Irgendwann fühlen Sie sich ein wenig erschöpft und beschließen, sich eine Ruhepause zu gönnen. Plötzlich hält das Boot an, und als Sie sich umdrehen, um zu sehen, was passiert ist, finden Sie heraus, daß Ihr Partner die ganze Zeit über faul herumgesessen oder geschlafen hat und das Rudern voll und ganz Ihnen überlassen hat. Er war ein Passagier im Boot. – Oder vielleicht ist, wenn Sie sich umdrehen, gar niemand im Boot – Sie waren die ganze Zeit allein.

Wenn Sie sich bemühen, die emotionalen Lücken zu füllen, wird Ihr Partner zum Fahrgast in der Beziehung.

In meinem Leben war ich immer so mit Rudern beschäftigt, daß ich oft noch nicht einmal bemerkte, daß mein Partner mich nicht so sehr liebte wie ich ihn und mir nicht soviel gab. Wenn man sich so sehr bemüht, die Gebende zu sein, hält man nicht inne, um sich zu fragen, ob man auch etwas zurückbekommt.

Warum Frauen Lücken füllen

Es gibt drei Gründe, warum sich viele Frauen angewöhnen, in der Liebe mehr zu geben, als sie bekommen.

1. Sie haben das Gefühl, sich Liebe verdienen zu müssen. Wer glaubt, daß es ihm nicht zusteht, geliebt zu werden, außer er tut etwas dafür, wird sich alle Mühe geben, die Leerräume in den Beziehungen zu Männern zu füllen. Vielleicht wurden Sie als Kind nicht genügend geliebt, vielleicht hatten Sie das Gefühl, sich gegenüber einem Elternteil oder gegenüber beiden beweisen zu müssen, um deren Aufmerksamkeit zu gewinnen. Vielleicht folgerten Sie daraus – genau wie ich, als kleines Mädchen –, wenn Sie einen Mann nicht genug lieben, dann wird er Sie verlassen. Die Ursache ist unwichtig, denn das Ergebnis bleibt dasselbe: Sie werden alles daransetzen, sich die Liebe zu verdienen.

2. Sie haben das Gefühl, die Beziehung würde auseinanderbrechen, wenn Sie die Lücken nicht stopfen. Wenn Sie es mit Männern zu tun hatten, die »emotional träge« waren, oder Ihre Mutter erlebten, wie sie die Lücken für Ihren Vater füllte, glauben Sie vielleicht, Ihre Beziehung würde auseinandergehen oder nicht besonders befriedigend sein, es sei denn, Sie würden die Lücken füllen. Oder Sie geben sich mit entsprechend weniger emotionaler Verbundenheit und geringerem Engagement Ihres Partners zufrieden. Durch das Lückenfüllen tragen Sie dazu bei, »die Differenzen auszugleichen«. Dann sieht die Beziehung aus, als wäre sie doch liebevoll genug, und Sie überzeugen sich selbst, daß Sie doch ausreichend Liebe bekommen.

3. Frauen verabscheuen ein Vakuum. Sind Sie schon einmal zu einem Mann in eine spärlich möblierte Wohnung gekommen und haben das Bedürfnis verspürt, sie einzurichten? Wenn Sie mit einer Gruppe von Leuten zusammen sind und niemand spricht, weil alle sich nicht gut genug kennen, fühlen Sie sich dann gezwungen, eine Unterhaltung zu beginnen? Fällt es Ihnen schwer, Schubladen und Schränke leer stehen zu lassen, und überfällt Sie das Bedürfnis, einen Platz mit etwas vollzustellen? Finden Sie einen Tisch kahl, der nur mit Tellern und Besteck gedeckt ist und weder Blumen noch sonst einen Blickfang hat?

Wenn Sie eine dieser Fragen mit Ja beantwortet haben, wissen Sie, was gemeint ist: Frauen verabscheuen Leere. Sie lieben es, Leeres zu füllen, Dinge zu verbinden, etwas zu gestalten, wo vorher nichts war. Ich glaube, es hat zu tun mit unserem schöpferischen Schaffungsdrang – Kinder in die Welt zu setzen oder etwas anderes herzustellen: Intimität, Schönheit, Unterhaltung oder ein funktionierendes Badezimmer...

In Beziehungen neigen Frauen dazu, jedes Vakuum zu füllen – Stille mit Worten zu füllen, Distanz mit Zuneigung auszugleichen, Zeit mit Aktivitäten auszufüllen, Trennung mit Liebe zu überbrücken. Und daß wir all dies so gut können, ist eine große Gabe. Aber wenn wir es übertreiben, rudern wir am Ende das Boot ganz allein.

Wie Sie Schluß damit machen, mehr in der Liebe zu geben, als Sie bekommen

Wenn Sie dieses Kapitel gelesen und sich gefragt haben, ob es auf Ihre Beziehung zutrifft, gibt es ein ganz einfaches Mittel für Sie zu überprüfen, ob Sie in Ihrer Beziehung die Lücken zu sehr füllen: *Hören Sie auf zu rudern!*

Ja, richtig, einfach aufhören. Hören Sie auf, Pläne zu machen, hören Sie auf, zu Ihrem Partner zu rennen und ihn zu umarmen, hören Sie auf, zum Sex zu animieren, hören Sie auf, Gespräche einzuleiten. Machen Sie Schluß mit alldem, und schauen Sie, was passiert. Wenn kein Sex mehr stattfindet, Sie nirgendwo mehr hingehen und keine trauten Stunden mehr mit Ihrem Partner verbringen, nicht mehr über wichtige Punkte gesprochen wird und Ihnen nicht mehr viel Aufmerksamkeit entgegengebracht wird, dann können Sie ganz sicher sein, daß Sie in Ihrer Beziehung alle Lücken gefüllt haben, während Ihr Partner seinen Teil nicht geleistet hat. Dann ist es höchste Zeit, ein bißchen aktiv zu werden.

1. Machen Sie eine Liste all Ihrer Methoden des Lückenfüllens.
Als genesende »Lückenfüllsüchtige« lese ich täglich meine eigene Liste, um mir in Erinnerung zu rufen, was ich in meiner Beziehung *nicht* tun soll. Glauben Sie mir, es ist nicht einfach. Manchmal gerate ich noch immer in Versuchung, die nächsten vier Wochenenden für mich und meinen Partner zu verplanen oder ihm alle fünf Minuten zu sagen, daß ich ihn liebe, oder jeden stillen Augenblick mit Gesprächen zu füllen. Wenn ich mich dabei ertappe, so etwas »Verbotenes« tun zu wollen, schließe ich die Augen und denke an all die einsamen Bootsfahrten in meinem Leben zurück: Wieviel weniger bekam ich, als ich gab! Damit zwinge ich mich selbst zum Nichtstun. So eine Liste wird Ihnen helfen, sich Ihre schlechten Angewohnheiten bewußt zu machen.

2. Geben Sie Ihrem Partner Gelegenheit, die Lücken zu füllen.
Das ist der zweite Schritt in dem Prozeß, den ich gerade beschrieben habe. Es bedeutet: Sie müssen warten, daß Ihr Ehemann sich auf Ihre Bettseite herüberrollt, und sich nicht mehr automatisch an seine Seite kuscheln; Sie müssen eine Gesprächspause einlegen und Ihrem Partner ermöglichen, das nächste Thema anzuschneiden. Nicht Sie animieren zum Sex, sondern Sie geben Ihrem Partner die Chance, Sie zu verführen. Sie lernen, Ihr Wochenende ungeplant zu lassen, und wenn Ihr Partner fragt, was Sie zu tun gedenken, müssen Sie einfach antworten: »Laß du dir was einfallen und überrasch mich.« Glauben Sie mir, es wird Ihre ganze Selbstbeherrschung erfordern,

um das durchzustehen. Ich war es so gewöhnt, Lücken zu füllen, daß eine bewußte Kraftanstrengung von meiner Seite nötig war, damit ich nicht ständig gab und gab.

Wenn Sie mit dem Lückenfüllen aufhören, kann nur eines von zwei Dingen geschehen:

• Ihr Partner wird die Gelegenheit ergreifen und selbst zu rudern beginnen.

• Oder das wahre Unbeteiligtsein und Desinteresse Ihres Partners wird ans Tageslicht kommen, und Sie werden sehen, wie schnell Ihre Beziehung zerrüttet ist.

Die Lücken nicht zu füllen birgt also zweifellos ein Risiko in sich. Sie können plötzlich herausfinden, daß Sie in einer einseitigen Beziehung gelebt haben. Sie werden vielleicht entdecken, daß Ihr Partner Ihnen nicht viel zu bieten hat. Sie werden vielleicht sogar erkennen, daß Sie es genießen, liebevoll zu sein, aber daß Sie Ihren Partner nicht im geringsten lieben. Aber dieses Risiko sollten Sie eingehen.

3. Bemühen Sie sich, Ihr Leben durch andere kreative Aktivitäten auszufüllen, damit die Beziehung nicht das einzige Ventil Ihrer gestalterischen Energien ist. Je autonomer Sie als Frau sind, um so weniger brauchen Sie eine Beziehung als persönliche Bestätigung. Verfolgen Sie Ihre eigenen Träume, kümmern Sie sich um sich selbst, und sehen Sie zu, daß Sie für sich ebensoviel tun wie für Ihren Partner.

4. Sprechen Sie mit Ihrem Lebensgefährten über das Lückenfüllen. Ein genesender Alkoholiker weiß, daß es zur Heilung dazugehört, seinen Bezugspartner über seine Krankheit zu unterrichten und um Unterstützung zu bitten. Das trifft auch auf das Lückenfüllen zu. Sagen Sie Ihrem Lebensgefährten, Sie hätten die Gewohnheit, zuviel zu geben. Beschreiben Sie ihm wie Sie es am liebsten tun. Bitten Sie ihn um seine Hilfe, sich in flagranti dabei zu ertappen. Dann sagen Sie ihm, was Sie brauchen, und treffen Abmachungen darüber, wie Sie die emotionalen Lasten Ihrer Beziehung aufteilen.

Dies ist ein wichtiger Schritt, um die Ihnen zustehende Liebe einzufordern. Zuerst wird Ihr Mann vielleicht Widerstand leisten. Denken Sie daran: Er könnte Angst haben, weniger geliebt zu werden.

Sie sollten ihm den Sachverhalt sorgfältig erklären. Es wäre hilfreich für ihn, dieses Kapitel zu lesen. Bleibt zu hoffen, daß er sich darauf einlassen wird, mit Ihnen an einer Verbesserung der Beziehung zu arbeiten. Damit wären Sie auf dem besten Weg, die Liebe, die Sie sich wünschen, zu geben und wiederzuerhalten.

Was wurde aus der Herzenskönigin?

Jahrelang habe ich mir viel Mühe gegeben und alle anderen für eine erfolgreiche, liebevolle Beziehung erforderlichen Aspekte in den Griff bekommen. Aber das Lückenfüllen blieb mein wunder Punkt: ein Bereich, mit dem ich mich nicht beschäftigen wollte. Als ich erkannte, wieviel Zeit meines Lebens ich damit verbracht hatte, mehr Liebe zu geben, als ich zurückbekam, nahm ich mir endgültig vor, mich nie wieder so anzustrengen, um geliebt zu werden.

Ich bin froh, sagen zu können, daß ich nun in einer Beziehung mit einem Mann lebe, der mich genauso sehr liebt wie ich ihn. Zum ersten Mal in meinem Leben werde ich geliebt, ohne mich zu bemühen, es mir zu verdienen, oder mich liebevoll verhalten zu müssen. Natürlich erwische ich mich doch immer wieder noch selbst bei dem Gedanken, daß ich mir die Liebe verdienen muß, doch glücklicherweise ertappt mich auch mein Partner dabei und erinnert mich daran, nicht so heftig zu rudern.

Einmal ganz am Anfang unserer Beziehung redeten mein Partner und ich über Liebe und Vertrautheit. Ich plapperte drauflos, wieviel ich diesbezüglich gelernt hätte und wie fleißig ich an mir arbeitete. Da nahm er meine Hände und sagte ganz sanft: »Barbara, du brauchst der Liebe nicht mehr nachzujagen.« Seine Worte trafen mich tief im Herzen. Ich fing an zu weinen – Tränen der Trauer über all die Jahre, in denen das ängstliche kleine Mädchen in mir geglaubt hatte, sich schrecklich abmühen zu müssen, um geliebt zu werden. Und Freudentränen über das Geschenk, das ich mir selbst gemacht hatte, als ich beschloß, nicht mehr länger um Liebe zu betteln. Und über das Geschenk, endlich einem Mann zu gefallen, der diese wundervolle Fähigkeit besaß: zu lieben.

Deshalb will ich den Abschnitt über das Beziehungsverhalten von Frauen gegenüber Männern mit folgendem Merksatz beenden: *Laufen Sie nie mehr der Liebe hinterher!*

Das Unbegreifliche an Männern

4 Drei mysteriöse Dinge

Wir kommen zurück zum Punkt der »Bedienungsanleitung«, worauf Sie sicher schon gewartet haben, und damit zu den Lösungen einiger rätselhafter Dinge an den Männern. Wir werden »die drei mysteriösen Dinge an Männern« – so nenne ich sie – genauer unter die Lupe nehmen. Ich bin sicher, Sie werden nach dem Lesen dieses Kapitels immer weniger das Gefühl haben, daß es Sie noch um den Verstand bringt, wenn Sie weiterhin in Ihrem Leben mit Männern zu tun haben.

In den letzten zehn Jahren habe ich in meiner Beratungsstelle herausgefunden, daß es drei Fragen gibt, die irgendwann einmal jede Frau gequält haben, die je etwas mit einem Mann zu tun hatte – drei Rätsel, die Frauen liebend gern gelöst hätten:

1. Warum hassen es Männer, unrecht zu haben?
2. Warum hassen es Männer, wenn Frauen aufgebracht oder emotional sind?
3. Warum scheinen sich Männer weniger aus Liebe und Beziehungen zu machen als Frauen?

RÄTSEL NR. **1** *Warum hassen es Männer, unrecht zu haben?*

Sie und der Mann, den Sie lieben, fahren zu einer Party in einem unbekannten Stadtteil. Der Beschreibung zufolge hätten Sie längst da sein müssen. Tatsache ist, Sie wissen, Ihr Partner hat sich verfahren. Sie wissen, er hat keinen blassen Schimmer, wo er hinfährt. Sie wissen, Sie werden die Party versäumen. Da sehen Sie ihn an und schlagen ihm ruhig vor: »Liebling, warum halten wir nicht und fragen nach dem Weg?« Zu Ihrer Verwunderung reagiert Ihr Partner so aufgebracht, als hätten Sie gesagt: »Warum hältst du nicht einfach an und gibst deinen Führerschein ab?« Und Sie kriegen folgendes zu hören:
»Ich weiß, wo ich hinfahre, hör auf, mich zu nerven.«
»Wer fährt hier: du oder ich?«
»Ich weiß, die Straße muß hier irgendwo sein. Wenn du mich in Ruhe läßt, werde ich sie finden.«
»Okay, vergiß es, wir drehen um und fahren nach Hause.«
»Willst du damit sagen, daß du kein Vertrauen zu mir hast?«
Wenn Sie Glück haben, werden Sie das Haus, das Sie suchen, zufällig finden und doch noch auf der Party landen. Vielleicht fahren Sie aber auch stundenlang umher, weil Ihr Partner sich weigert, nach dem Weg zu fragen. Meist passiert aber, daß Sie wieder nach Hause fahren und Ihr Partner die Einladung lieber absagt, als zuzugeben, daß er sich verfahren hat. Und während Sie noch im Auto sitzen und diesen wundervollen Mann anstarren, den Sie lieben, der sich aber plötzlich in ein stures, bissiges Monster verwandelt hat, denken Sie bei sich: *Hätte ich mich verirrt, würde es mir nichts ausmachen, nach dem Weg zu fragen. Warum kann er nicht einfach dazu stehen, daß er sich verfahren hat?*

Sie und Ihr Freund haben vor, den Samstagabend miteinander zu verbringen. Um sechs Uhr abends ruft er Sie an und sagt: »Ich dachte, es wäre nett, heute abend mal woanders zu essen, darum habe ich einen Tisch beim Inder reserviert. Wie findest du das?«
Sie antworten: »Oh, Liebling, das hört sich wundervoll an, aber ich war gerade gestern mittag mit meinem Chef indisch essen. Ich glaube, ich würde lieber woandershin gehen.«

Am anderen Ende der Leitung tritt ein langes, angespanntes Schweigen ein. »Oh«, sagt Ihr Liebster dann mit frostiger Stimme, »das konnte ich ja nicht wissen. Wenn du so wählerisch bist, solltest besser du das Restaurant aussuchen.«

»Ich bin *nicht* wählerisch«, antworten Sie ruhig, »ich mag heute nur nicht indisch essen. Warum regst du dich so auf?«

»Ich rege mich doch gar nicht auf«, schnauzt er da lauthals. »Nur manchmal ist es verdammt schwierig, dir etwas recht zu machen.«

»Es ist überhaupt *nicht* schwer, mir etwas recht zu machen! Ich mag heute nur nicht indisch essen gehen. Himmel! Du tust ja so, als hätte ich gesagt, du wärst ein schrecklicher Mensch, weil du das falsche Lokal ausgesucht hast. Das ist doch keine Affäre.«

»Aha, es ist also keine große Affäre. Und weshalb streiten wir dann miteinander, hm?« erwidert Ihr Partner sarkastisch.

Und Sie denken bei sich: *Ich kann nicht glauben, daß er sich so idiotisch aufführt. Warum kann er nicht einfach zugeben, daß die Wahl des Restaurants danebenging, und ein neues vorschlagen?*

Klingen diese Geschichten nicht entsetzlich vertraut? Ich weiß, Sie wissen es selber, aber ich wiederhole es:

Männer hassen es, unrecht zu haben.
Sie hassen es, gesagt zu bekommen, daß sie unrecht haben.
Sie hassen den bloßen Verdacht, daß sie vielleicht im Unrecht sind.
Und am allermeisten hassen sie es, wenn eine Frau von ihnen weiß, daß sie unrecht haben.

Da liegt der Hase im Pfeffer: Männer haben das Gefühl, daß sie »ins Unrecht gesetzt« oder beschuldigt werden, etwas Falsches getan zu haben, selbst wenn Sie nichts dergleichen geäußert haben.

Männer mißverstehen unsere Vorschläge, Ratschläge und unser Feedback als Angriff und Kritik.

Wenn eine Frau ihrem Mann ganz arglos den Vorschlag macht, etwas anders zu machen, ihm Informationen gibt, von denen sie annimmt, sie könnten ihm weiterhelfen, oder darum bittet, noch mehr von einer Sache zu bekommen, hört er nicht, was sie tatsächlich sagt, sondern: »Du bist böse. Du liegst falsch. Du hast einen Fehler gemacht. Du bist nicht gut genug.«

Was Frauen sagen und was Männer hören

Wir sagen:	**Er hört:**

»Liebling, warum hältst du nicht an und fragst nach dem Weg?« | »DU BIST BLÖD, du hast dich verfahren. Ich kann dir überhaupt nicht vertrauen.«

»Ich habe keine Lust auf indisches Essen.« | »DU HAST EINEN FEHLER GEMACHT. Du hast das falsche Restaurant ausgesucht. Du enttäuschst mich.«

»Ich möchte gern mehr richtig intime Stunden mit dir verbringen.« | »DU BIST SCHLECHT. Du füllst mich nicht aus. Ich bin nicht glücklich mit dir.«

»Du könntest mit deinem Chef reden und ihm alles erklären, vielleicht verlängert er dann den Termin für dein Projekt.« | »DU BIST EIN VERSAGER. Du kriegst deine Sachen einfach nicht rechtzeitig auf die Reihe.«

»Warum versuchst du es nicht einmal so?« | »DU MACHST ES FALSCH. Du findest allein sowieso keine Lösung.«

(Im Bett) »Liebling, nicht so heftig. Halt mich einfach noch einen Moment fest im Arm.« | »DU BIST EIN SCHLECHTER LIEBHABER. Du hast überhaupt kein Gefühl.«

Ist es nicht frustrierend, wenn Sie Ihrem Liebsten gegenüber eine Bemerkung machen, auf die er sofort so abweisend und verärgert reagiert, als hätten Sie etwas richtig Gemeines gesagt? Es vermittelt Frauen das Gefühl, sie müßten immer auf Zehenspitzen gehen, um ihre geliebten Männer herumschleichen und »jedes Wort auf die Goldwaage legen«.

WARUM MÄNNER GLAUBEN, IMMER RECHT HABEN ZU MÜSSEN

Um dieses mysteriöse Verhalten der Männer zu verstehen, müssen wir in unsere früheste Kindheit zurückkehren. Im ersten Kapitel war zu lesen, daß Männern beigebracht wird, ihre Rolle bestehe eher daraus, sich in der Außenwelt, der des Handelns und der Erfolgsorientiertheit zu bewähren als in der inneren der Gedanken und Gefühle. Kleine Jungen lernen, daß ihr Wert danach bemessen wird, was sie tun und zustande bringen. Sie bekommen folgendes zu hören:

»Super, Tommy. Du hast den Ball wirklich weit geworfen.«

»Sohnemann, während ich nun unterwegs bin, möchte ich, daß du der Mann im Hause bist und deiner Mutter bei all ihren Pflichten beistehst.«

»Du hast schon das ganze Laub zusammengekehrt! Großartig! Hier hast du 'ne Mark.«

Auch herkömmliche »Spiele für Jungen« verlangten immer, daß sie »handelten«. Bauklötze, Baukästen, Modellautos und -flugzeuge: Alles ist irgendwie so angelegt, daß man etwas unternehmen und vollbringen und ein bewertbares Endergebnis produzieren muß. Davon ausgehend folgern kleine Jungen: *Um gut zu sein, muß ich die Dinge richtig machen.* Sie wachsen heran und gründen ihre Selbstachtung auf ihre Erfolge und ihr Geschick:

Männer beziehen ihre Selbstachtung aus dem, was sie zustande bringen.

Wenn eine Frau antritt, sich mit einem Mann zu messen und den männlichen Perfektionismus herauszufordern, reagiert der Mann abweisend. Er interpretiert ihr Feedback, als ob sie sagen würde: *»Du hast es falsch gemacht. Du bist nicht brav.«*

Im allgemeinen hört er sich ihre Vorschläge oder Bemerkungen nicht einmal bis zum Ende an. Kaum stellt er fest, daß sie nicht der Meinung ist, er hätte die Sache absolut perfekt gemacht, übernehmen seine Gefühlsreflexe die Oberhand und schalten auf »Abweisung«. Sie erwartet eine freundliche Antwort, er fühlt sich angegriffen und ins Unrecht gesetzt. Kein Wunder, daß sie schlecht miteinander auskommen.

AUF IRRWEGEN IM PARKHAUS

Immer wenn ich über Rätsel Nr. 1 spreche, muß ich an diese wahre Geschichte aus meinem Leben denken, die gut verdeutlicht, wie weit ein Mann unter Umständen geht, bevor er zugibt, daß er falsch liegt. Vor Jahren war ich mit einem Mann zusammen, der sich äußerst schwertat, einen Fehler einzugestehen. Eines Abends hatten wir Karten für eine Broadway-Show, die gerade in Los Angeles spielte. Ich war fertig angezogen, und wir zogen los. Mein Partner parkte das Auto in der riesigen Tiefgarage, und wir fuhren nach oben ins Theater, wo wir eine tolle Vorstellung zu sehen bekamen. Nach dem Ende der Vorstellung folgte ich meinem Partner in den Fahrstuhl und hinunter in die Etage, wo er das Auto abgestellt hatte.

Wir wanderten eine Autoreihe nach der anderen ab und suchten nach seinem Auto. Fünf Minuten lang. Zehn Minuten lang. Ich hatte an diesem Abend sehr hohe Absätze an, und meine Füße begannen mörderisch zu schmerzen. Es war kalt in dem Bau, und ich hatte nur eine leichte Jacke übergeworfen. Also fragte ich schließlich: »Liebster, weißt du nicht mehr, wo dein Wagen ist?« Meine harmlose Frage wurde mit einem bösen Blick aufgenommen, der besagte: *Du wagst es, mir zu unterstellen, ich hätte die Orientierung verloren? Ich bin ein Mann, ein Krieger, ein großer Entdecker. Hast du kein Vertrauen zu mir?* Was mein Partner tatsächlich erwiderte, war: »Ich habe überhaupt nicht die Orientierung verloren. Nur keine Panik. Er muß hier irgendwo sein.«

»Ich bin nicht in Panik«, antwortete ich, »aber wir laufen seit zehn Minuten herum, und meine Füße bringen mich um. Vielleicht sind wir in der falschen Etage gelandet.«

»Nein, das ist die richtige Etage«, insistierte er. »Ich werd's gleich haben. Im übrigen wird dir die Bewegung guttun.« (Ich schwöre Ihnen, das hat er wirklich gesagt!)

Wir verbrachten weitere zehn Minuten mit der Autosuche, wobei er stillschweigend vorausging und ich hinterherhinkte. Schließlich hatte ich es satt. »Hör mal«, sagte ich, »es ist idiotisch, einfach immer nur im Kreis herumzulaufen. Warum suchst du nicht einen der Wächter, die wir vorhin gesehen haben, und bittest ihn, dich herumzufahren, um das Auto zu finden?«

Man hätte meinen können, ich hätte ihm vorgeschlagen, sich von einer Klippe ins Meer zu stürzen, so heftig reagierte er. »Ich brauche keinen dämlichen Wächter, der mir hilft. Ich habe nicht die Orientierung verloren. Und wenn du nicht soviel an mir herumnörgeln würdest, hätte ich das Auto längst gefunden. Merkst du nicht, daß du absolut unflexibel bist? Kannst du nicht einfach die Situation nehmen, wie sie ist?«

»Ich nehme die Situation, wie sie ist«, gab ich zurück. »Und im Augenblick ist mir kalt, meine Füße schmerzen höllisch, und ich möchte nach Hause. Also finde das gottverdammte Auto.«

Nach weiteren fünfzehn Minuten nutzlosen Suchens stimmte mein Partner widerwillig zu, den Parkhauswächter um Hilfe zu bitten. Er setzte sich hinten in das kleine weiße Gefährt, wie ein verurteilter Schwerverbrecher, den man gerade ins Zuchthaus karrt, und schoß alle paar Sekunden wilde, wütende Blicke auf mich ab. Unnötig zu sagen, daß der Parkhauswächter uns erst durch mehrere andere Etagen fuhr, bevor wir das Auto fanden – mein Partner hatte keine Ahnung, wo er es gelassen hatte. Auf dem Nachhauseweg dachte ich, wenn wir darüber scherzen könnten, würde das die Stimmung vielleicht ein bißchen entkrampfen.

»Ich kann nicht glauben, daß du so eine Primadonna bist«, geiferte er da, »wo bleibt deine Abenteuerlust? Einer beherzten Frau hätte es nichts ausgemacht, nach der Vorstellung noch einen kleinen Spaziergang auf sich zu nehmen. Was macht das schon, daß wir das Auto nicht gleich gefunden haben?«

»Abenteuerlust?« schrie ich zurück. »Du warst total orientierungslos. Warum kannst du es immer noch nicht zugeben? Schiebe es ja nicht mir in die Schuhe. Tut mir leid, aber mit hohen Absätzen und einem Cocktailkleid fünfundvierzig Minuten lang in einem Parkhaus herumzuirren entspricht nicht meiner Vorstellung von einem angenehmen Abend!«

Und als ich so dasaß und mir die wunden Füße rieb, konnte ich einfach nicht glauben, daß dieser Mann sich mehr ums Rechthaben sorgte als um mein Befinden und daß er sich noch nicht einmal jetzt zu den Worten durchringen konnte: »Tut mir leid, ich hab' einen Fehler gemacht.«

Männern fällt es oft schwer, »es tut mir leid« zu sagen, weil es impliziert, etwas falsch gemacht zu haben oder schlecht zu sein.

Dieser Zwischenfall liegt Jahre zurück. Natürlich würde ich jetzt, nachdem ich viel, viel mehr über den Umgang mit Männern und die Fehler der Frauen weiß, ganz anders mit der Situation umgehen. Sicher hat diese Geschichte danach eine Menge bewirkt, indem ich immer wieder Frauen und Männer daran teilhaben ließ – die Frauen lachten wissend; die Männer wurden rot vor Scham und schauten belämmert drein. Jedesmal wenn ich merke, daß vielleicht wieder so was passieren könnte – dann denke ich, diese Parkhausepisode war es wert in Anbetracht der Lektion, die mir dieser Abend erteilte.

Wie eine Frau ihrem Ehemann half,
nicht mehr abweisend zu sein

Geneen, 37 Jahre alt und Flugbegleiterin, war mit Alex, einem 42jährigen Rechtsanwalt, glücklich verheiratet. »Unsere Ehe ist unheimlich gut, bis auf eine Sache«, meinte sie. »Ich habe immer das Gefühl, mich genau beobachten zu müssen, wenn ich mit Alex spreche. Solange ich keine Vorschläge mache oder eine andere Meinung äußere, ist alles bestens – anderenfalls aber wird er entweder frostig oder vergißt sich bei der kleinsten Kleinigkeit. Ihn wirklich zu kritisieren, wage ich sowieso gar nicht mehr. Ich verstehe nicht, warum er alles, was ich zu sagen versuche, immer falsch auffaßt.«

Wie viele Frauen konnte Geneen diese mysteriöse Geschichte an ihrem Mann nicht begreifen. Ich setzte mich mit ihr und Alex zusammen und führte sie Schritt für Schritt durch eine Reihe von Übungsgesprächen.

»Nehmen wir einmal an, du planst euer Wochenende«, sagte ich zu Alex, »und du schlägst Geneen vor, daß ihr am Sonntag gemeinsam eine Fahrt ins Blaue macht. Und du, Geneen, wenn du nicht sonderlich an dem Ausflug interessiert bist, wie würdest du Alex antworten?«

Geneen überlegte einen Moment und antwortete dann: »Ich würde sagen: ›Weißt du was, Liebling? Ich hatte eine so arbeitsreiche Woche, ich denke, ich würde lieber einfach mit dir zusammen zu Hause faulenzen.‹«

»In Ordnung«, fuhr ich fort, »Alex, wenn Geneen wie eben antwortet, wie fühlst du dich dann?«

»Ich fühle mich angespannt«, sagte Alex. »Ich spüre, wie ich wütend werde, und ich weiß nicht genau, warum, und ich habe keine Lust, das Gespräch fortzusetzen.«

»Was hat denn Geneen deiner Meinung nach zu dir gesagt, auch wenn du es nicht wörtlich aufgenommen hast?«

»Nun ja«, gab Alex zur Antwort, »ich empfinde es so, als hätte sie gesagt, mein Vorschlag war keine gute Idee und ich hätte wissen müssen, daß sie nicht in der Stimmung für einen Ausflug ist. Daß ich nicht sehr gut im Planen gemeinsamer Angelegenheiten bin, weiß ich. Es kommt mir komisch vor, das zu sagen, aber ich verstehe es vielleicht ungefähr so: Wenn ich etwas nicht perfekt mache, denkt sie, ich sei blöd und ein Versager.«

Geneen war schockiert über die Entdeckung, daß ihr ungeheuer selbstsicherer, finanziell erfolgreicher Ehemann sich wie ein Versager vorkam, wie ein »böser Junge«, sobald er glaubte, etwas falsch gemacht zu haben. Alex und Geneen beschlossen, gemeinsam daran zu arbeiten, mit ihren Gefühlen aufrichtig umzugehen. Geneen versprach, sich sorgfältig zu beobachten, um Alex nicht absichtlich ins Unrecht zu setzen. Alex versprach, zusammen mit Geneen zu überprüfen, ob sein Gefühl stimmte, sie hätte ihn als »bösen Jungen« bezeichnet, und ihr zu glauben, wenn sie versicherte, sie hätte es nicht so gemeint.

Drei Monate später riefen sie mich an, um mir mitzuteilen, wie gut sie damit vorankamen. »Alles läuft jetzt ganz anders«, jubelte Geneen, »die alten Verhaltensmuster tauchen zwar immer noch auf, aber wir zwingen uns, die echten Empfindungen zu offenbaren, und geben uns gegenseitig die nötige Hilfe. Ich fühle mich Alex gegenüber entspannter als je zuvor, und wenn er hin und wieder abweisend reagiert, verstehe ich, *warum,* und nehme es viel weniger persönlich.«

FRAUEN FÄLLT ES NICHT SO SCHWER, FEHLER ZUZUGEBEN

Vielleicht lesen Sie diesen Abschnitt und denken: *Was ist schon groß dabei, Fehler zu machen? Wenn ich einen Fehler gemacht habe, rege ich mich doch nicht über Hinweise und Ratschläge auf.* Ich sage es noch einmal, der Unterschied liegt in der Art und Weise, wie Mädchen und Jungen erzogen werden. Mädchen wird beigebracht, daß es Aufgabe der Frauen ist, Dinge im Leben besser zu machen: es Papa bequem zu machen, uns schöner herauszuputzen, das Haus hübscher einzurichten. Wenn eine Frau Fehler macht, denkt sie: *So, wie werde ich damit fertig? Wie kann ich es besser machen?* Vielleicht fühlen wir uns dabei nicht wohl; vielleicht sind wir verärgert, weil wir ein negatives Feedback bekommen haben, aber wir werden uns in der Regel Mühe geben, so schnell wie möglich dazuzulernen und es das nächste Mal besser zu machen.

Das ist der Grund dafür, daß sich viele Frauen so wild in Selbstverbesserungsaktivitäten stürzen: zum Beispiel einschlägige Bücher lesen, in eine Beratung gehen, Seminare besuchen. Die Kehrseite dazu sieht so aus:

Für Männer ist das Lesen von Selbsthilfebüchern oder der Gang zu einer Beratung oft gleichbedeutend mit dem Eingeständnis, daß sie etwas nicht richtig machen und deshalb schlecht sind.

Haben Sie je einem Mann, den Sie geliebt haben, den Vorschlag gemacht, gemeinsam in eine Beratung zu gehen oder an einem Partnerschaftstraining teilzunehmen, ohne daß er sarkastisch oder wütend darauf reagiert hätte? Verstehen Sie jetzt, daß er Sie nicht nur einen Vorschlag machen hört – sondern vielmehr, daß etwas mit ihm nicht in Ordnung ist und behandelt werden muß.

Natürlich will ich damit nicht zum Ausdruck bringen, daß Männer überhaupt nicht an persönlichem Wachstum interessiert sind. In den letzten sieben Jahren kamen immer mehr Männer in meine »Making Love Work«-Seminare. An manchen Wochenenden sind es inzwischen genauso viele Männer wie Frauen. Aber es ist wichtig, daran zu erinnern, daß es für Männer immer noch um einiges härter ist, Hilfe anzunehmen oder an der eigenen Veränderung zu arbeiten, und daß sie deshalb jegliche Unterstützung brauchen, die Sie zu geben bereit sind.

»Traust du mir nicht?«

Sie und Ihr Partner sind auf einem Wochenendausflug. Es ist Zeit fürs Abendessen, und Ihr Partner studiert den Reiseführer, um ein

Restaurant in der Umgebung auszusuchen. Sie strecken die Hand aus und sagen: »Liebling, gib mir mal das Buch.« Ihr Partner starrt Sie an und antwortet: »**Warum, traust du mir nicht zu, daß ich es richtig mache?**«

Ihr Mann hat eine anstrengende Zeit im Büro hinter sich, und Sie sind beunruhigt, wie er mit dem Streß zurechtkommt. Sie rufen seinen besten Freund an und bitten ihn, mit Ihrem Mann zu sprechen und ihn zu unterstützen. Als Ihr Mann herausfindet, daß Sie seinen Freund um Hilfe gebeten haben, wird er sehr wütend auf Sie. »Traust du mir nicht zu, daß ich alleine damit fertig werde?« fragt er.

Kürzlich ist Ihnen aufgefallen, daß eine Bekannte von Ihnen mit Ihrem Freund geflirtet hat, wann immer Sie sich treffen. Eines Abends nach einer Party sprechen Sie das Thema Ihrem Freund gegenüber an, warnen ihn vor den Motiven dieser Frau und erzählen ihm, daß sie bekannt dafür ist, Beziehungen zu zerstören. Ihr Freund ist gekränkt und ungehalten: »Das weiß ich längst!« wettert er. »Traust du mir nicht zu, daß ich auf mich selbst aufpassen kann?«

Wie oft hat der Mann, den Sie lieben, Ihren Rat und Ihr Feedback schon falsch interpretiert und als Zeichen gewertet, daß Sie ihm nichts zutrauen? Haben Sie sich nicht – wie die meisten Frauen – schon häufig an den Kopf gegriffen und gedacht: *Was hat das, was ich zu ihm sagte, mit Vertrauen zu tun?* Hier ist das Geheimnis:

Da Männer das Gefühl haben, immer wissen zu müssen, wo es langgeht, sehen sie in Reaktionen und Ratschlägen von uns Frauen Anzeichen dafür, daß wir glauben, sie wüßten nicht, was sie tun, und würden ihnen deswegen nicht trauen.

Ich werde nie vergessen, wie ich zum ersten Mal hinter dieses Geheimnis kam. Ich war mit meinem Partner über eine Kleinigkeit in eine riesige Auseinandersetzung geraten. Er schrieb gerade an einem Bericht und bat mich um meinen Kommentar. Ich las den Bericht und machte einige Randbemerkungen, von denen ich dachte, daß sie hilfreich sein könnten. Als er die Notizen las, spürte ich, wie er immer distanzierter und aufgebrachter wurde. Schließlich fragte ich ihn nach dem Grund. Er bestand darauf, daß seinerseits alles o. k. sei, aber ich hätte wohl größere Anerkennung für meine Bemerkungen erwartet. Ich versicherte ihm, ich erwartete kein Lob für mein Feedback, hätte aber das Gefühl, daß er sehr sonderbar reagierte. Unsere Diskussion gipfelte in seiner Anschuldigung an mich, eine überempfindliche, anspruchsvolle Frau zu sein, und ich beschuldigte ihn, ein niederträchtiger, nichtssagender Mann zu sein. Nach stundenlangem, sinnlosem Streit kam die Wahrheit schließlich heraus: Er empfand, meine kritischen Bemerkungen hätten ihm eigentlich zu verstehen gegeben, daß ich ihm nicht zutraute, es richtig zu machen. Obwohl er mich sogar um den Kommentar gebeten hatte und obwohl er ihm sogar zustimmte, löste die Tatsache, daß ich zugegeben hatte, seine Arbeit sei nicht perfekt, das Gefühl in ihm aus, ich würde ihm nichts zutrauen.

Ich erinnere mich an das erleichternde Gefühl, die Ursache des Problems entdeckt zu haben, und war einigermaßen verblüfft, was für einen intellektuellen Sprung dieser Mann vollzogen hatte. Aus meinen Worten »Ich schlage vor« hatte er den Schluß gezogen, ich traute ihm nichts zu. Als wir uns wieder beruhigt hatten und darüber sprachen, half er mir zu verstehen, wie wichtig Vertrauen und Zutrauen für Männer sind, wie leicht es passiert, daß sie glauben, man habe dieses nicht zu ihnen.

Die Lösung

1. Vermeiden Sie Formulierungen, die Männern das Gefühl vermitteln, im Unrecht zu sein. Da Sie sich nun bewußt sind, wie empfindlich Männer dazu neigen, sich im Unrecht zu fühlen, sollten Sie darauf achten, daß Sie die Sachlage durch Ihre eigene Ausdrucksweise nicht noch verschlimmern. Angenommen, Ihr Mann fährt und Sie wissen, er hat sich verfahren:

Sagen Sie nicht: »Es ist immer dasselbe! Du bist ein solcher Hohlkopf! Nie weißt du, wo's langgeht.«

Sagen Sie: »Liebling, ich würde mich viel wohler fühlen, wenn wir anhalten würden, um nach dem Weg zu fragen. Es macht mich nervös, einfach so herumzufahren. Ich weiß, du tust, was du kannst, aber die Beschilderung ist so verwirrend.«

Tadeln Sie ihn nicht, verurteilen Sie ihn nicht, verallgemeinern Sie nicht, fällen Sie keine Werturteile über seinen Charakter oder seine Fähigkeiten. Sagen Sie ihm einfach, was in Ihnen vorgeht…

Sagen Sie nicht: »Du bist zu blöd dazu.«

Sagen Sie: »Ich fühle mich traurig / erschrocken / verletzt etc., wenn du das und das machst.«

Und achten Sie immer darauf, möglichst nichts zu sagen, was Ihr Mann als mangelndes Vertrauen auslegen könnte. Machen Sie ihm klar, wenn Sie ihm ein Feedback geben, daß Sie ihm die Dinge *wirklich* zutrauen.

Wichtig: Ich sage nicht, Sie sollten die Männer nur mit Samthandschuhen anfassen. Sie müssen auch nicht auf negatives Feedback verzichten oder alles »versüßen«, um ja keine Gefühle zu verletzen. Ich empfehle Ihnen nur, sich feinfühlig mitzuteilen.

Aber: Wenn ein Mann Sie schlecht behandelt oder verletzt, müssen Sie sich natürlich keine Gedanken darüber machen, wie er mit Ihrem Feedback zurechtkommt: *Setzen Sie sich zur Wehr!*

2. Besprechen Sie diese Einzelheiten mit Ihrem Lebensgefährten. Männer *lieben* es, sich verstanden zu fühlen. Also setzen Sie sich mit Ihrem Mann hin und lesen dieses Kapitel durch. Fragen Sie ihn, ob er mit dem, was ich gesagt habe, etwas anfangen kann. Geben Sie ihm die Möglichkeit, seine Gefühle dazu zu äußern. Lassen Sie ihn wissen, daß Sie ihn nicht verunglimpfen, sondern gemeinsam mit ihm daran arbeiten wollen. Dadurch können Sie ihm Ratschläge und Feedback geben, ohne daß er sich von Ihnen kritisiert fühlt.

3. Geben Sie Ihrem Mann viel Anerkennung und Lob. Ich kann nicht genug betonen, wieviel Anerkennung und Wertschätzung Männer benötigen – viel mehr, als Sie sich je vorstellen würden. Ihr Mann bittet vielleicht nicht darum, oder aber er verleugnet diese Bedürfnisse. Vielleicht tut er auch so, als würde es ihm nicht gefallen, wenn Sie ihn loben. Glauben Sie ihm bloß nicht!

> Da Männer ihr Leben lang immer dazu angehalten werden, alles zu wissen und alles richtig zu machen, brauchen sie viel Bestätigung und Lob, nicht nur für das, was sie vollbringen, sondern als Menschen an sich.

Eine der häufigsten Beschwerden, die ich von Männern zu hören bekomme, ist: »Ich finde, daß meine Partnerin mir nicht genügend Anerkennung gibt.« Vielleicht meinen Sie, daß Sie Ihrem Mann reichlich Anerkennung zollen. Doch er braucht Lob auch für Dinge, die Sie als selbstverständlich empfinden: dafür, daß er jeden Tag zur Arbeit geht; daß er versucht, seine Ausdrucksformen zu verbessern; daß er einen guten Kauf mit Ihrem neuen Auto gemacht hat. Fragen Sie Ihren Partner, ob er genügend Lob im rechten Augenblick erhält. Und denken Sie daran: Lassen Sie sich nicht durch die selbstbewußte Ausstrahlung eines Mannes zum Narren halten! Glauben Sie nicht, daß er keine Bestätigung und kein Lob braucht. Lassen Sie es sich gesagt sein: Er kann es brauchen!

Rätsel Nr. 2 *Warum hassen es Männer, wenn Frauen aufgebracht oder emotional sind?*

Laura fühlt sich überfordert durch das rebellische Verhalten ihrer heranwachsenden Tochter. Alyssa treibt sich mit einem sehr lockeren Haufen herum, und ihr Benehmen wird von Tag zu Tag schlimmer. Beide, Laura und ihr Ehemann Lee, haben mit ihrer Tochter gesprochen und sie gewarnt, wenn sie nicht Vernunft annimmt, dann würde es Schwierigkeiten geben. Aber diese Woche muß Lee Überstunden machen, und es bleibt an Laura hängen, Alyssa zu disziplinieren. Früh am Morgen hat es zwischen Laura und ihrer Tochter eine lautstarke Auseinandersetzung gegeben, seitdem hat Laura heftige Kopfschmerzen.

Ungefähr um sieben Uhr abends kommt Lee von der Arbeit nach Hause und trifft seine Frau beim Geschirrspülen an. »Hallo, Liebling. Wie war dein Tag?« fragt er Laura. Und zu seiner Überraschung bricht sie in Tränen aus. »Es war schrecklich«, schluchzt sie, »ich halte das nicht mehr aus, Lee. Alyssa ist ein Monster geworden. Ich habe in dieser Woche wirklich alles versucht, aber sie scheint völlig den Verstand verloren zu haben. Sie hört mir überhaupt nicht zu. Ich weiß nicht mehr weiter. Was haben wir bloß falsch gemacht?«

»Setz dich erst mal hin, Liebling, und beruhige dich. Heulen hilft nicht weiter«, sagt Lee mit ruhiger, vernünftiger Stimme. »Hier, putz dir die Nase, und laß uns über das Problem reden. Ich bin sicher, wir finden eine Lösung.«

»Aber du hast keine Ahnung, was los war«, schluchzt Laura, »ich habe es mit Vernunft versucht, und es half nichts. Gar nichts wird nützen.«

»Beruhige dich, Laura«, antwortet Lee, »eines nach dem anderen. Zuerst einmal, was hat Alyssa diese Woche denn getan, womit du nicht einverstanden bist?«

»Du begreifst überhaupt nicht!« schluchzt Laura. »Du bist diese Woche nicht hier gewesen. Du weißt ja gar nicht, was hier abgelaufen ist. Wie kannst du nur so gefühllos sein?«

»Gefühllos? Ich bin nicht gefühllos, ich versuche nur sachlich zu sein. Hysterisch zu werden ist keine Lösung.«

»Ich bin nicht hysterisch, ich weine. Verstehst du, ich bringe meine Gefühle zum Ausdruck, was dir ja sehr schwerfällt. Und ich möchte überhaupt nicht, daß du sachlich bist.« Laura schreit: »Ich möchte nur, daß du mich tröstest.« Sie rennt aus der Küche und bricht schluchzend auf der Couch zusammen. Sie fühlt sich im Stich gelassen, einsam und unverstanden.

Eleanor und Adam kommen gerade vom Abendessen aus dem Restaurant zurück, und als sie ihre Wohnung betreten, sagt Eleanor: »Adam, ich muß etwas mit dir bereden.«

»Jetzt?« fragt Adam. »Es ist schon so spät, Liebling.«

Eleanors Stimme beginnt zu zittern, und sie antwortet: »Ja, jetzt.«

»Okay«, erwidert Adam ungeduldig, »was ist denn?«

»Nun ja«, beginnt Eleanor, »es ist einfach, daß du neuerdings so reserviert bist. Ich weiß, daß du sehr viel Arbeit hattest, aber wir haben eine Woche lang nicht miteinander geschlafen, und ich habe Sehnsucht nach dir.« Als sie zu Ende geredet hat, schaut sie in der Hoffnung auf ein Zeichen des Trostes auf. Adam starrt zurück, windet sich unbehaglich in seinem Sessel und sagt nichts.

»Also«, sagt Eleanor, »was meinst du dazu?«

»Ich habe es gehört«, antwortet Adam. »Und es tut mir leid, daß du das so siehst.«

»Ist das alles, was du zu sagen hast?« fragt Eleanor empört.

»Oh, ich habe verstanden«, sagt Adam, »du hast dir in deinem Kopf etwas Bestimmtes zurechtgelegt, was ich dir antworten soll. Und wenn ich dem nicht entspreche, bist du stocksauer auf mich?«

»Nein!« schreit Eleanor. »Ich möchte nur deine Nähe spüren.«

»Ich bin hier«, antwortet Adam frostig, »oder siehst du mich etwa aufstehen und weggehen?«

»Du könntest genausogut nicht hier sein«, schluchzt Eleanor. »Du sitzt einfach da wie eine gefühllose Statue, während ich mich nach deiner Liebe sehne.«

»Hör mal«, schreit Adam, »du bist doch diejenige, die unseren Abend versaut, wenn du mitten in der Nacht ein Problem zur Sprache bringst. Du bist so gottverdammt empfindlich und übertreibst es immer. Wenn du nicht so eine hysterische Ziege wärest, würde es hier schön friedlich sein. Ich mag mir diesen Mist nicht länger anhören.«

Adam stürmt aus dem Zimmer, läßt seine Frau weinend allein zurück, und sie fragt sich, wie sie es bisher mit einem so kalten, herzlosen Mann ausgehalten hat.

Haben Sie je ein Problem gehabt und sich nur nach Trost und Liebe von Ihrem Mann gesehnt, aber als Sie danach verlangten, kam er statt dessen mit Vorschlägen oder Ratschlägen daher?

Haben Sie je den Versuch unternommen, Gefühle der Traurigkeit oder Angst mit Ihrem Partner zu teilen, um dann von ihm Vorwürfe zu bekommen, Sie seien zu emotional oder zu hilflos?

Ich habe genau die Verhaltensmuster zwischen Mann und Frau miterlebt, wie ich sie an den Paaren vorher beschrieben habe. Ich wollte wissen: *Warum hassen es die Männer, daß Frauen emotional werden?* Die Experten glauben, daß ein Mann unruhig wird, wenn er eine Frau emotional werden sieht, weil er dabei an seine eigenen Schwachstellen erinnert wird. Ich stimme zu, daß diese allgemeine Beobachtung auf einen Teil des Problems zutrifft. Ich glaube jedoch, daß das eigentliche Geheimnis dieser männlichen Verhaltensweise viel tiefer im männlichen Charakter verankert ist, nämlich in drei »mysteriösen« Gefühlen, die Männer mit sich herumschleppen und von denen Frauen nichts ahnen.

DER ERSTE GRUND, WESHALB MÄNNER HASSEN, FRAUEN AUFGEBRACHT ODER EMOTIONAL ZU SEHEN

Männern wird anerzogen, sich dafür verantwortlich zu fühlen, daß alles glatt läuft.

Wie das Buch schon gezeigt hat, werden Männer vom frühesten Kindesalter an auf das Gefühl der Verantwortlichkeit vorbereitet.

»So, Timmy, du paßt auf deine Schwester auf und gibst acht, daß ihr nichts zustößt.«

»Wenn du groß bist, Sohn, wirst du das Oberhaupt deiner eigenen Familie sein.«

»Dein Vater braucht deine Hilfe beim Reintragen der Pakete, mein Sohn.«

Diese kleinen Jungen wachsen zu Männern heran, die unbewußt den Glauben mit sich herumtragen, *wenn sie ein richtiger Mann sein wollen, müssen sie es zu was bringen und für ihre Frau sorgen können.*

Ist er nun eher ein Grobian oder der Held in der schimmernden Rüstung?
Wenn Sie sich mit einem Problem an Ihren Mann wenden, das Sie aus der Fassung bringt, nimmt er oft nicht einmal wahr, was Sie ihm sagen. Er »hört« aus Ihren Worten heraus:
»Hilf mir!«
»Rette mich!«
»Bring das für mich in Ordnung!«

Was Sie möchten, ist:
Bestätigung
Trost
Geborgenheit
Zuhören
Besänftigung
Zustimmung, daß alles gut wird

Statt dessen erhalten Sie:
Ratschläge
Fragen
Vorträge
Tadel wegen Ihrer Fassungslosigkeit

Sie wollen Liebe, er gibt Ihnen Logik. Sie wollen »bemuttert« werden, er verhält sich wie ein strenger Vater.

Ich erinnere mich an ein Ereignis in meinem Leben, das beispielhaft ist für dieses mysteriöse Verhalten der Männer. Ich hatte gerade Probleme mit einigen meiner Büroangestellten und war frustriert über ihre Arbeitsauffassung. Abends beim Nachhausekommen rannte ich in der Wohnung schnurstracks mit dem Mann zusammen, mit dem ich zu der Zeit verheiratet war. »Ich bin so wütend, ich könnte platzen!« wetterte ich und begann meinen Frust über die Arbeitssituation loszuwerden. Mein Mann hörte mir einige Minuten zu, und noch während wir in der Diele standen, erläuterte er mir 20 Minuten lang einen schrittweisen Arbeitsplan, der mir helfen würde, meine Probleme zu lösen. Er wies mich auf Dinge hin, die ich in der Vergangenheit falsch gemacht und die dadurch zur gegenwärtigen Situation beigetragen hatten. Ich wurde immer wütender, bis ich in Tränen ausbrach.

»Was ist los?« fragte er. »Findest du diese Ideen denn nicht gut?«

»Ich pfeife auf deine Ideen«, entgegnete ich, »ich komme völlig aufgebracht hier an und brauche dringend etwas Trost, und dann hältst du mir einen Vortrag.«

»Tut mir leid, daß ich nicht genau das gemacht habe, was ich deiner Meinung nach hätte tun sollen«, gab er darauf zurück.

Wer verhielt sich falsch, wer richtig? Keiner von uns. Er dachte, er würde mir »helfen«, indem er mir seinen Rat anbot. Es kam ihm gar nicht in den Sinn, daß es mir momentan vielleicht besser getan hätte, wenn er mich einfach auf seinen Schoß genommen und mir zugehört hätte. Er hätte mir nur sagen müssen, daß alles gut wird, und einfach mit mir schmusen können.

Ich fand, er wäre gefühllos und könnte nicht auf meine Bedürfnisse reagieren, wo er mir in Wirklichkeit doch das gab, was ihm in dem Augenblick als das wichtigste erschien: Die Lösung meiner Probleme.

Daher sollten Sie sich merken:

Männer sind lösungsorientiert.

Wenn Ihr Mann sieht, daß Sie bei Problemen die Fassung verlieren, übernimmt er augenblicklich und automatisch die Führung und denkt: *Lösung... Lösung.* Er wird vielleicht nicht einmal eine parat haben, aber darum geht es nicht. Er wird Zeit schinden, indem er Ihnen Fragen stellt oder ruhig und nachdenklich dreinschaut. Sie glauben, er sei ein emotionsloser Grobian. Er denkt, er wäre Ihr Held in der schimmernden Rüstung, der kommt, um Sie zu retten.

Damit wird klar, warum Männer oft verärgert sind, wenn Sie ein Problem ansprechen oder Ihre Empfindsamkeit zeigen. Nicht, daß er böse auf Sie ist, er ist eher verärgert, weil er:

a. sich verantwortlich fühlt, eine Lösung zu finden.
b. keine Lösung parat hat und sich vorkommt, als hätte er Ihnen gegenüber versagt.

Ganz genau so war es im Fall meines Angestelltenproblems. Mein Mann hörte mich zur Tür hereinkommen und mich über die Situation im Büro zetern. Sofort hatte er das Gefühl, er wäre um Hilfe gebeten worden. Und er sprudelte drauflos mit Rat- und Vorschlägen, und je mehr er vorschlug, statt mich zu trösten, um so wütender wurde ich auf ihn. Und je zorniger er mich werden sah, statt mich aufgrund seiner Superratschläge besser zu fühlen, um so wütender wurde er auf mich.

Es kostete uns Stunden intensiver Gespräche, um zu entwirren, was an diesem Tag geschehen war. Aber das war es wert: Diesem Zwischenfall verdanke ich die Antwort auf dieses männliche Geheimnis. Wie die meisten Männer konnte auch meiner sich nicht vorstellen, daß es mir darum ging, einfach angehört und in den Arm genommen zu werden. »Du meinst, um dein Jammern und Klagen zu beruhigen, hätte ich dich nur in den Arm zu nehmen brauchen und dir sagen sollen, daß alles gut wird?« meinte er schließlich. »Du hast gar nicht von mir erwartet, daß ich dir sage, wie du die Dinge in den Griff bekommst?«

»Richtig!« antwortete ich. »Ich wollte einfach nur spüren, daß du für mich da bist.«

DER ZWEITE GRUND, WESHALB ES MÄNNER HASSEN, FRAUEN AUFGEBRACHT UND EMOTIONAL ZU SEHEN

Hier ist noch etwas anderes, das sich in einem Mann abspielt, wenn er sieht, daß seine Frau die Fassung verliert oder emotional wird: Er hat das Gefühl, daß er Ihnen irgendwie Schmerz zugefügt hat und deshalb schlecht ist. Sogar wenn Sie über etwas aufgebracht sind, das nichts mit ihm zu tun hat, wird er sich für Ihren Kummer verantwortlich fühlen. Und er fühlt sich dann schuldig, daß er Ihren Kummer und Ihr Leid nicht beseitigen kann.

Wenn Männer Frauen leiden sehen, geben sie sich oft selbst die Schuld und glauben, die Ursache dafür zu sein. Gleichzeitig werden sie wütend auf Frauen, wenn sie sie »dazu bringen, sich selbst schlecht zu fühlen«.

Ein Mann, den ich kürzlich dazu befragte, formulierte es so: »Wenn meine Frau aufgebracht zu mir kommt, ist es für mich nicht leicht, mit ihrem Kummer umzugehen. Wenn sie sich über etwas ärgert, das ihr ein anderer zugefügt hat, bin ich wütend, weil sie verletzt wurde und weil es auch mich selbst betrifft. Und wenn sie über etwas aufgebracht ist, das ich getan habe, bin ich wütend auf mich, weil ich an ihrem Leid schuld bin, und komischerweise auf sie, weil ihre Fassungslosigkeit mir vor Augen führt, was für ein mieser Kerl ich sein kann.«

Haben Sie sich je gefragt, warum Ihr Mann seine Wut gegen Sie richtet, wenn Sie aufgebracht oder verletzt sind und Sie sich an ihn wenden, damit er Ihnen hilft? Ein Teil des Grundes liegt darin, daß er auf sich selbst wütend ist: zum einen, weil er nicht fähig ist, Ihnen zu helfen, aber auch, weil er Sie verletzt hat. Das Kapitel über die Kommunikation zeigt, daß Männer eher Wut als Ausdrucksform für ihren Frust wählen als andere Gefühlsformen, weil das für sie sicherer ist. Wenn Sie also dasitzen und Ihrem Mann zuhören, wie er wütend ist, weil Sie so emotional erregt sind, fühlt er sich möglicherweise eingeschüchtert, gedemütigt, hilflos, verletzt, schuldig oder empfindet sonst irgend etwas aus dem ganzen Spektrum der Gefühle, nur nicht Wut.

Der dritte Grund, weshalb es Männer hassen, Frauen aufgebracht oder emotional zu sehen

Haben Sie je probiert, Ihre Gefühlsverwirrung mit Ihrem Mann zu teilen, und er versuchte dann, Ihnen die Sache schnellstens auszureden oder Sie zu »beruhigen« und das Ganze zu beenden? Ihnen war nur ein bißchen nach Weinen zumute, er tat hingegen so, als hätten Sie einen Nervenzusammenbruch.

Männer sehen weibliche Empfindsamkeit oft als Hysterie an. Sie vermuten Sie in einem schlimmeren Zustand, als Sie sind, und fürchten, wenn das einmal angefangen hat, könnte das nie mehr aufhören.

Wie das Buch deutlich macht, müssen die meisten Männer in wirklich schlechter Verfassung sein, um starke Gefühle wie Hilflosigkeit oder Schrecken zu zeigen. Wenn nun Ihr Mann sieht, daß Sie über etwas völlig aufgebracht sind, projiziert er seine eigenen Gefühlsmaßstäbe auf Sie und nimmt an, daß Sie kurz vor dem Zusammenbruch sind! Männer verstehen nicht, wie tief Frauen momentan Dingen gegenüber empfinden können, ohne daß ihr emotionales Gleichgewicht ganz umkippt.

Für Männer mag es so sein, daß sie nicht mehr aufhören können, wenn sie einmal so weit gebracht worden sind, daß sie jammern und klagen. Darum sagen sie Dinge wie:

»Soll das noch länger so weitergehen?«

»Ich mag mich nun nicht einlassen auf größere Probleme, dazu ist jetzt nicht die Zeit.«

»Ich sehe schon, wir werden wahrscheinlich die ganze Nacht damit zubringen.«

Sie brauchen vielleicht nur fünf Minuten seiner gebündelten liebevollen Aufmerksamkeit, und er reagiert, als würde ihn ein zwölfstündiges Gefühlsmarathon erwarten.

Männer verstehen nicht, daß Frauen viel größere emotionale Elastizität besitzen als sie selbst.

Es stimmt, Frauen können im einen Moment weinen und eine Minute später schon bereit sein, mit jemandem ins Bett zu gehen. Im einen Moment können wir wütend sein, und im nächsten haben wir alles verziehen. Männern fällt es schwerer, von einer Gefühlsverfassung in eine andere überzuwechseln. Sie nehmen an, es ginge uns genauso, und geraten daher in Panik, wenn wir sehr aufgebracht sind.

Die Lösung

1. Sagen Sie Ihrem Mann genau, was Sie von ihm erwarten, wenn Sie aufgebracht sind. Dieser Vorschlag wird Sie vor stundenlangen Kämpfen, Mißverständnissen und Frustrationen bewahren. Wenn Sie durcheinander oder erregt sind und gern mit Ihrem Partner reden wollen, dann sollten Sie ihn ganz explizit um das bitten, was Sie von ihm wollen. Angenommen, Sie hatten gerade eine Auseinandersetzung mit einem Mitarbeiter und kommen nach Hause und müssen Ihre Gefühle über diesen Zwischenfall loswerden. Sagen Sie Ihrem Partner: »Ich bin so verletzt und wütend auf XY aus meinem Büro. Ich möchte, daß du mir zuhörst und mich in die Arme nimmst und tröstest, jetzt sofort. Ich brauche keinen Rat, Liebling. Ich möchte nur diese Gefühle loswerden und spüren, daß du mich liebst.«

Ihr Partner weiß dann, wie er Ihnen geben kann, was Sie brauchen. Er muß sich nicht frustriert fühlen, indem er Ihnen zu helfen versucht und Sie wütend auf ihn losgehen. Er braucht sich nicht wie ein Versager vorzukommen, der Ihr Problem zu lösen versucht, während Sie ihm ohne Erfolg zu verstehen geben, daß Sie eigentlich nur eine Umarmung wollten. Statt dessen wird er ein Erfolgserlebnis haben, weil er Ihnen geben konnte, was Sie gebraucht haben.

Hier ein weiteres Beispiel: Es ist schon Nacht, und Ihnen wird plötzlich klar, daß Sie sich den ganzen Abend von Ihrem Partner vernachlässigt gefühlt haben. Sie sehen ihn neben sich im Bett liegen und lesen, und Sie wissen, er ist müde und nicht in Stimmung für ein längeres Gespräch. Trotzdem wollen Sie ihm Ihre Empfindungen mitteilen.

Sie sagen: »Liebling, mich quält da etwas. Es ist mir wichtig, mit dir vor dem Einschlafen darüber zu reden. Ich weiß, du bist müde. Aber es wäre schön, wenn du mir fünf Minuten zuhören könntest.

Ich möchte dir sagen, wie ich mich fühle, und hätte gern, daß du mich ein paar Minuten in den Arm nimmst, damit ich deine Nähe spüre. Am schönsten wär's, wenn du heute nacht noch was dazu sagen würdest, oder du denkst einfach nach über das, was ich dir sage. Morgen finden wir dann hoffentlich die Zeit, etwas ausführlicher darüber zu reden.«

So wird Ihr Mann nicht das Gefühl haben, sich auf ein zehnstündiges Gefühlsmarathon einzulassen. Er weiß, wie er Ihnen ein wenig helfen kann, selbst wenn das Thema insgesamt an diesem Abend nicht ausdiskutiert wird.

Männer fühlen sich wohl, wenn sie innerhalb eines bestimmten Rahmens operieren können. Indem Sie Ihrem Mann eine *Begrenzung der Zeit* angeben, in der Sie sich mitteilen, machen Sie es ihm möglich, sich ohne Gefahr darauf einzulassen und Ihnen zuzuhören.

Natürlich gibt es Zeiten, in denen Ihr Partner nicht in der Lage ist, Ihnen das zu geben, was Sie brauchen. Vielleicht ist er genauso verstimmt wie Sie. Vielleicht ist er auf Sie wütend und fühlt sich zu verunsichert, um sich mitzuteilen und Sie in den Arm zu nehmen. Aber je öfter Sie dem Mann in Ihrem Leben diese Grundbedürfnisse erklären, um so eher wird er verstehen, daß Sie nicht Rettung, sondern Liebe brauchen.

2. Übertreiben Sie nicht, wenn Sie aufgebracht sind – Ihr Mann wird Sie wörtlich nehmen. Sally beklagt sich bei ihrem Mann Harold über den Frust in ihrer Catering-Firma. Mitten im Gespräch sagt sie: »Ich weiß einfach nicht, was ich tun soll. Ich fühle mich total aufgeschmissen. Zum Verrücktwerden. Hätte ich dieses Geschäft bloß nie angefangen! Am liebsten würde ich morgen alle entlassen, das Ganze verkaufen und für einen Monat einfach allein irgendwohin fahren.«

Was Harold von Sally zu hören bekommt, klingt für ihn alarmierend. Als Sally zu reden aufhört, fühlt sie sich besser. Aber er fühlt sich schrecklich. Er denkt: »*O Mann, Sally ist in ganz übler Verfassung. Sie ist kurz vorm Zusammenbruch. Sie kommt mit dem Druck offensichtlich nicht zurecht. Was soll ich tun? Wir brauchen die Ein-*

nahmen aus ihrem Geschäft. Hoffentlich bekommt sie keinen Nervenzusammenbruch!«

Harolds Reaktionen gegenüber Sally erfolgen mehr auf Grund dessen, was er zu hören glaubt, als wie es ihren tatsächlichen Bedürfnissen entspricht. Anfangs wird er ihr gut zureden, die Firma nicht aufzugeben, und mit ihr reden, als wäre sie übergeschnappt. Sally wird immer frustrierter werden, weil sie sich von Harold mißverstanden und abgelehnt fühlt. Harold wird ebenfalls immer frustrierter werden, weil er glaubt, Sally bei der Lösung ihrer Probleme helfen zu müssen, und sich von ihr zurückgewiesen fühlt. Schließlich gibt er auf und brüllt: »Ich kann dir nie etwas recht machen.« Und Sally wird weinend dasitzen und denken: »Alles, was er hätte tun müssen, wäre, mich in die Arme zu nehmen.«

Männer interpretieren Worte nicht so wie Frauen – sie nehmen sie wörtlich.

Wenn Sie sagen: »Ich schaffe es nicht mehr«, glaubt Ihr Mann, daß Sie es nicht mehr schaffen. Wenn Sie sagen: »Ich habe das Gefühl, du liebst mich nicht«, glaubt er wirklich, daß Sie das so empfinden. Das erklärt, warum ein Mann, wenn eine Frau ihm gegenüber ihre Gefühle ausdrückt, es häufig so versteht, als sei sie stärker betroffen, als sie in Wirklichkeit ist. Er hat alles, was sie gesagt hat, wörtlich genommen.

Wenn Sie Ihre Gefühle einem Mann schildern, tun Sie es mit Bedacht. Und wenn Sie das Bedürfnis haben, einfach Dampf abzulassen, ohne sich Gedanken darüber zu machen, wie es klingt, lassen Sie ihn im voraus wissen, daß er Sie nicht wörtlich nehmen solle. Die Form, die ich für solche emotionalen Entladungsprozesse gefunden habe, ist der »Liebesbrief«, den ich in meinem Buch *How to make love all the time* beschreibe. Es ist ein ausgezeichneter Weg für beide Partner, emotionale Spannungen loszuwerden und ihre Gefühle mitzuteilen.

3. Lassen Sie Ihren Mann wissen, daß Sie nicht völlig hilflos sind, damit er sich nicht gezwungen fühlt, Sie zu retten.

Denken Sie daran: Männer fühlen sich dafür verantwortlich, Dinge zu regeln. Wenn Sie einem Mann nicht klarmachen, daß Sie sich nicht völlig hilflos fühlen, auch wenn Sie aufgebracht sind, wird es für ihn zur Verpflichtung, Sie zu retten. Er wird Ihnen Ratschläge statt Trost und Liebe geben wollen. Nehmen Sie sich die nötige Zeit, um Ihre Ängste, Sorgen und Ihre Empfindsamkeiten auszudrücken. Wenn Sie damit fertig sind, sagen Sie ein paar Sätze, um ihm zu versichern, daß Sie kein absolutes seelisches Wrack sind. Beispielsweise könnte Sally, nachdem sie Harold von ihrer Catering-Firma erzählt hat, einfach sagen: »Ich weiß, ein Teil in mir spürt, daß sich alles finden wird. Ich müßte einfach mit meinen Angestellten reden und einige Abläufe verändern, damit alles reibungsloser funktioniert. Ich könnte die Firma – ehrlich gesagt – nie verkaufen, sie war schon so lange ein Traum von mir. Aber manchmal frustriert mich alles so, daß ich explodieren könnte.«

Nun weiß Harold, daß Sally einfach ihren Frust und ihre Ängste zum Ausdruck bringt und nicht völlig hilflos ist. Und daß er sie liebhaben, nicht aber in Panik geraten und retten soll. Vielleicht kennen Sie die Lösung für Ihr Problem nicht. Vielleicht haben Sie Angst vor einer Sache, mit der Sie konfrontiert sind. Aber Ihr Partner wird mit Ihren verletzten Gefühlen besser zurechtkommen, wenn er weiß, daß Sie selbst an Rettung denken und nicht die ganze Last auf seinen Schultern abladen.

Versichern Sie sich, wenn Sie Ihre verletzten Gefühle gegenüber dem Mann, den Sie lieben, zum Ausdruck bringen, daß darin nicht die versteckte Botschaft mitschwingt: »Rette mich, hilf mir!«

Stuart beklagte sich bei mir über solch ein Verhaltensmuster seiner Freundin Wendy. Sie kam immer mit ihren Problemen zu Stuart, egal ob es ihr Leben oder ihre Beziehung betraf. Er versuchte immer, sie zu trösten, aber jedesmal – ganz gleich, was Stuart sagte – war Wendy untröstlich. »Ich kann sie stundenlang trösten und bestätigen«, sagte Stuart bitter, »und es scheint ihr zunächst auch ein wenig besser zu gehen. Aber plötzlich fällt sie wieder in die Verzweiflung zurück. Es gibt mir das Gefühl, daß alles, was ich sage oder tue, sowieso nichts nützt.«

Als ich dann mit Wendy gesprochen hatte, entdeckte ich die Ursache des Problems: Wendy wollte gerettet werden. Sie wollte von Stuart den Beweis seiner Liebe, indem er die Verantwortung übernahm, ihr Leben zu managen. Wendys Vater war früher oft nicht zu Hause gewesen, deshalb spielt sie noch als Erwachsene oft das »kleine Mädchen« in der Hoffnung auf die Fürsorge, die sie nie bekam.

WICHTIG: Männer, in deren früheren Beziehungen die Frauen gerettet werden wollten, interpretieren vielleicht schon Ihr leisestes Anzeichen von Verletzlichkeit als Zusammenbruch. Geben Sie dann zu verstehen, daß Sie kein hilfloses Geschöpf sind und nicht gerettet, sondern einfach geliebt werden wollen.

RÄTSEL NR. 3 *Warum scheinen sich Männer weniger aus Liebe und Beziehungen zu machen als Frauen?*

»Ich weiß, er liebt mich, aber ich habe immer das Gefühl, daß die Beziehung mir mehr bedeutet als ihm.«

»Wenn ich abends nach Hause komme, kann ich es kaum erwarten, meinen Mann zu sehen. Aber wenn er nach Hause kommt, scheint es ihn nicht genauso zu freuen, wenn er mich sieht. Das verstehe ich nicht.«

»Ich lasse mir immer besondere Kleinigkeiten für meinen Freund einfallen, wie Karten kaufen oder etwas für den Abend planen. Wenn er mich so liebt wie ich ihn, warum kommt ihm nie der Gedanke, auch mal so was für mich zu tun?«

Kommen Ihnen solche Gedanken bekannt vor? Den meisten sicher, weil sie erlebt haben, daß ihre Lebensgefährten sich offenbar weniger aus Liebe und Beziehung machen, als Frauen es tun. Es stimmt aber nicht, daß sich Männer nicht um die Liebe kümmern. Was Männer und Beziehungen betrifft, gibt es ein paar Geheimnisse, die wir kennen sollten:

Männer definieren sich in erster Linie über ihre Arbeit und ihren Erfolg; Frauen definieren sich vor allem durch ihre Beziehung.

Im ersten Kapitel wurde der historische Hintergrund der traditionellen männlichen und weiblichen Rollen erläutert. Wir haben festgestellt, daß Männern ihre Lebenstüchtigkeit alles bedeutet: Sie garantierte ihnen ihr physisches Überleben. Und Frauen haben ihr Ziel immer darin gesehen, Liebesbeziehungen aufrechtzuerhalten, zwischen Mann und Frau, zwischen Eltern und Kindern. Selbst wenn Sie und Ihr Partner beide einen Ganztagsjob haben, wird sich Ihre Einschätzung der Gewichtung von Liebe und Arbeit sehr von der Ihres Partners unterscheiden. In einer Studie, die Wagenvoord und Bailey 1978 durchgeführt haben, bestätigten 75 Prozent der befragten Frauen, daß der wichtigste Aspekt in ihrem Leben ihre Familie sei.

Wir Frauen neigen dazu, diesen Prioritätsunterschied als Beweis dafür anzusehen, daß wir unsere Männer mehr lieben als sie uns. Das ist aber nicht zwangsläufig so! Wahr ist:

Wenn ein Mann mit seiner Arbeit und seiner Leistungsfähigkeit nicht zufrieden ist, bereitet es ihm Schwierigkeiten, seine Aufmerksamkeit auf die Beziehung zu konzentrieren.

Wenn Ihr Lebensgefährte sich in seinem Job frustriert fühlt, über ein Projekt besorgt ist, unter finanziellem Druck steht oder in seiner Laufbahn stagniert und keine Möglichkeit sieht, sich weiterzuentwickeln, dann wird er Ihnen emotional nicht hundertprozentig zur Verfügung stehen. Ein Großteil seiner Aufmerksamkeit, seiner geistigen Kräfte und seines Interesses werden sich ständig auf seine Unzufriedenheit in der Arbeit konzentrieren, ob bewußt oder unbewußt. Es ist schwer für ihn, sich wirklich zu entspannen, wenn er keinen Erfolg verspürt.

Das heißt nicht, daß er sich nicht um Sie kümmert. Nicht, daß er Sie nicht liebt oder braucht. Nicht einmal, daß ihm seine Arbeit wichtiger ist. Seine Arbeit hat nur einen größeren Einfluß auf sein Selbstwertgefühl als die Beziehung, die er zu Ihnen hat.

Für eine Frau ist es schwierig, diese Tatsache zu verstehen und zu akzeptieren. Unsere Wertmaßstäbe unterscheiden sich von denen der Männer, ganz gleich wie erfolgreich wir in unserer Karriere sind. Wenn unser Gefühlsleben nicht befriedigend ist, fühlen wir uns nicht gut. Für eine Frau sind die gemeinsam mit ihrem Mann verbrachten intimen Stunden Belohnung, Abwechslung, angenehmer

Abschluß eines Tages. *Nicht:* Ablenkung oder störende Beeinträchtigung. Daher würden Frauen sich wünschen, daß ihre Männer all ihre Sorgen und Bedenken, die ihre Arbeit betreffen, über Bord werfen, in ihre Arme sinken und Trost finden in der Harmonie ihrer Liebe. Danach ist uns zumute, wenn wir erschöpft nach Hause kommen. Wäre es nicht logisch, daß Männer genauso empfinden? Die Antwort ist: *Nein!*

Unglücklicherweise ist die Identifizierung der Männer mit ihrer Arbeit als der primären Quelle für ihr Selbstwertgefühl auch verantwortlich für die Tatsache, daß Männer bis vor kurzem mehr unter streßbedingten Krankheiten litten als Frauen: Herzinfarkte, Schlaganfälle, hoher Blutdruck, vermehrter Drogen- und Alkoholkonsum. All dies wird verursacht oder verkompliziert durch seelische Unsicherheit, Überarbeitung und die Unfähigkeit zur Entspannung.

Wie sich die Gehirne von Männern und Frauen unterscheiden

Hier liegt der zweite Grund dafür, daß Männer sich anscheinend weniger aus Liebe und Beziehung machen als Frauen:

Das männliche Gehirn tut sich schwerer, vom Denken aufs Fühlen umzuschalten, als das weibliche.

Wahrscheinlich haben Sie es auch schon vermutet, daß sich das Gehirn der Männer von Ihrem unterscheidet, und Sie haben recht! *Das männliche Gehirn hat sich spezialisiert* – das bedeutet, die rechte Gehirnhälfte deckt die visuell-räumlichen Funktionen ab (wie physikalische Aufgaben ausführen, Hand-Augen-Koordination), während die linke verbale und wahrnehmende Fähigkeiten kontrolliert (Gefühle ausdrücken, abstrakte Probleme verstehen). Forscher haben herausgefunden, daß bei kleinen Jungen die rechte Hälfte des Gehirns besser ausgebildet ist als die linke. Sie sind daher sprachlich weniger geschickt als kleine Mädchen. Genauso verhält es sich bei den meisten erwachsenen Männern, die sich in diesem Bereich im Vergleich zu Frauen weniger wohl fühlen.

Demgegenüber ist das weibliche Gehirn ganzheitlich. Das bedeutet, daß Probleme von beiden Gehirnhälften gemeinsam angegangen werden. Dr. Jane Barr Stump beschreibt es in ihrem Buch *What's the difference* folgendermaßen:

Manche Leute glauben, Frauen könnten schneller Entscheidungen treffen und verfügten über eine bessere Wahrnehmungsfähigkeit als Männer. Das wird bestätigt, wenn eine Hälfte des weiblichen Gehirns durch einen Schlaganfall beeinträchtigt ist. Dann kann die andere, in der die Fähigkeiten der verletzten Seite quasi noch einmal vorhanden sind, deren Aufgaben übernehmen... Bei Männern ist das nicht so. Wenn bei einem Schlaganfall die linke Gehirnhälfte beschädigt wird, verliert ein Mann möglicherweise seine Sprachfähigkeit, weil die rechte Seite nur räumliche Probleme abwickelt.

WARUM MÄNNER SICH IN IHREN GEDANKEN FESTFAHREN

Ich glaube, hier haben wir den Grund dafür, warum es für einen Mann schwieriger ist, zwischen »Kopf« und »Herz« hin und her zu schalten, von den festgelegten Aktivitäten der rechten auf die der linken Hirnhälfte überzugehen. Sein Gehirn braucht tatsächlich länger, um die Gangart zu wechseln, als meines oder Ihres. Wenn Sie also mit Ihrem Partner finanzielle Probleme besprechen oder ein intellektuelles Gespräch führen und Ihnen steht plötzlich der Sinn nach Zärtlichkeit, Kuscheln oder mit ihm »schmusen«, dann stellen Sie vielleicht fest, daß er »nicht in Stimmung ist«. Er kann den Denk- und Gefühlsmodus nicht so schnell wechseln wie Sie.

Haben Sie sich je gefragt, warum Ihr Partner am Feierabend viel länger zum »Umschalten« braucht als Sie? Falls Ihr Mann bei der Arbeit acht Stunden lang nur die rechte Gehirnhälfte beansprucht hat, wird er nicht in der Lage sein, zur Tür hereinzukommen und sich postwendend in einen empfindsamen, gefühlvollen und mitteilsamen Menschen zu verwandeln, zumindest nicht so schnell wie Sie.

Ist Ihnen schon mal aufgefallen, wenn Sie mit Ihrem Partner im Urlaub waren, daß er dann zärtlicher, liebevoller und sexuell interessierter war? Auch hierfür gibt es die gleiche Erklärung: Wenn sich ein Mann von seiner Arbeit entfernt, sind nicht nur Druck und Streß des Arbeitsalltags von ihm genommen. Auch sein Gehirn unterbricht den üblichen Rhythmus des Acht-Stunden-Tags, der die analytischen Aktivitäten der rechten Hälfte erfordert. Das erleichtert es Ihrem Mann ein wenig, emotional entspannt, aufnahmefähig und mehr für Sie dazusein. Er muß nicht mehr von einer Funktion in die andere umschalten. Ich habe mit Hunderten von Frauen gesprochen, die sich darüber wunderten, daß ihre Ehemänner andere Menschen waren, wenn sie sich vom Arbeitsalltag entfernt hatten. Meistens fürchteten sie sich daher davor, von einer Reise nach Hause zu kommen, weil sie wußten, daß diese emotionale Verfügbarkeit ihrer Männer verlorenging, sobald sie an ihre Arbeitsplätze zurückkehrten.

Die Lösung

1. Erklären Sie Ihrem Lebensgefährten genau diese Zusammenhänge. Nehmen Sie sich Zeit, dieses Thema mit ihm durchzusprechen, und fragen Sie ihn nach seiner Meinung. Lassen Sie ihn wissen, wieviel Sie aus diesem Kapitel gelernt haben. Ich bin aber dagegen, daß Sie Ihrem Ehemann oder Freund, wenn er mal wieder unromantisch oder unsensibel reagiert, einfach sagen: »Liebling, es ist absolut in Ordnung, daß du dich wie ein gefühlloser Bolzen aufführst. Ich weiß schon, du bist im Augenblick voll und ganz mit deiner rechten Gehirnhälfte beschäftigt!«

Denken Sie daran: Männer spüren gern, daß Sie ihre Verhaltensweise verstehen, wollen aber nicht gern dafür kritisiert werden. Vielleicht stellen Sie überrascht fest, daß es Ihrem Mann zwar bewußt ist, daß er sich weniger um die Beziehung kümmert als Sie, aber möglicherweise nicht weiß, *warum* das so ist. Das Nachdenken über die mysteriösen Umstände, die wir bisher schon in diesem Kapitel enträtselt haben, könnte für Männer tatsächlich Erleichterung bringen. Besonders für jemanden, der eventuell an der Intensität seiner Gefühle gegenüber seiner Partnerin gezweifelt und sich immer vorgehalten hat: *Wenn ich sie wirklich liebte, müßte ich dann nicht genauso interessiert sein an unserer Beziehung wie sie?*

2. Diskutieren Sie Möglichkeiten, wie Sie Ihrem Partner helfen können, daß sein Selbstwertgefühl nicht nur durch die Arbeit, sondern auch durch Ihre Beziehung bestätigt wird. Ich glaube, daß Männer erst einmal ihre Prioritäten neu definieren müssen, um ein erträglicheres Leben zu führen; weg von der Definition, deren

Schwerpunkt der finanzielle Erfolg ist, hin zu größerer emotionaler Erfüllung. Es ist wichtig für einen Mann, immaterielle Werte zu begreifen, wie etwa am Abend seinem Sohn bei den Hausaufgaben zu helfen, mit seiner Frau vor dem Essen spazierenzugehen oder seine Partnerin mitten am Tag anrufen, um ihr »ich liebe dich« zu sagen und sich selbst ihrer Liebe und Unterstützung zu versichern. Sprechen Sie mit Ihrem Partner darüber. Fragen Sie ihn, wie Sie helfen können, damit es für ihn leichter wird, die intimen Stunden gemeinsam zu genießen.

3. Sprechen Sie mit Ihrem Partner über Möglichkeiten, die ihm den Übergang von der Arbeit zur liebevollen Intimität erleichtern. Sie können Ihrem Partner behilflich sein, sich weniger gestreßt und mehr als Teil der Beziehung zu fühlen, indem Sie mit ihm besprechen, wie er einen reibungslosen Übergang vom Arbeits- zum Privatleben herstellt. Hier einige Vorschläge:

- *Reden Sie über Möglichkeiten des Entspannens nach der Arbeit:* Sport, ein Spaziergang, Ausruhen und ruhige, besänftigende Musik hören oder eine Nacken- oder Fußmassage, die Sie ihm machen. Fernsehnachrichten und Zeitunglesen sind *nicht* die richtigen Entspannungsformen, weil sie wiederum Denken und Verstehen beanspruchen.

- *Fallen Sie nicht gleich mit emotionalen Themen oder Problemen über Ihren Partner her, wenn er am Abend zur Tür hereinkommt.* Geben Sie seinem Kopf Zeit zum Abschalten, bevor Sie von ihm gefühlvolle Anteilnahme erwarten.

- *Vergessen Sie nicht, diese Vorschläge selbst anzuwenden.* Auch wenn Sie selbst ganztags arbeiten – ob zu Hause oder im Büro –, sollten Sie daran denken, daß es für Sie auf jeden Fall einfacher ist als für Ihren Partner, sich zu entspannen und auf emotionale Dinge umzustellen.

4. Einigen Sie sich mit Ihrem Partner, wie jeder von Ihnen etwas zur Entwicklung und Intimität Ihrer Beziehung beitragen kann. Viele Frauen machen den Fehler, von ihrem Mann insgeheim zu erwarten, daß er Zeit und Mühe zur Pflege der Beziehung aufbringt, und sind enttäuscht, wenn das nicht geschieht. Statt sich im stillen zu wünschen, daß Ihr Partner sich mehr auf die Beziehung einläßt, bitten Sie ihn, zu folgenden Punkten seine Ansichten zu äußern:

- Wie müßte die Beziehung aussehen, die er gerne hätte?

- Wieviel Zeit und Mühe möchte er einbringen, um eine Beziehung zu gestalten?

- Welche Methoden würde er anwenden, um eine feste Beziehung aufzubauen: gemeinsames Lesen von Büchern, Beratung, Seminare, wöchentliche Gespräche?

- Wie möchte er Probleme oder Schwierigkeiten in der Beziehung bereinigen (sofort darüber reden, warten, bis die Kinder eingeschlafen sind, Empfindungen zu Papier bringen)?

Die Besprechung dieser Fragen wird Ihnen nicht nur zeigen, daß Ihr Mann sich genauso für Ihre Beziehung interessiert wie Sie und wirklich will, daß sie funktioniert. Sie werden auch spüren, welch gutes Gefühl es erzeugt, wenn er mit Ihnen über diese Dinge spricht. Das Festlegen einiger Verpflichtungen, wie er sich in die Beziehung einbringen möchte, wird Ihrem Mann mehr das Gefühl geben, an der Beziehung teilzuhaben. Natürlich sollten Sie genauso Ihre eigenen Antworten auf diese Fragen miteinander besprechen. Bleibt zu hoffen, daß Sie sich danach als Team fühlen: zwei Menschen, die sich ganz dazu verpflichten, ihre Beziehung in Gang zu halten.

Ich hoffe, das Lesen dieses Kapitels hat Sie angeregt und Ihnen gezeigt, wie es im Zusammenleben mit Ihrem Partner mehr Liebe und weniger Konflikte geben kann. Die Vorschläge, die ich Ihnen gemacht habe, funktionieren nicht nur mit Ihrem Partner, sondern auch mit Ihrem Mitarbeiter, Ihrem Vater, Ihrem Bruder oder Ihrem Sohn. Vielleicht ist damit nicht alles Rätselhafte an Männern gelöst und es gehen Ihnen weitere Dinge durch den Kopf, auf die Sie gern eine Antwort hätten. Machen Sie es so wie ich: Fragen Sie die Männer! Sie werden überrascht sein, wie sehr es Männer lieben, etwas über sich zu erklären. Wenn Sie die richtigen Fragen stellen, werden Sie immer mehr Geheimnisse über Männer enträtseln, und das wird Ihre weibliche Selbstsicherheit stärken.

Dieser Teil des Buches liegt mir besonders am Herzen, weil sich durch mein Verständnis für die geheimnisvollen Seiten der Männer mein Umgang mit ihnen grundlegend verändert hat. Ich habe Mitgefühl, wo ich sonst kritisierte; ich bin geduldig, wo ich bislang unnachsichtig war. Und je mehr ich Männern zeige, daß ich verstehe, wie sie sich fühlen, um so mehr sind sie bereit, etwas dafür zu tun, um liebevoll und einfühlsam zu sein.

5 Geheimnisse über Männer und Sex

Wieviel wissen Sie tatsächlich über Männer und Sex? Machen Sie diesen Test, um es herauszufinden. Überlegen Sie sich, ob folgende Antworten richtig oder falsch sind.

Ein Sex-Quiz für Frauen

1. Männer lieben die Geheimnisvolle im Bett.
2. Männer fühlen sich abgestoßen, wenn Frauen ihre Lust am Sex zu sehr zeigen.
3. Frauen, die im Bett lachen und verspielt sind, geben Männern das Gefühl von Abwertung und Unbehagen.
4. Frauen legen bei Männern viel mehr Wert auf Pflege und Hygiene als umgekehrt.
5. Wenn Sie einem Mann Ihre Wünsche im Bett mitteilen, wird er denken, Sie wollen das Kommando übernehmen, und sich insgeheim darüber ärgern.
6. Solange Sie bereit sind, einen Mann oral zu befriedigen, ist es ihm ziemlich egal, ob Sie sich von ihm das gleiche wünschen oder nicht.
7. Hat ein Mann eine Erektion, bedeutet das, er ist erregt und hat Lust auf Sex.
8. Der Hauptgrund, warum Männer weniger beim Sex reden als Frauen, liegt darin, daß sie Angst haben, sich zu öffnen und Schwächen zu zeigen.

9. Männer empfinden insgeheim, wenn eine Frau ständig beim Sex die Initiative ergreift, daß sie aggressiv ist und ihm die Chance verdirbt, seine Männlichkeit zu beweisen.
10. Die beste Gelegenheit, um über das gemeinsame Sexualleben zu reden, ist im Bett.

Falls Sie auch nur *eine einzige* dieser Antworten für richtig halten, gibt es noch einiges, was Sie über Männer und Sex wissen sollten. Halten Sie die *meisten oder alle* Antworten für zutreffend, können Sie von Glück sagen, daß Sie das folgende Kapitel lesen können! Tatsächlich sind alle Aussagen falsch. Weshalb, das werden Sie begreifen, wenn Sie von den Geheimnissen erfahren, die jede Frau über Männer und Sex wissen sollte.

Geheimnis Nr. 1 *Männer benützen Sex häufig als Ausdrucksmittel, wenn sie sich emotional nicht verständigen können*

Haben Sie das auch schon erlebt? Ihr Partner nähert sich Ihnen und will mit Ihnen schlafen ohne die geringste Andeutung seiner Zuneigung, vielmehr wirkt er nervös und angespannt? Sie versuchen mit ihm zu reden, aber er ist einzig und allein an Sex interessiert. Sie spüren, daß etwas nicht stimmt – und Sie haben recht! Es geht nicht ums Liebesspiel und auch nicht wirklich um Sex; er möchte seinem Gefühlsstau einfach Erleichterung verschaffen.

Und so läuft das ab: Oft empfinden Männer, wie sich Spannungsgefühle in ihnen aufbauen. Vielleicht macht er sich Sorgen über ein Projekt, an dem er gerade arbeitet. Vielleicht hatte er ein Gespräch mit seinen Eltern, die schon sehr alt sind, und ist traurig, ihren körperlichen und geistigen Abbau mitansehen zu müssen. Vielleicht fühlt er sich Ihnen gegenüber schuldig, weil er zuvor zu heftig auf etwas reagiert hat. Wie Sie in diesem Buch schon erfahren haben, sind die meisten Männer nicht dazu erzogen worden, gefühlsmäßigen Schwächen Ausdruck zu verleihen, beispielsweise Angst, Schmerz, Hilflosigkeit, Verwirrung, Enttäuschung, Bedauern. Entweder es mangelt Ihrem Partner an Selbstsicherheit, diese Gefühle zu verbalisieren, oder er weiß nicht, wie er es anstellen soll. Und plötzlich hat er Lust auf Sex.

> **Männer benutzen oft ihre sexuelle Energie als »gefahrloses« Ventil für ihre unterdrückten Gefühle.**

Für Frauen ist das schwer verständlich, da sie meistens genau umgekehrt reagieren. Wir finden es schwierig, sexuelle Erregung aufkommen zu lassen, wenn wir emotional verunsichert sind. Aber es ist wichtig, zu verstehen, daß Männer Sex geradezu als Ausdrucksmöglichkeit für unausgesprochene Gefühle verwenden. Für manche Männer ist es zeitweise die einzig annehmbare Form, sich zu gestatten, irgend etwas zu empfinden.

Dieses Verhaltensmuster bei Männern schafft verschiedene Probleme:

1. Der Sexualakt ist für Ihren Partner zwar ein körperliches Abreagieren, die emotionale Spannung wird aber dadurch nicht gelöst.
2. Sie fühlen sich verletzt, weil Ihr Partner Ihren Körper dazu benützt, seinen Frust abzubauen.

Sex als Ausdruck der Frustration in der Arbeit

Gary, 46 Jahre alt und Direktor einer Baufirma, und seine Frau Fran kamen zu mir und klagten über sexuelle Probleme. »Manchmal habe ich das Gefühl, daß Gary mich einfach benutzt, um sich abzureagieren«, gestand Fran. »Ich fühle genau, daß er aus irgendeinem Grund verstimmt ist, aber nicht darüber sprechen möchte. Statt dessen macht er sich heftig an mich ran und ist sexuell sehr aggressiv. Ich habe nicht das Gefühl, daß er es genießt, und so ist es wohl für uns beide letztlich nicht befriedigend.«

Ich fragte Gary, ob er sich erinnerte, wann er und Fran das letzte Mal so eine Art »sexuelles Abreagieren« erlebt hätten. »Ich glaube, es war Donnerstag nacht«, antwortete er.

»Okay, Gary«, sagte ich, »ich möchte gern, daß Sie die Augen schließen und mir alle Ereignisse des Tages erzählen, die Sie genervt haben.«

»Also«, begann er, »am Morgen hatte ich einen Zusammenstoß mit meinem Einsatzleiter. Neuerdings macht er seine Kontrollen zu nachlässig, und es nervte mich, ihn noch einmal beim gleichen verdammten Fehler zu erwischen. Damit fing dieser Tag ziemlich lausig an. Am Nachmittag habe ich dann erfahren, daß wir einen Auftrag an eine andere Firma verloren haben, und das war eine echte Enttäuschung. Ich habe zwei Monate lang versucht, diesen Auftrag zu bekommen. Alles in allem war es ein ziemlich schrecklicher Tag.«

»Aha«, sagte ich, »und nun hätte ich gerne, daß Sie sich vorstellen, wie Sie mit Fran im Schlafzimmer sind und anfangen, sie sexuell anzumachen. Versuchen Sie, sich die Empfindungen dieser Nacht in Erinnerung zu rufen, und berichten Sie mir, wie das war.«

Gary dachte eine Minute nach und gab dann zur Antwort: »Ich war müde, verärgert, entmutigt. Ich glaube, ich bin mir wie ein Versager vorgekommen, weil mir der Vertrag durch die Lappen ging. Ein Teil von mir wollte die Arbeit einfach hinschmeißen und für immer abhauen. Sie wissen schon: auf eine einsame Insel auswandern und für nichts mehr verantwortlich sein.«

»Hatten Sie besonders zärtliche Gefühle, und waren Sie sehr erregt?« fragte ich.

»Wo Sie es jetzt erwähnen – nein, ich glaube nicht«, gab Gary zu.

»Wenn Sie also gar keinen Sex wollten, was war es dann, was Sie in diesem Augenblick gebraucht hätten?«

»Ich nehme an, es ging mir darum, einfach Frans Nähe zu spüren. Ob sie mich noch liebt und nicht von mir enttäuscht ist. Und spüren, daß wenigstens sie noch auf meiner Seite steht.«

»Was wäre gewesen, wenn Fran sich einfach mit Ihnen hingelegt hätte, um Sie zu halten und zu streicheln und Ihnen zu sagen, wie sehr sie Sie liebt. Sie hätten Ihre Gefühle – genau so wie eben – schildern können, und sie hätte einfach zugehört. Wie wäre das für Sie gewesen?«

»Ich hätte mich großartig gefühlt«, antwortete Gary leise. »Vermutlich viel besser, als mir nach dieser Sexnummer zumute war.«

Männer fallen manchmal über Frauen her, um sich durch Sex Bestätigung und Trost zu verschaffen, anstatt verbal darum zu bitten.

Wie Sie gesehen haben, wollte Gary eigentlich gar keinen Sex von seiner Frau: Er brauchte einfach das Gefühl, geliebt zu werden. Aber in dem Moment war ihm dieses Bedürfnis nicht bewußt, und er hatte keine Ahnung, wie er darum bitten sollte. Als Fran hörte, wie Gary sein wirkliches Empfinden an diesem Donnerstag beschrieb, fühlte sie sich erleichtert. »Liebling, ich wünschte, ich hätte gewußt, wie genervt du warst«, rief sie und umarmte Gary. »Ich wußte, daß etwas nicht stimmte, aber ich dachte, es könnte etwas mit mir zu tun haben.«

Gary und Fran beschlossen, gemeinsam an den später noch aufgeführten Vorschlägen zu arbeiten. Einen Monat später kamen sie wieder zu mir, um die Ergebnisse zu besprechen. »Es läuft jetzt viel besser zwischen uns«, begann Fran. »Immer wenn Gary gehetzt oder angespannt von der Arbeit kommt, nehmen wir uns Zeit, ruhen uns zusammen ein bißchen aus, und ich lasse ihn seine Frustrationen und Sorgen abladen. Ein paarmal hat er noch versucht, über mich herzufallen, und ich konnte richtig fühlen, daß er gar nicht bei der Sache war. Ich erinnerte ihn an unser Gespräch, und dann hörte er auf, hielt mich einfach im Arm und versuchte, über seine Gefühle zu sprechen. Es war nicht immer leicht, aber das Faszinierende ist, daß er immer entspannter ist, wenn er mir sein Befinden mitgeteilt hat. Ich kann richtig spüren, wie er dann ganz bei mir ist. Und plötzlich werden wir erregt, aber aus Liebe, nicht nur, um uns sexuell zu befriedigen.«

»Ich muß gestehen, wir haben sogar mehr Sex als vorher«, sagte Gary grinsend. »Fran hat recht – es fällt mir nicht leicht, meine eigenen Gefühle zu hinterfragen, wenn ich wieder in mein automatisches Sexverhalten verfalle. Aber von Mal zu Mal gelingt es mir besser, darüber zu sprechen, und Fran ist viel aufgeschlossener.«

Die Lösung

1. Reden Sie mit Ihrem Partner über diese Verhaltensmuster. Natürlich sollten Sie die Diskussion nicht gerade ins Bett verlegen oder damit beginnen, wenn die Situation ausgesprochen akut ist. Lassen Sie Ihren Partner diesen Abschnitt im Buch lesen, und fragen Sie ihn nach seiner Meinung.

Sagen Sie nicht: »Ich wußte, es war ganz falsch von dir, mit mir zu schlafen, anstatt über deine Gefühle zu reden.«

Sagen Sie: »Ich hätte gern, daß unser Sexualleben noch besser wird: Warum versuchen wir es nicht einmal mit den Anregungen in diesem Buch und schauen, was passiert?«

2. **Jedesmal, wenn Sie den Verdacht haben, die sexuellen Annäherungen entstünden aus seinen unterdrückten Gefühlen, sollten Sie ihn dazu bringen, seine Empfindungen mitzuteilen.** Nehmen wir an, Ihr Partner wird plötzlich sexuell zudringlich, und Sie spüren, daß er mal eben auf eine schnelle Nummer aus ist, während ihn eigentlich etwas bedrückt.

Sagen Sie nicht: »Faß mich nicht an! Ich weiß, dich regt irgendwas auf, und bevor du mir nicht sagst, was dich beschäftigt, werde ich nicht mit dir schlafen.«

Sagen Sie: »Liebling, mir wäre es lieber, wenn wir einfach so miteinander daliegen und du mich eine Zeitlang im Arm hältst. Ich möchte deine Nähe spüren.«

Sprechen Sie ruhig Gefühle an, von denen Sie annehmen, daß Ihr Partner sie gerade empfindet, als Ermunterung für ihn, seine eigenen Empfindungen zu beschreiben:

»Oje, du hast wohl eine hektische Woche im Büro hinter dir, oder?«
»Du weißt ja gar nicht, wie stolz ich auf dich bin, daß du dich an diesem Sonderprojekt beteiligt hast, gerade weil ich weiß, wie schwierig es war.«
»Das war wohl ziemlich hart für dich, als deine Mutter dir heute gesagt hat, dein Vater würde sein Gehör verlieren.«
»Ich weiß, du machst dir bestimmt Sorgen wegen der zusätzlichen Kosten in diesem Monat. Unsere Ausgaben sind wirklich ganz schön happig.«

Mit ein wenig Übung lernen Sie, Ihrem Partner die Sicherheit zu geben, seine eigenen Gefühle zuzulassen, indem Sie ihm zeigen:

● Sie verstehen, wie er sich fühlt.

● Sie stempeln ihn nicht zum Versager ab, weil er seine Schwächen zugibt.

Wie so vielen Frauen, mit denen ich gearbeitet habe, wird auch Ihnen das Verstehen dieses Geheimnisses helfen, Ihr Sexualleben erfüllter und reicher zu machen.

Wenn Sie einen Mann dazu bringen, sich verbal von seinen emotionalen Spannungen zu befreien, vergrößern Sie die gemeinsame Intimität. Die sexuelle Begegnung, die dann folgt, wird viel leidenschaftlicher sein!

Geheimnis Nr. 2 *Männer fühlen sich emotional abgewiesen, wenn Sie ihrem sexuellen Drängen nicht nachgeben*

Ihr Partner steht hinter Ihnen, küßt Ihren Hals und streichelt Ihren Körper. Sie verstehen: Er versucht, Ihnen zu signalisieren, daß er mit Ihnen schlafen möchte, aber Sie sind überhaupt nicht in Stimmung. Was tun Sie?

● Sie reagieren gereizt und hoffen, daß Ihr Partner kapiert.

● Sie verhalten sich gelangweilt und lustlos, damit Ihr Partner aufgibt.

● Sie sagen: »Komm schon, Liebling, hör auf damit. Ich bin nicht in der richtigen Stimmung.«

● Sie lassen es widerwillig über sich ergehen, während Sie daliegen und im Geiste Ihren Plan für den folgenden Tag durchgehen oder überlegen, welche Kleider in die Reinigung müssen.

Die sexuelle Annäherung Ihres Partners bedeutet mehr als die reine Bitte um Sex. Sie besagt: »Bitte akzeptiere mich, bitte schalte auf Empfang!«

Ihr Partner mag sich dieser Motivation überhaupt nicht bewußt sein, aber beobachten Sie mal seine Reaktion, wenn Sie ihn abblitzen lassen. Er faßt es nicht so auf, als hätten Sie gesagt, daß Sie im Augenblick keine Lust auf Sex haben. Er verhält sich, als hätten Sie ihn persönlich abgelehnt. Ein Großteil der Männer, die ich befragte, fühlten sich insgeheim niedergeschlagen und gedemütigt, wenn ihre Partnerinnen nicht auf ihr sexuelles Drängen eingingen. Sie hören nicht: »Ich bin müde« oder »jetzt nicht«. Sie hören vielmehr: »Ich liebe dich nicht; ich will dich nicht. Du bist nicht begehrenswert. Du bist nicht gut genug.« Ihr Partner weiß vielleicht nicht, wie er seinem Schmerz Ausdruck geben soll, wenn er sich sexuell abgelehnt fühlt. Doch wenn es öfter passiert, wird er sich vielleicht rächen, indem er sich sexuell von Ihnen abwendet oder sich anderweitig vergnügt. Und hier der Grund:

Männer lieben Frauen, die keine Angst haben, ihre sexuelle Lust zu zeigen.

Viele Frauen sind zu schüchtern, um mit ihrem Partner über Sexualität zu sprechen, ihn erkennen zu lassen, wie sehr sie ihn begehren, oder ihn auf Sex anzusprechen, noch bevor er es tut. Wenn Sie Ihrem Lebensgefährten ohne Angst Ihr Verlangen zeigen, gibt ihm das ein sicheres Gefühl, seine Lust mit Ihnen zu teilen. Denken Sie daran: Männer hassen Ablehnung! Wenn sie immer die sexuellen Aggressoren sein müssen, bekommen die Männer auch die gesamte Ablehnung zu spüren. Ihr Partner wird Ihnen daher sehr dankbar sein, wenn er weiß, daß auch Sie bereit sind, das Risiko der sexuellen Annäherung – und Ablehnung – auf sich zu nehmen.

Die Lösung

1. Sperren Sie sich nicht gegen die sexuellen Annäherungen Ihres Partners. Bevor Sie sich empören: Ich meine *nicht*, Sie müßten immer ja sagen, wenn Ihr Partner Sex möchte. Ich schlage nur vor, daß Sie die besondere Verletzlichkeit eines Mannes, der sich Ihnen anbietet, verstehen lernen und ihn in gewisser Hinsicht annehmen.

Sagen Sie: »Liebster, ich bin im Augenblick müde, aber ich würde dich gern eine Weile im Arm halten. Warum legen wir uns nicht ein bißchen hin und warten, wonach uns der Sinn in ein paar Minuten steht?«

Sagen Sie: »Ich liebe dich, und ich würde gern später mit dir schlafen. Im Augenblick bin ich noch so angespannt von der Arbeit und fühle mich nicht in der Lage, dir zu geben, was ich dir gern geben würde. Laß uns jetzt einfach ein bißchen schmusen. Später, wenn die Kinder im Bett sind, haben wir dann mehr Zeit für uns.«

Mit anderen Worten: Denken Sie daran, wenn Ihr Partner sexuell auf Sie zugeht, hat er Verlangen nach Liebe. Lehnen Sie ihn nicht einfach ab, geben Sie ihm, worum er eigentlich bittet, indem Sie ihn umarmen, ihm Ihre Liebe bestätigen und ihm sagen, wieviel er Ihnen bedeutet.

Wenn Ihnen nicht nach Sex mit Ihrem Partner zumute ist, sagen Sie nein zum Sex und ja zur Liebe.

Ihr Partner wird sich besser fühlen, und wer weiß – nachdem Sie sich gegenseitig Ihrer Liebe versichert haben, kommen Sie vielleicht doch noch auf den Geschmack!

Geheimnis Nr. 3 *Die trügerische Erektion*

Ich nehme an, diese Überschrift wird Sie neugierig machen. Es geht hier um eines der Männer-Geheimnisse, von dem viele Frauen nichts ahnen.

Wenn Ihr Partner eine Erektion hat, bedeutet das nicht zwangsläufig, daß er Sex möchte oder auch nur erregt ist.

Ich nenne diesen Mythos »die trügerische Erektion«. Da Frauen keinen Penis haben, gibt es viele Dinge über dieses mysteriöse Organ, die wir einfach nicht wissen. Wir glauben, die Erektion zeige, daß der Mann erregt und aktionsbereit ist. Das mag hin und wieder der Fall sein, ist aber nicht immer so. Über folgende Informationen sollten Sie sich Gedanken machen:

Eine Erektion entsteht durch erhöhten Blutfluß in den Penis. Für eine Erektion gibt es verschiedene, nicht sexuelle Ursachen:
1. Es ist normal, wenn ein Mann morgens mit einer Erektion aufwacht. Das heißt aber nicht unbedingt, daß er sexuell erregt ist. Seine Erektion ist eine physiologische Reaktion, die während des Schlafens oder beim Erwachen auftritt. Manchmal kann der Druck im männlichen Unterleib, der durch eine volle Blase entsteht, eine Erektion bewirken.
2. Reibung oder Druck auf den Penis durch zu eng anliegende Kleidung oder längeres Sitzen in eingequetschter Haltung können Anlaß für eine Erektion sein. Der Penis hat Tausende empfindlicher Nervenenden, die bei Druck und Reibung einen erhöhten Blutfluß in den Penis auslösen.
3. Auch extreme Spannungs- und Streßzustände können eine Erektion hervorrufen. Wenn ein Mann über etwas aufgebracht ist, verengen sich die Blutgefäße, sein Blutdruck erhöht sich, und es kommt dadurch manchmal zu einer Erektion.

Wie kommt es, daß eine trügerische Erektion zu Beziehungsproblemen mit Männern führen kann? Weil Frauen die Erektionsursache ihres Partners falsch deuten.

- **Sie nehmen an, Ihr Partner ist scharf auf Sie, und fühlen sich gezwungen, darauf einzugehen.** Das kann zu Ärger und Mißverständnissen zwischen Ihnen und Ihrem Partner führen. Ich erinnere mich an eine Erfahrung, die ich vor vielen Jahren mit einem Mann gemacht habe. Er zog seine Jeans aus und wollte unter die Dusche gehen. Da bemerkte ich, daß er eine mittelprächtige Erektion hatte. Er kam auf mich zu, um mich kurz in den Arm zu nehmen, weil wir uns den ganzen Tag nicht gesehen hatten. Ich verstand es als Zeichen für seine sexuelle Bereitschaft, und obwohl ich nicht in Stimmung war, machte ich mich ans Werk und befriedigte ihn. Hinterher sagte er: »Das war aber eine Überraschung.«

»Was meinst du mit Überraschung?« gab ich zurück. »Du warst doch scharf.«

»Nein, ich war überhaupt nicht scharf, aber das hat sich geändert, als du anfingst, mich zu berühren.«

»Aber du hattest doch eine Erektion. Ich dachte, du erwartest von mir, mit dir zu schlafen«, sagte ich einigermaßen erstaunt.

Mein Freund lachte. »Du bist lustig, das hast du wirklich gedacht? Das waren einfach die engen Jeans, die mich auf der Heimfahrt gerieben haben. Ich hatte es noch nicht einmal bemerkt, bis du mich darauf aufmerksam machtest.«

- **Sie vermuten, Ihr Partner ist durch etwas anderes angetörnt worden, und sind sauer.** Ihr Partner erwacht am Morgen mit einer Erektion. Sie beginnen ihn mit Fragen zu löchern – von wem hat er geträumt? Oder Ihr Ehemann redet mit einer gemeinsamen Freundin, während Sie am Swimmingpool sitzen. Als er zu Ihnen zurückkommt, fällt Ihnen auf, daß er eine leichte Erektion hat. Ist er scharf auf Ihre Freundin? Findet er sie reizvoll? Die trügerische Erektion verleitet Sie irrtümlich zu der Annahme, daß etwas oder jemand anderes als Sie ihn antörnt.

Die Lösung

1. Im Zweifelsfall sollten Sie einfach Ihren Partner fragen, ob er sexuell erregt ist oder nicht. Manchmal ist die Erektion, die Sie entdecken, alles andere als eine Täuschung, sondern ein aufrichtiger Hinweis, daß er tatsächlich scharf ist, hoffentlich durch Sie und für Sie. Wenn Sie nicht sicher sind, fragen Sie Ihren Partner. Angenommen, Sie wachen morgens auf, Ihr Mann umarmt Sie und Sie spüren seine Erektion. Sie wissen nicht, ob es ein Zeichen seiner Lust ist, oder ob es sich einfach um eine Illusion handelt. Sie haben zwei Möglichkeiten:

> *Möglichkeit Nr. 1:* Fragen Sie ihn, ob er erregt ist und Lust auf Sex hat oder nicht.
> *Möglichkeit Nr. 2:* Pfeifen Sie darauf, seine Stimmung herauszufinden! Legen Sie los! Gehen Sie davon aus, daß er in Stimmung ist. Glauben Sie mir: Es stört ihn nicht, auch wenn Sie sich irren! Wenn er tatsächlich nicht erregt war, als Sie anfingen, wird er es bald sein.

2. Sprechen Sie mit Ihrem Partner über die trügerische Erektion. Denken Sie daran, Ihr Lebensgefährte ist gewiß der größte Experte, was seinen Penis anbetrifft. Fragen Sie ihn, was er über dieses Geheimnis denkt. Vielleicht teilt er es mit Ihnen, und Sie können angeregt diskutieren! Vielleicht leugnet er es und sagt, Sie könnten davon ausgehen, daß es sich bei seinen Erektionen nie um ein Trugbild handelt. Ich verspreche Ihnen, daß Sie auf jeden Fall etwas dazulernen.

Geheimnis Nr. 4 *Je öfter Sie mit Ihrem Mann Sex haben, desto öfter wird er Liebe mit Ihnen machen*

»Während des Vorspiels habe ich manchmal das Gefühl, daß mein Mann gar nicht richtig bei der Sache ist. Es ist alles so, wie es sein sollte, aber es scheint eher anstrengend für ihn zu sein und nicht so sehr aus Liebe zu mir zu entstehen. Als ob er es hinter sich bringen will, damit wir endlich ›zur Sache‹ kommen können.«

»Ich wünschte mir, Bill wäre im Bett etwas zärtlicher. Ich weiß, daß er mich liebt, aber er wirkt so ungeduldig, wenn wir miteinander schlafen. Ich mag ein langes und ausgedehntes Liebesspiel mit viel Kuscheln und Reden, und er steht mehr auf reinen Sex.«

Es gibt einen Unterschied zwischen Sex und Liebe machen. Sex ist der physische Akt des gemeinsamen Vergnügens mit dem Partner. Liebe machen ist die emotionale Form, den Partner zu lieben und zu verwöhnen.

Sie können Sex praktizieren, ohne Liebe zu machen. Natürlich kann es auch Sex und Liebe gleichzeitig geben, das ist dann eine wirklich wundervolle Kombination.

In meinen Interviews mit Hunderten von Männern und Frauen kristallisierte sich heraus: Frauen wollen gern mehr Bereitschaft zum Liebesspiel von ihren Männern haben, und Männer hätten gern mehr Sex von ihren Frauen.

Frauen möchten...

- mehr kuscheln
- innigere Küsse
- ein längeres Vorspiel
- häufiger über Gefühle im Bett sprechen
- mehr emotionale Beteiligung beim Geschlechtsakt
- mehr Zärtlichkeit

Männer hätten gern...

- mehr Spontaneität
- mehr Leidenschaft
- mehr spielerischen, lustvollen Sex

Diese sexuellen Geschmacksunterschiede lassen sich ableiten aus der Unterschiedlichkeit zwischen Frauen und Männern, die wir schon früher erläutert haben: Männer konzentrieren sich mehr auf das Erreichen eines Zieles; für Frauen liegt das Schwergewicht auf der Gestaltung von Zusammengehörigkeit und Intimität. Den meisten Männern gelingt es besser, Sex zu haben, als Liebe zu machen. Für die meisten Frauen ist Liebe machen einfacher als Sex.

Das bedeutet nicht, daß Frauen reinen Sex nicht mögen oder Männer nichts vom Liebemachen halten. Aber diese Vorlieben existieren.

Dieses Geheimnis über Männer und Sex sollten Sie kennen:

Männer scheinen oft halbherzig Liebe vorzuspielen, weil sie insgeheim nur Sex wollen, aber Angst haben, die Frau darum zu bitten.

Lüften wir das Geheimnis um den faulen Liebhaber

Dies ist ein Geheimnis über Männer und Sex, dessen Entdeckung ich meinem jetzigen Partner verdanke. Zu Beginn unserer Beziehung lagen wir eines Nachts im Bett und liebten uns. Nach einiger Zeit bemerkte ich, daß es mir schwerfiel, durch die Bemühungen meines Partners in Erregung zu geraten. Das wunderte mich, da unsere Beziehung bisher extrem leidenschaftlich war. Aus irgendwelchen Gründen hatten seine Berührungen und Zärtlichkeiten keine große Wirkung, und wie mir schien, war er weniger bei der Sache als gewöhnlich.

Ich lag da, fühlte mich immer schlechter, bis ich es schließlich nicht mehr aushielt. Ich setzte mich auf und sagte: »Sag mal, bist du sicher, daß du Lust hast, jetzt mit mir zu schlafen?«

»Ja«, gab mein Partner zur Antwort, »ich will dich wirklich.«

»Aber du scheinst nicht so viel Freude an meinem Körper zu haben wie sonst. Stimmt etwas nicht?«

Mein Partner war einen Augenblick still, dann sagte er verlegen: »Um ganz ehrlich zu sein, fühle ich mich ein bißchen müde und träge, aber ich habe Lust auf dich und möchte einfach nur bumsen.«

»Warum sagst du's dann nicht?« fragte ich erstaunt.

»Es klingt so selbstsüchtig, und ich dachte, du würdest mich für einen unsensiblen Macho halten. Ich weiß, wie sauer Frauen auf Männer reagieren, die einfach nur Sex wollen. Also beschloß ich, dir Vergnügen zu bereiten, damit ich mir nicht so egoistisch vorkomme. Dein Vorwurf, nicht richtig bei der Sache zu sein, ist berechtigt. Ich liebe dich, aber es stimmt, mir war heute einfach nur nach Sex zumute.«

Dieses Gespräch war für mich eine Enthüllung. Ich dachte an all die Male, die ich mit Männern zusammen war, von denen ich wußte, daß sie im allgemeinen gute, aufmerksame Liebhaber waren, aber aus irgendeinem Grund in irgendeiner Nacht erschienen sie träge, unsensibel und zerstreut. Niemals hätte ich vermutet, daß sie einfach nur in mir sein wollten, mich sexuell begehrten, sich aber zu verunsichert und egoistisch fühlten, um darum zu bitten. Alles in allem scheuen die meisten aufgeklärten Männer der 90er Jahre das vorrevolutionäre Sex-Klischee: der selbstsüchtige Mann, der zwei Minuten lang an der Frau herumfummelt, zwei weitere auf ihr herumrammelt und sich dann wundert, warum sie nicht fertig wird und unbefriedigt ist. Kein »aufgeklärter« Mann mit Selbstachtung möchte den Anschein eines lüsternen Unholds erwecken. Statt dessen zwingen sich Männer zum Liebesspiel, wenn ihnen in Wirklichkeit nach Sex zumute ist. Wir Frauen spüren, daß etwas nicht stimmt, halten den

Mann für einen Grobian und kommen gar nicht auf die Idee, daß er sich nicht traut, um das zu bitten, was er tatsächlich möchte.

Es gibt eine Art von Spontaneität, Hingabe und Leidenschaft, die Männer erleben, wenn sie mit einer Frau einfach Sex machen, und die oft verlorengeht, wenn der Liebesakt bewußt und nach allen Regeln der Kunst ausgeführt wird.

Männer ersehnen diese wollüstige Hingabe ebenso wie Frauen die Zuverlässigkeit und Zärtlichkeit des Liebesaktes. Es ist ein Fehler, wenn Frauen ihren Partnern den Wunsch nach Sex übelnehmen und irrtümlich davon ausgehen, daß sie nicht genausoviel empfinden wie in den Nächten, in denen sie sehr gefühlsbetont miteinander Liebe gemacht haben. Tatsache ist: Männer würden bessere Liebhaber sein, wenn wir zuließen, daß sie beim Sex nicht immer das große Liebesspiel machen müßten.

Wichtig: **Ich sage damit *nicht*, daß Sie es einem Mann durchgehen lassen sollten, wenn er in irgendeiner Weise unsensibel, beleidigend oder lieblos beim Geschlechtsverkehr mit Ihnen umgeht. Ich meine auch nicht, daß Sie die Zähne zusammenbeißen sollten, wenn Ihrem Partner nach Sex zumute ist und Ihnen nicht, und es einfach über sich ergehen lassen. Ob Sie nun Liebe machen oder Sex, Sie sollten immer das tun, wonach Ihnen der Sinn steht.**

Und das gilt auch, wenn Ihr Partner nie Liebe machen möchte, sondern nur Sex will.

Wenn Sie mit einem Mann zusammen sind, der nie Liebe machen will, sondern immer nur Sex, schlage ich Ihnen vor, entweder mal ernsthaft mit ihm darüber zu reden oder sich beraten zu lassen. Auf jeden Fall sollten Sie Ihre Beziehung neu bestimmen, da Sie nicht so behandelt werden, wie es Ihnen zusteht. Und damit sollten Sie sich nicht abfinden.

Wie eine Ehe wieder leidenschaftlich wurde

Die 36jährige Karen und ihr Ehemann Timothy, ein 39jähriger Computerberater, hatten Probleme mit dem Sexualleben. »Wir scheinen nicht mehr die gleiche Wellenlänge zu finden«, begann Karen. »Ich merke häufig, daß Timothy irgendwie durchs Vorspiel hetzt, um zum Geschlechtsverkehr zu kommen, und dabei vergeht mir dann die Lust.«

»Ich versuche ja, Karen Vergnügen zu bereiten«, antwortete Timothy, »und will sie nicht drängen. Ich begreife nicht, warum sie das so empfindet.«

Während ich dem Paar zuhörte, kam mir der Verdacht, daß sie nie zugelassen hatten, ohne langes, ausgedehntes Vorspiel miteinander zu schlafen. »Timothy«, fragte ich, »können Sie sich an einen Zeitpunkt erinnern, als Sie richtig angetörnt und einfach scharf auf Ihre Frau waren?«

»Ja«, erwiderte Timothy, »letzte Woche, als wir von einer Party zurückkamen.«

»Erzählen Sie mir, was geschah.«

»Also wir gingen ins Schlafzimmer, und ich war drauf und dran, mich auf Karen zu stürzen. Ich ging auf sie zu und nahm sie in den Arm, sie erwiderte die Umarmung und ging ins Badezimmer, um ein Bad zu nehmen.«

»Haben Sie ihr gesagt, daß Sie gern Sex wollten?«

»Nicht so direkt«, sagte Timothy. »Ich wollte nicht, daß sie sich gedrängt fühlt. Ich weiß, wie sehr sie Zärtlichkeit braucht. Also wartete ich, bis sie ins Bett kam und fing an, sie liebevoll zu erregen.«

»Ich erinnere mich an diese Nacht«, pflichtete Karen bei. »Irgendwie schienst du mir ziemlich unsensibel, als würdest du mich eher mechanisch anzutörnen versuchen.«

»Haben Sie es als mechanisch empfunden, Timothy?« fragte ich.

»Irgendwie schon«, gab Timothy zur Antwort. »Wenn ich darüber nachdenke, glaube ich, daß ich keine Lust auf eine lange, ausgedehnte Geschichte hatte. Ich fühlte mich durch Karen absolut geil und angetörnt und wollte zur Abwechslung mal einfach nur sexuellen Spaß mit ihr haben. Ich glaube, ich habe deswegen Schuldgefühle gehabt. Karen erwartet immer von mir, daß ich Mr. Senso bin und mir Zeit nehme, sie zu verführen, und ich bin eben nicht immer zu dieser Art Liebesspiel aufgelegt.«

Ich fragte Karen, wie sie darüber dachte, einfach nur Sex mit ihrem Mann zu genießen.

»Tja, ich habe nie wirklich darüber nachgedacht«, antwortete sie. »Für mich mußte es immer ein richtiges Liebesritual sein. Reiner Sex kommt mir wohl irgendwie schmutzig vor, und ich hatte die Befürchtung, wenn Timothy es einfach so mit mir täte, dann würde das bedeuten, daß er mich nicht liebt.«

»Timothy«, sagte ich, »können Sie Karen erklären, wie Sie sich fühlen, wenn Sie Lust auf Sex haben.«

»Ja, klar.« Er grinste. »Mir ist danach, einfach von ihr verschlungen zu werden. Sie ist so toll, so warm und wundervoll, und ich kann es kaum abwarten, in sie einzudringen und sie zu spüren. Ich liebe dich, Karen, und wenn mir nach wollüstigem Sex mit dir zumute ist, dann gerade *weil* ich dich liebe, nicht, weil ich dich nicht respektiere.«

Wie viele Frauen nahm Karen an, ihr Partner würde – wenn er Lust auf Sex hatte – keine wirkliche Liebe empfinden und sie nur benutzen, aber nicht wirklich auf sie eingehen. Das Gegenteil traf zu: Timothy empfand oft so viel Liebe für Karen, daß er vor Leidenschaft fast platzte!

Timothy und Karen waren einverstanden, ein Experiment zu machen: Timothy würde Karen mitteilen, wenn er für ein langes, verführerisches Liebesspiel nicht aufgelegt war, und Karen, je nach Lust, würde versuchen, einfach wundervollen Sex mit ihrem Ehemann zu genießen. Da Timothy sich immer an Karen orientiert hatte, war sie mit dem Versuch einverstanden, sich fairerweise eine Zeitlang nach seinen Bedürfnissen zu richten.

Als ich Timothy und Karen das nächste Mal sah, merkte ich gleich, daß sich etwas in ihrem Umgang miteinander verändert hatte. Sie waren viel zärtlicher, und beide wirkten entspannter. »Ich muß gestehen, daß ich Ihren Vorschlag, mich Timothys Sexstimmungen anzupassen, nicht besonders mochte«, begann Karen, »aber intellektuell hatte ich begriffen, nicht weiterhin darauf bestehen zu können, daß er sich immer nach meinen Bedürfnissen richtete. Eines Abends in der vergangenen Woche packte mich Timothy einfach und sagte mir, daß er mich haben will. Ich war wirklich nervös, stürzte mich dann einfach mit ihm in das sexuelle Vergnügen. Und als ich aufhörte, mich im Kopf dagegen zu sträuben, spürte ich, daß ich ebenfalls richtig scharf wurde. Ich muß ehrlich zugeben: Tim achtete auch so auf meine körperlichen Bedürfnisse – und das war's, wovor ich eigentlich Angst hatte: daß es mir fehlen würde, wenn wir nicht genug Zeit dafür hätten. Und das beste daran ist, daß ich mich vollkommen geliebt fühlte. Sie hatten recht. Wenn Timothy scharf auf mich ist, dann ist er wirklich leidenschaftlich aus lauter Liebe.«

»Es war großartig«, fügte Timothy strahlend hinzu, »und besonders interessant ist, daß ich mich einige Nächte später viel besser fühlte, als ich mir die Zeit nahm, Karen zu verführen, und nicht ärgerlich war, weil alles nur nach ihrem Kopf gehen mußte. Nun weiß ich, sie läßt sich manchmal auch auf reinen Sex ein, und sperre mich das nächste Mal viel weniger dagegen, mich auf ein Liebesspiel einzulassen.«

Die Lösung

1. Sprechen Sie mit Ihrem Partner über die Möglichkeiten des reinen Sex und des Liebesspiels. Vielleicht entdecken auch Sie – wie zahlreiche Frauen, die ich beraten habe –, daß Ihr Mann gezögert hat, seine rein sexuellen Wünsche Ihnen gegenüber zum Ausdruck zu bringen. Aus Angst, Sie abzutörnen oder zu kränken, oder weil Sie seine leidenschaftliche Lust fehlinterpretieren und glauben könnten, daß er Sie nicht liebt. Fragen Sie ihn, ob er hin und wieder im »Eiltempo« versucht, Sie zu verführen, auch wenn er keine Lust dazu hat. Das erklärt vielleicht, was Sie möglicherweise für unsensibel und Mangel an Fingerspitzengefühl gehalten haben.

2. Gestehen Sie Ihrem Partner zu, hin und wieder einfach Sex zu haben. Untersuchen Sie Ihre eigene Einstellung zum Sex. Da viele Frauen erzogen wurden, zu glauben, Mädchen, die Sex mögen, wären »schlecht«, unterdrücken Sie vielleicht ihre eigene rein sexuelle Lust, um zu verhindern, daß Sie sich selbst zum »schlechten Mädchen« stempeln. Frauen versuchen oft, »Sex nicht als Sex anzusehen«, um sich selbst zu erlauben, ihn trotzdem zu praktizieren. Sie sollten sich lieber mit Ihrem Partner sexuell vergnügen, als aus dem Liebesspiel immer eine lange Prozedur zu machen. Vielleicht überrascht es Sie wie Karen, zu entdecken, daß Sie schließlich doch sehr erregt werden durch die Leidenschaftlichkeit Ihres Partners und den puren Akt physischer Hingabe, im Wunsch nach Vereinigung. Hinterher sollten Sie unbedingt über Ihre Gefühle sprechen. Und natürlich sollten Sie klarstellen, daß Ihr Sexualleben nicht nur die Wünsche Ihres Partners berücksichtigt, ohne das Liebesspiel zuzulassen, wie Sie es sich wünschen.

3. Wenn Ihr Partner beim Vorspiel nicht ganz bei der Sache zu sein scheint, fragen Sie ihn, ob er versucht, es hinter sich zu bringen, weil er eigentlich Lust auf Sex hat. Erinnern Sie sich an meine Geschichte, in der ich spürte, daß mein Partner seine Zuwendung mir gegenüber nicht so wie gewöhnlich genoß? Liegen Sie nicht einfach da und kritisieren im stillen Ihren Partner, daß er Sie nicht richtig liebt! Fragen Sie ihn, was los ist. Vielleicht hat er Lust auf direkten, puren Sex, und dann sollten Sie es mal ausprobieren. Vielleicht ist er in Stimmung und Sie nicht, und es wäre besser, wenn Sie sich in dieser Nacht einfach eine Zeitlang gegenseitig im Arm halten. (Natürlich setzt das voraus, daß Sie einander gut kennen und Sie sicher sind, daß er normalerweise ein guter Liebhaber ist.) Sie sollten sich ein paar Techniken, die Ihnen und Ihrem Partner zeigen, wie man sich Vergnügen beim Liebesspiel bereitet und nicht nur reinen Sex praktiziert, in einschlägigen Büchern anschauen (z. B. in meinem Buch *How to make love all the time*).

Geheimnis Nr. 5 *Männer lieben Fellatio*

Ich weiß, daß Sie jetzt denken: *Was ist denn daran geheimnisvoll?* Nun, das Geheimnis liegt nicht in der Tatsache, daß Männer oralen Sex lieben. Es geht darum, zu verstehen, warum das so ist. Und Sie sollten diese Sexualpraktik einmal aus einer anderen Perspektive betrachten. Fast alle befragten Männer betonten, wie sehr sie es an Frauen lieben, wenn sie gern Fellatio machen. Das Problem ist, daß viele Frauen aus den verschiedensten Gründen nicht gerne oralen Sex ausführen. Sie finden es schweinisch und widerwärtig (der Penis ist zum Pinkeln da). Sie sind nervös und unsicher, weil sie nicht wissen, wie sie es anstellen sollen.

Es gibt noch einen anderen Blickwinkel zu oralem Sex: Das männliche Glied ist nicht nur der sensibelste Teil des männlichen Körpers, sondern auch der verletzlichste. Er verkörpert die Männlichkeit,

Macht, Identität des Mannes. Für Männer bedeutet es, durch ihren Penis auf eine ganz andere Weise exponiert zu sein, als Frauen es durch ihre Vagina sind. Die weiblichen Genitalien sind versteckt; die männlichen sind unübersehbar. Wenn ein Mann erregt ist, kann er es nicht verbergen. Wenn eine Frau in Erregung gerät, kann nur sie selbst es wahrnehmen.

Männer lieben oralen Sex nicht nur, weil er guttut, sondern weil er ihnen das Gefühl gibt, akzeptiert und angenommen zu werden.

Frauen machen einen schlimmen Fehler, wenn oraler Sex ihnen die Vorstellung verursacht: *Ich soll mir den Schwanz von diesem Typ in den Mund stopfen, und vorher hat er daraus gepinkelt.* So klingt das natürlich nicht besonders reizvoll. Doch in Wahrheit liegt das Wesen oraler Praktiken mit Ihrem Partner darin, seine empfindsamste Stelle zu lieben und zu mögen. Das ist für Ihren Partner verständlicherweise ein phantastisches Gefühl. Aber darüber hinaus vermitteln Sie ihm ein Gefühl von Akzeptanz und Geborgenheit.

Wie ich meiner besten Freundin beibrachte, Fellatio zu mögen

Diese Geschichte erzähle ich immer den Frauen in meinen Seminaren. Sie handelt von einer Freundin, die ich hier Sue nennen möchte. Der Vorfall liegt Jahre zurück. Sue war auf dem College meine beste Freundin gewesen. Wir standen uns sehr nahe. Ich hatte sie einige Monate nicht gesehen und flog in die Stadt, in der sie lebte, um sie zu besuchen. Wir saßen in ihrer Wohnung und erzählten uns gegenseitig, was inzwischen alles geschehen war. »Ich bin so aufgeregt«, strahlte Sue, »ich habe einen neuen Freund, in den ich unsterblich verliebt bin. Er heißt Andy. Unsere Beziehung ist großartig, Barbara, aber es gibt ein Problem.«

»Und das wäre?« fragte ich neugierig.

»Also, es ist mir peinlich, es zuzugeben, aber ich hasse es, ihn mit dem Mund zu befriedigen. Ich kann mich einfach nicht daran gewöhnen, es tun zu müssen. Andy erklärt mir immer wieder, wie sehr er es mag, aber es widert mich an, und ich weiß nicht, was ich tun soll.«

Ich dachte einige Minuten über Sues Worte nach und fragte dann: »Also, wenn du Andys Penis in den Mund nimmst, was denkst du dabei?«

»Ich denke: *Jetzt habe ich Andys Schwanz im Mund*, und dann wird mir schlecht.«

»Das dachte ich mir«, antwortete ich. »Sue, laß mich etwas mit dir ausprobieren. Liebst du Andy?«

»Natürlich«, war Sues Antwort, »ich bete ihn an. Er ist so süß und zärtlich und lustig und nett, und ich liebe es, mit ihm zusammenzusein. Ich möchte nie etwas tun, das ihn verletzten könnte.«

»Das ist gut, Sue. Jetzt gib mir deine Hand, mit der Handfläche nach oben. Nun stell dir mal deinen Andy nicht als normalen Menschen vor, sondern nur 15 Zentimeter groß. Stell dir vor, er stünde in diesem Augenblick auf deinem Handteller. Also, wenn Andy nur so groß ist, und du kannst nicht normal mit ihm schlafen, wie würdest du ihn dann lieben?«

»Tja«, kicherte Sue, »ich würde ihn sanft streicheln und ihn küssen und ihm sagen, wieviel er mir bedeutet.«

»Gut«, sagte ich. »Sue, in Wahrheit hat dein Andy einen ›kleinen Andy‹. Der ist nur 15 Zentimeter groß (oder wie auch immer!). Das ist sein Penis. Das ist die Essenz des großen Andy, den du liebst. Und wenn du diesen Körperteil liebkost, bedeutet das nicht, daß du einfach nur seinen Penis in deinen Mund steckst, sondern daß du gerade Klein-Andy liebst. Versuche dir beim nächsten Mal vorzustellen, daß dies die einzige Möglichkeit ist, Andy deine Liebe zu zeigen, und drücke deine Gefühle durch das aus, was du tust. Andy wird nicht nur finden, daß du an seinem Schwanz herumlutschst – er wird spüren, daß du ihn liebst und vergötterst, genau so, wie du es von ihm erwartest, wenn er dich oral befriedigt.«

Sue war von dieser Idee begeistert, wollte es ausprobieren und mir dann erzählen, was dabei herauskam. Ich mußte nicht lange warten. Am nächsten Morgen schon rief sie mich im Hotel an. »Barbara, ich muß dir sagen, ich habe die tollste Nacht meines Lebens mit Andy erlebt. Ich habe gemacht, was du mir geraten hast, und es funktioniert! Es hat mir Spaß gemacht, Andy mit dem Mund zu befriedigen, und er war überrascht und überglücklich. Ich danke dir, Andy dankt dir und Klein-Andy auch!«

Das war vor über zehn Jahren. Sue ist inzwischen glücklich mit einem anderen Mann verheiratet, und sie haben eine Tochter. Wir sind immer noch eng befreundet, obwohl wir uns selten sehen, weil wir in verschiedenen Landesteilen leben. Aber wenn wir hin und wieder telefonieren, lachen wir immer noch über diese Geschichte und wiederholen die Worte: *Ich danke dir, Andy dankt dir und Klein-Andy auch.* Wo immer Klein-Andy auch stecken mag, ich hoffe, daß er sehr glücklich ist.

Was Männer an der Art und Weise, wie Frauen oralen Sex machen, nicht ausstehen können

Hier ist eine Liste der häufigsten Beschwerden, die mir Männer über Frauen und Fellatio vorgetragen haben:

1. Wenn Frauen am Penis lutschen, als wollten sie gerade versuchen, eine Kuh mit dem Mund zu melken. Wir sagen zwar »Schwanzlutschen«, aber viele Frauen begehen den Fehler, es wörtlich zu nehmen, und liegen dann da und zuzeln sich einen ab, als müßten sie versuchen, eine Kuh zu melken. Oder wie ein Mann es nannte: »Als ob sie das ganze Leben aus mir heraussaugen will.« Alle Männer haben unterschiedliche Vorlieben, aber die meisten genießen es, gestreichelt, geleckt und von Ihrem Mund umfangen zu werden, statt daß Sie einfach nur lutschen.

2. Wenn Frauen den Penis mit den Zähnen malträtieren. *Autsch!* Viele Männer haben sich bei mir darüber beklagt. »Sagen Sie den Frauen, sie sollen ihre Zähne aus dem Spiel lassen!« flehen sie inständig. Das männliche Glied ist sehr empfindlich. Die meisten Männer mögen es nicht, wenn sie gebissen, gezwickt oder gekaut werden. Versuchen Sie es mit den Lippen, ohne dabei die Zähne zu benutzen, und es wird Ihrem Mann viel wohler dabei sein.

3. Wenn Frauen sich einfach den Penis in den Mund stecken und den restlichen Körper ignorieren. »Ich hasse es, wenn Frauen ihn in den Mund stecken, ohne ihn überhaupt mit den Händen zu berühren oder meine Hoden zu liebkosen oder meine Brust oder die Schenkel.« Viele Männer wollen gern überall liebkost werden und mögen nicht einfach fünf Minuten lang mit dem Mund verschlungen werden, während Sie alles andere ignorieren. Nicht nur, daß es sie mehr erregt, Berührungen an anderen Körperstellen wahrzunehmen, es verunsichert sie auch weniger, und sie fühlen sich eher akzeptiert, wenn Sie neben dem Mund auch die Hände benutzen.

4. Wenn Frauen Fellatio machen und nichts dazu sagen. Meine Damen, ich weiß, daß Sie diesen Aspekt nachvollziehen können. Sicher hatten Sie schon einmal einen Mann, der Sie oral befriedigte und dabei schwieg, während Sie dalagen und sich fragten: Gefällt es ihm? Schmecke ich gut? Männer fühlen sich unwohl, wenn eine Frau sich auf so einen intimen Akt wie Fellatio einläßt und dabei die ganze Zeit nichts sagt. Selbstverständlich ist es schwierig, mit vollem Mund zu reden, aber Sie können sich ja für eine Sekunde unterbrechen und Ihrem Partner sagen, wie gut er sich anfühlt, wie sehr Sie ihn lieben, wie schön und männlich er ist. Er wird es zu schätzen wissen.

5. Wenn Frauen den Samen ausspucken. Schlucken oder nicht schlucken – das ist hier die Frage. Das Thema ist etwas heikel, doch ich lege Ihnen eines ans Herz: Viele Männer sind schwer gekränkt, wenn sie in Ihrem Mund kommen, und Sie rennen sofort ins Badezimmer und spucken es in den Ausguß oder drehen sich postwendend auf die andere Bettseite und suchen verzweifelt nach einem Kleenex. Am schlimmsten ist es, wenn Sie den Penis aus dem Mund gleiten lassen, während Ihr Partner zu ejakulieren beginnt und er muß einfach ins Leere spritzen. Männer fühlen sich dadurch total abgelehnt und zurückgewiesen. Es bedeutet für sie, daß Sie etwas Wesentliches von ihnen ausspucken und nicht in Empfang nehmen wollen. Es verstört sie, denn es kommt ihnen vor, als wären sie abstoßend. Männer kommen sich pervers vor, als hätten sie Sie gezwungen, sie oral zu befriedigen.

In den traditionellen chinesischen und indischen Sexualphilosophien wird der männliche Samen als ein wertvolles und wirksames Elixier angesehen, das eine hohe Konzentration an Lebenskraft enthält. Deswegen sollte das Sperma niemals verschwendet, sondern als Energiequelle genutzt werden. Wenn Ihr Körper den Samen des Mannes aufnimmt – ob nun durch die Vagina oder durch den Mund –, dann schenkt er Ihnen seine Lebenskraft. Einige östliche Philosophien, etwa das Tantra Yoga, behaupten, daß der männliche Samen regenerative und stärkende Eigenschaften besitzt, die ihn zu einem einzigartigen »Zaubertrank« machen, der Gesundheit und ein langes Leben verspricht.

Wenn Sie Ihrem Partner mehrere Tage lang Ananassaft zu trinken geben und Sie kosten dann seinen Samen – glauben Sie mir, er schmeckt wirklich süß! Und wenn ein Mann viel bittere Getränke zu sich nimmt, wie Kaffee oder Alkohol, wird sein Sperma in der Tendenz eher bitter schmecken. Ein Mann, der sehr viel tierische Proteine ißt (besonders rotes Fleisch), durch die eher saure Beimengungen im Blut abgelagert werden, hat eher säuerlich schmeckendes Sperma.

Wenn Sie das Gefühl haben, das Sperma Ihres Partners hätte einen besonders schlechten Geschmack, sollten Sie überlegen, ob Sie ihm vielleicht eine Ernährungsumstellung vorschlagen. Nicht nur Sie werden dann mehr Spaß an Fellatio haben, auch für ihn wäre es sicher gesünder. Als letztes Mittel können Sie noch einen Versuch machen: Wenn Sie sein Sperma absolut nicht mögen, und er glaubt, Sie würden schrecklich übertreiben, wenn Sie es beim besten Willen nicht schlucken können, dann geben Sie ihm eine kleine Kostprobe und sehen, wie es ihm schmeckt!

Die Lösung

Ich werde mich hüten, Ihnen vorzuschreiben, wie Sie mit oralem Sex umgehen sollten. Ich meine nicht, daß Sie jemals etwas tun sollten, das Sie als unangenehm empfinden. Ich hoffe jedoch, das Lesen dieser Einzelheiten hat Sie zum Nachdenken angeregt, so daß Sie vielleicht eine andere Einstellung zum oralen Sex gewinnen konnten. Es mag Zeiten geben, in denen es Ihnen angenehm ist, Ihren Partner auf diese Weise zu lieben, und dann wieder mögen Sie es nicht. Vielleicht fühlen Sie sich dabei unwohl mit jemandem, den Sie erst wenige Monate kennen, tun es aber ohne weiteres mit jemandem, den Sie aus ganzem Herzen lieben und der sich auch seinerseits mit Ihnen eng verbunden fühlt. Ich schlage vor, daß Sie mit Ihrem Partner darüber reden, denn daraus ergibt sich die Möglichkeit, mehr voneinander zu erfahren und mehr sexuelles Vertrauen zu schaffen. Und vergessen Sie nicht, auch Ihrem Gefährten Ihre Gedanken und Empfindungen mitzuteilen, wenn er Sie mit dem Mund befriedigt.

Geheimnis Nr. **6** *Warum Männer Gespräche und Sex nicht gleichzeitig mögen*

Haben Sie schon mal einen Mann dazu gebracht, sich mit Ihnen zu unterhalten, während er Rechnungen ordnet, die Zeitung liest oder telefoniert? »Sei still!« bellt er. »Ich kann mich überhaupt nicht konzentrieren.« Wundert es Sie nicht, wie schwer es ihm fällt, mehr als eine Sache zur gleichen Zeit zu tun? Wie Sie selber wissen, können Frauen telefonieren, fernsehen und gleichzeitig noch ihre Fingernägel lackieren, und zwar problemlos!

Eine weitere Frage: Haben Sie schon einmal versucht, einen Mann dazu zu bringen, mit Ihnen zu reden, während Sie miteinander schlafen? Haben Sie sich nie gefragt, warum es ihm so zu widerstreben scheint, sich mitzuteilen? Diese beiden Rätsel haben zu tun mit einem weiteren Geheimnis über Männer:

> **Männern bereitet es größere Schwierigkeiten, sich mitzuteilen und gleichzeitig mit etwas anderem beschäftigt zu sein.**

Im 4. Kapitel sprachen wir über die Spezialisierung des männlichen Gehirns – die rechte Hemisphäre ist für die Hand-Augen-Koordination und die visuell-räumlichen Funktionen zuständig, während die linke Hemisphäre die Sprachfähigkeit steuert. Untersuchungen haben ergeben, daß das männliche Gehirn von einer Funktionsweise zur anderen umschalten muß, wenn der Mann die Tätigkeit wechselt. Wenn Ihr Partner gerade Liebe mit Ihnen macht, Sie berührt, Sie spürt, Sie betrachtet, dann benützt er die eine Seite des Gehirns. Und wenn er mit Ihnen redet und seine Gefühle ausdrücken möchte, braucht er dazu die andere. Dieser Wechsel erfordert von den Männern eine gewisse Anstrengung, im Gegensatz zu uns Frauen, bei denen beide Seiten gleichzeitig arbeiten können. Für Frauen ist es normal, gleichzeitig zu reden und sich sexuell zu vergnügen – oder die Kontoauszüge zu kontrollieren, während sie fernsehen.

Dieser Unterschied zwischen dem männlichen und dem weiblichen Gehirn erklärt, warum Männer sich so schwertun, sich beim Sex auch verbal mitzuteilen. Wir wissen, daß es Männern sowieso schwerfällt, ihre Gefühle auszudrücken, und zwar durch ihre kulturbedingte Konditionierung. Bitten Sie aber einen Mann darum, Ihnen sein Empfinden mitzuteilen und sich gleichzeitig einer komplexen Betätigung wie Sex zu widmen, dann werden Sie ihn in eine Krise stürzen.

Nicht, daß die Männer ihre Gefühle im Bett nicht mitteilen wollen. Es ist einfach für die meisten von ihnen nicht selbstverständlich. Sie sagen: »Mein Herz, ich liebe dich so sehr, ich brauche dich! Oh, das fühlt sich wundervoll an... ah, wie ich es liebe, dir so nah zu sein.« Und als Antwort erhalten Sie einige Grunzer, Stöhnen und ein paar heftige Atemzüge! Das gibt Ihnen das Gefühl, Ihr Partner würde Sie nicht lieben oder nicht soviel Vertrauen haben wie Sie. Aber in den meisten Fällen trifft das überhaupt nicht zu. Er genießt einfach hingebungsvoll, was sich in seiner rechten Gehirnhälfte abspielt. Genaugenommen kann sich sein Gehirn noch nicht einmal darauf einstellen, die tatsächlichen Worte zu hören, die Sie sagen, obwohl er merkt, daß Sie gerade etwas zu ihm sagen.

Warum es Männer irritiert, wenn Frauen beim Sex reden

Wir haben festgestellt, daß Männer oft Druck empfinden, etwas zu vollbringen oder perfekt zu machen.

Wenn Sie beim Sex reden, fühlt sich Ihr Partner gezwungen zu antworten, und das bedeutet für ihn Ablenkung vom Liebesspiel.

Ich weiß, es wird Ihnen unglaublich vorkommen, aber viele Männer haben mir das bestätigt. Lenny, 29 Jahre alt und Architekt, formulierte es so: »Wenn ich eine Frau gerade nach Herzenslust liebe, wirklich angetörnt bin und völlig in der Wahrnehmung aufgehe, ist Reden das letzte, an das ich denke, wenn ich mich so in die Leidenschaft vertieft habe. Wenn sie nun ständig auf mich einredet, fühle ich mich gezwungen, ihr irgend etwas zu erwidern, damit sie sich nicht schlecht fühlt. Also muß ich innehalten und nachdenken, was ich ihr sagen möchte. Das reißt mich immer total aus den Empfindungen zurück in den Kopf. Ich glaube, ich bin zu sehr damit beschäftigt, die Liebe und Nähe zu empfinden, um darüber reden zu können.«

Mit dieser Geschichte möchte ich keinesfalls die Botschaft verbinden, Sie sollten Ihren Partner möglichst nicht darum bitten, sich beim Sex mitzuteilen. Zu hören, wie Ihr Gefährte Ihnen sagt, wie sehr er Sie liebt, trägt dazu bei, das Liebesspiel zu einem vertrauten und leidenschaftlichen Erlebnis zu machen. Wenn Sie aber einen stummen Bettgenossen haben und den Mangel an verbaler Zuneigung persönlich nehmen, trägt das Verständnis für dieses Geheimnis möglicherweise dazu bei, daß Sie besser mit Ihrem Sexualleben zurechtkommen.

Die Lösung

1. Besprechen Sie diesen Sachverhalt mit Ihrem Partner. Fragen Sie ihn, wie er über Gespräche im Bett denkt. Vielleicht sind Sie überrascht, von ihm – wie von Lenny – zu hören, daß er es als Druck empfindet, antworten zu müssen, wenn Sie mit ihm sprechen. Und daß er ganz liebevoll gestimmt ist, aber nur schwer darüber reden kann. Sagen Sie ihm, was Sie sich an verbaler Vertrautheit wünschen, und versuchen Sie, auch seine Bedürfnisse zu verstehen.

2. Sie können reden, soviel Sie Lust haben, sollten aber nicht enttäuscht sein, wenn Sie keine Antwort erhalten. Sie haben Freude daran, Ihre Leidenschaft in Worte zu fassen und sollten das ja nicht unterdrücken, nur weil Ihr Partner nicht genauso reagiert. Lassen Sie Ihren Gefährten aber wissen, daß er sich nicht zum Antworten gedrängt fühlen muß, daß Sie keine Antwort aus ihm herauszukitzeln versuchen. Das gestattet ihm, sich wohl zu fühlen, während er hört, wie Sie Ihre Gefühle aussprechen.

3. Lieben Sie sich, auch ohne zu sprechen! Wenn Sie vermuten, beim Sex ein Plappermaul zu sein, folgen Sie meinem Vorschlag zur »stillen Liebe«, den Sie in Kapitel 6 lesen können. Es wird eine neue Erfahrung für Sie sein!

Geheimnis Nr. *7 Warum sich Männer häufig nach dem Sex zurückziehen*

»Wenn Jerry und ich mit dem Liebesspiel zu Ende sind, verkriecht er sich immer in sich selbst. Mir wäre nach Reden zumute, damit wir uns noch näherkommen, aber er liegt einfach mit geschlossenen Augen da. Ich weiß, daß er mich liebt, aber ich fühle mich ausgeschlossen.«

»Ich habe meinem Mann den Spitznamen ›Frosch‹ gegeben, weil er nach dem Sex aus dem Bett hüpft. Wie er sagt, um ins Badezimmer zu gehen und einen Schluck Wasser zu trinken, aber ich weiß, er versucht, Abstand zwischen uns zu schaffen. Er lacht auch noch darüber und weiß, daß er mich damit ärgert, aber er behauptet, daß es ihn unruhig macht, wenn er hinterher einfach so daliegt.«

Ich bin sicher, daß auch Sie diese Erfahrung irgendwann in Ihrem Leben schon gemacht haben, vielleicht sogar sehr häufig: Sie spüren, wie Ihr Partner sich nach dem Sex zurückzieht. Wenn Sie mit irgend jemand Liebe gemacht haben, den Sie kaum kennen und der Sie nicht liebt, dann gibt es eine Erklärung für dieses Verhalten: Er hat den Sex bekommen, den er wollte, also tritt er den Rückzug an. Wenn Sie aber diese Erfahrung mit Ihrem Ehemann oder Freund machen, gibt es dafür eine andere Erklärung:

Männer ziehen sich nach dem Sex in sich zurück, um »ihre Beherrschung zurückzugewinnen«, nachdem sie beim Orgasmus die Kontrolle über sich verloren haben.

Wir haben schon gesehen, wie wichtig es für Männer ist, alles unter Kontrolle zu haben, damit sie sich stark fühlen können. In dem Buch *The McGill Report On Male Intimacy* erläutert Michael McGill, warum Männer nicht liebevoller und offener mit Frauen umgehen:

> »Daß Männer nicht liebevoller sind, liegt daran, daß sie sich im Griff haben wollen, um so Macht über andere zu haben... Männer wirken gern mysteriös, doch es ist offensichtlich, daß sie diese Rätselhaftigkeit fördern, um sich selbst mächtig zu fühlen... Diese kontrollierenden Verhaltensweisen, die Inti-

mität verbieten, erfüllen einen doppelten Zweck: Sie geben ihm die Macht, die man mit einem erfolgreichen Leben assoziiert, und sie schützen ihn vor jedem Feedback, das seine Unzulänglichkeiten enthüllen könnte.«

Dr. McGill erklärt weiter, warum für einen Mann Macht und Image so wichtig sind, daß der Gedanke, sich zu öffnen und die Beherrschung zu verlieren, bedrohlich wirkt.

Wenn ein Mann seinen sexuellen Wünschen nachgeht, verliert er immer mehr die Kontrolle, bis er sie schließlich im Orgasmus total aufgibt. Dieser Verlust an Kontrolle widerspricht der gesamten männlichen Konditionierung, und vom psychologischen Standpunkt aus betrachtet, wirkt er beglückend und schreckenerregend zugleich. So gesehen ist die sexuelle Hingabe für Männer eine viel gewaltigere Erfahrung als für Frauen, weil sie im Widerspruch steht zu ihrem tagtäglichen Versuch, alles unter Kontrolle zu haben.

Vielleicht verstehen Sie nun, warum es so aussieht, als würden sich viele Männer nach dem Sex immer in sich zurückziehen. Jim, ein 41jähriger, geschiedener Zahnarzt, beschreibt diese Tendenz sehr einsichtsvoll:

»Die meiste Zeit in meinem Leben muß ich Autoritätsfigur sein, die Verantwortung tragen und alles unter Kontrolle haben. Nur selten kann ich mich mal gehenlassen. Und wenn, dann nur beim Sex. Ich bin ein sehr leidenschaftlicher Mensch, und beim Liebesakt mit einer Frau bin ich sehr laut und vergesse mich wirklich, und mein Orgasmus ist ungeheuer stark. Aber hinterher schäme ich mich fast, als wäre ich dabei ertappt worden, zu bedürftig und zu emotional zu sein. Als wäre ich beim Sex weiblicher, hingebungsvoller. Wenn es vorbei ist, muß ich mich richtig zusammenreißen, um mich wieder unter Kontrolle zu bekommen und zurückzufinden zu mir, zurück zur Männlichkeit.«

Die Lösung

1. Fragen Sie Ihren Partner, was er dazu zu sagen hat. Wenn Sie mit dem Verhalten Ihres Partners nach dem Liebesspiel nicht immer einverstanden sind, besprechen Sie es mit ihm. Vielleicht weiß er gar nicht, warum ihm nach Rückzug zumute ist, bis Sie ihm diesen Zusammenhang erklären. Einige Männer, die ich kenne, waren sehr erleichtert, als es ihnen endlich klar wurde, denn sie hatten sich schon gefragt, ob die Tendenz, sich zu entziehen, möglicherweise bedeutete, daß sie ihre Frau nicht liebten.

2. Einigen Sie sich auf ein kleines Nachspiel, mit dem Sie beide einverstanden sind. Fragen Sie Ihren Partner, was er nach dem Sex braucht, und beschreiben Sie ihm Ihre Bedürfnisse. Schließen Sie dann einen Kompromiß. Einige Paare haben herausgefunden, daß der Mann im Grunde nur wenige Minuten braucht, um sich »zu erholen«. Danach ist er froh, reden zu können und bei der Sache zu sein. Finden Sie eine Lösung, die Ihnen beiden paßt.

Geheimnis Nr. 8 *Männer werden durch visuelle Stimulation angetörnt*

Frage: Ein Mann entschließt sich, sein Sperma in einer Samenbank zu deponieren. Die Schwester gibt ihm ein Behältnis und läßt ihn eine Zeitlang allein in einem kleinen Raum zurück, damit er eine »Probe« produzieren kann. In dem Raum findet der Mann einige Magazine mit sehr erotischen Fotografien und ein Buch mit erotischen Texten. Was glauben Sie, was er wählt, um sich aufzugeilen: die Bilder oder das Buch?

Mit den Bildern liegen Sie richtig. Nicht alle, aber doch die meisten Männer würden sich für die erotischen Fotos entscheiden, um so schnell wie möglich erregt zu werden. Und zwar deshalb:

> **Die meisten Männer sind im Gehirn eher »rechtslastig« oder visuell orientiert, während Frauen eher »linkslastig« oder verbal ausgerichtet sind.**

Mit anderen Worten, Männer werden erregt durch das, was sie sehen. Deshalb blättern junge Männer so gern in Pornoheften, um sich sexuell zu stimulieren, während junge Mädchen Liebesromane lesen. Das ist in verschiedener Hinsicht wichtig für unser Verständnis.

1. Ihr Aussehen wird auf besondere Weise die Erregung Ihres Partners beeinflussen. Ich weiß, Sie hören das nicht gern, aber es ist wahr. Die primäre Quelle sexueller Erregung bei Ihrem Partner entspringt Ihrem Aussehen.

Das erklärt, warum Männer von weiblichen Körperformen, ihren Rundungen, schöner Unterwäsche etc. besessen sein können. Als ich Männer für dieses Buch befragte, war ich verblüfft, wie viele erklärten, daß zu den größten Lustkillern sackartige Flanellnachthemden, schlabbrige Baumwollunterwäsche und zuviel Make-up gehörten (siehe Kapitel 6).

2. Nicht, weil sie Sie nicht lieben, werfen Männer einen Blick auf andere Frauen, sondern weil sie einem visuellen Reiz erliegen. Sind Sie schon mal mit Ihrem Partner ausgegangen und haben bemerkt, wie Sie Ihre Blicke nicht von ihm wenden konnten, seine Augen aber von allen anderen Frauen um Sie herum angezogen wurden? Ich meine nicht, daß er lüstern auf andere Frauen schielt, sondern einfach unschuldig bewundernd. Wenn er Sie wirklich liebte, würde er diese Blicke unterlassen, glauben Sie. Er denkt, Sie sind verständnislos und besitzergreifend.

Das ist auch so ein heikles Thema, aber je länger ich mit Männern arbeite, desto mehr stelle ich fest, daß ich immer mehr Verständnis aufbringe und weniger empfindlich darauf reagiere. Tatsache ist einfach, daß Männer visuell viel stärker ansprechbar sind als Frauen. Wir Frauen sind andererseits auf verbaler Ebene viel aufgeschlossener.

Ihr Mann sagt: »Liebling, schau, wo du hingehst! Siehst du das Auto nicht?« Sie sagen: »Liebster, warum soll ich mich wiederholen? Hast du nicht gehört, was ich gerade zu dir gesagt habe?« Sie haben beide weder recht noch unrecht: Sie unterscheiden sich einfach. Problematisch daran ist, wenn wir den Blick der Männer auf Frauen gerichtet sehen, vermuten wir, sie fühlen sich emotional angezogen, anstatt zu erkennen, daß es sich nur um visuelle Anziehungskraft handelt.

Wichtig: Ich behaupte *nicht*, es sei für einen Mann in einer festen Beziehung ganz normal, mit anderen Frauen zu flirten oder sich mit ihnen einzulassen. Diese Art ungebührliches Verhalten wirkt sich sehr destruktiv auf die Beziehung aus. Sogar direktes Zublinzeln und Angaffen ist unverschämt, wenn Sie direkt in seiner Nähe sind. Aber schöne Gesichter und Körperformen zu entdecken und sie zu bewundern, ist für die meisten Männer natürlich – allerdings nur, solange diese Bewunderung auch Ihnen gilt!

DIE LÖSUNG

1. Machen Sie sich optisch reizvoll, wenn Sie Ihren Mann antörnen wollen. Wir wollen uns nichts vormachen, meine Damen. Männer werden sich immer visuell anregen lassen. Sie können gegen diese Tatsache rebellieren, indem Sie bewußt Ihr Äußeres vernachlässigen, damit Ihr Gefährte »beweisen« kann, daß er Sie trotzdem liebt. Oder Sie können die Tatsache akzeptieren, daß es Ihren Partner mehr antörnt, wenn er Ihre Aufmachung mag. Berücksichtigen Sie bei der Kleidung auch hin und wieder seinen Geschmack und nicht nur Ihren eigenen. Nehmen Sie ihn mit zum Einkaufen, und lassen Sie ihn einige Outfits auswählen, in denen er Sie gern sehen würde. Oder Unterwäsche, die er sexy findet. Sie müssen deshalb nicht gleich seine Anziehpuppe werden, noch sollten Sie jedesmal beim Liebesspiel seine visuellen Phantasien bedienen, indem Sie sich stets in leuchtendroten Strapsen und Push-up-BH zur Schau stellen. Wenn Sie aber diesen Bereich bislang vernachlässigt haben, macht es Ihnen vielleicht sogar Lust, mit der Wahl Ihrer Kleider zu experimentieren und zu sehen, was dabei herauskommt.

2. Wenn Sie die Angewohnheit haben, sich im Dunkeln zu lieben, versuchen Sie es doch mal bei Licht oder Kerzenschein. Denken Sie daran: Männer werden im Bett durch das angetörnt, was sie sehen. Während Sie darauf warten, daß Ihr Partner Ihnen eine Liebeserklärung macht, wandern seine Augen über Ihren ganzen Körper, um sich visuell zu stimulieren. Geben Sie ihm etwas Licht, damit er Sie sehen kann.

3. Sprechen Sie mit Ihrem Partner über das, was in ihm vorgeht, wenn er andere Frauen betrachtet. Falls Ihr Partner nicht ein gefühlloser Grobian ist, der es wirklich zur Gewohnheit werden läßt, sich sichtlich an anderen Frauen aufzugeilen, oder Ihre Ehe in großen Schwierigkeiten steckt, dann reagiert Ihr Gefährte wahrscheinlich wie die meisten Männer. Er genießt das Schauen, hat aber keinerlei Absichten oder den Wunsch nach mehr. Besprechen Sie das mit ihm. Fragen Sie ihn, was er fühlt, wenn er anderen Frauen hinterherschaut. Wenn Sie wirklich mutig sein wollen, können Sie sich mit ihm zusammen andere Frauen ansehen. Wenn Sie ihn dabei ertappen, wie er die Körperformen anderer Frauen bewundert, bestätigen Sie, was Sie sehen. »Sie hat großartige Beine, oder?« können Sie sagen. Vielleicht ist er erst mal schockiert oder sogar ein wenig verlegen, daß Sie ihn dabei erwischt haben. Im Grunde wird er sich Ihnen aber verbunden fühlen und es zu schätzen wissen, daß Sie ihm Spielraum dafür gewähren. Vor allem geben Sie ihm nicht das Gefühl, daß er etwas falsch gemacht hat.

Ich habe eine Abmachung mit meinem Partner, die wirklich für uns beide stimmt. Ich habe ihm gesagt, daß ich verstehe, warum er als Mann es genießt, sich andere Frauen anzuschauen, und obwohl es mich nicht entzückt, kann ich es akzeptieren, solange er mich in gleicher Weise betrachtet. Das bedeutet, wenn eine Frau vorbeigeht, die keinen BH unter ihrem T-Shirt anhat, und er ihre Brüste bemerkt, möchte ich, daß er sich anschließend daran erinnert, wie sehr er meine Brüste liebt. Und wenn schon nicht laut zu mir, dann wenigstens still bei sich! Er kann dann von mir aus durch die Straßen gehen und schauen, wenn er dabei denkt: *Das ist eine schöne Frau. Sind Frauen nicht hinreißend? Und da rechts neben mir geht eine wunderschöne Frau, die zu mir gehört. Was für ein Glückspilz bin ich doch!*

Ich weiß, diese Geheimnisse über Männer und Sex zu verstehen wird Ihnen helfen, mit dem Mann, den Sie lieben, zu einem wahrhaft ausgefüllten Sexualleben zu kommen. Das ist aber noch nicht alles, was Sie hier über Sex erfahren. Atmen Sie also einmal tief durch, und bereiten Sie sich darauf vor, die TOP 20 der sexuellen Lustkiller kennenzulernen.

6 Die Hitliste der Lustkiller

Hier ist sie – die Hitliste der Lustkiller, über die Mann mit Frau schon immer mal reden wollte. Zusammengestellt habe ich diese Liste nach Hunderten von Interviews und Diskussionen mit Männergruppen, die ich während der letzten fünf Jahre geleitet habe. Die Liste ist nicht quantitativ geordnet – sie enthält einfach die zwanzig Beschwerden, die ich am häufigsten gehört habe. Natürlich hat jeder Mann seine eigenen, individuellen *Top 20,* aber ich glaube, meine Auswahl betrifft die Themen, die jede Frau interessieren sollten.

Sie werden bemerken, daß einige Punkte auf der Liste anscheinend gar nichts mit Sex zu tun haben. Es handelt sich aber um Verhaltensweisen von Frauen, die dazu führen, daß Männern die Lust vergeht. Und aus diesem Grund sind sie genauso wichtig wie die rein sexuellen Aspekte.

Lustkiller Nr. 1 *Wenn Frauen sich so verhalten, als würden sie keinen Sex mögen*

»Sie gibt mir immer das Gefühl, daß bei mir etwas nicht stimmt, weil ich Spaß am Sex habe. So als wäre ich eine Art Tier oder niedriger entwickelt als sie, weil sie über das bloße Bedürfnis hinausgewachsen ist.«

»Ich hasse es, wenn meine Frau sich so verhält, als täte sie mir einen Gefallen, wenn wir Liebe machen. Sie spricht das niemals aus, aber ich kann sie beinahe denken hören: Na gut, bringen wir's hinter uns, dann habe ich die nächsten ein oder zwei Wochen wenigstens meine Ruhe vor dir.«

»Ich hatte mal eine Freundin, die sich nicht traute, mir ihren Spaß am Sex zu zeigen. Sie hatte anscheinend Angst, irgendwie ›schmutzig‹ oder nuttig zu wirken. Also spielte sie immer die Spröde im Bett und gab vor, den Liebesakt mehr oder weniger zu erdulden. Ich kam mir dabei wie ein Perversling vor.«

Dies sind Äußerungen von Männern, für die es der größte Lustkiller ist, wenn Frauen sich so verhalten, als würden sie Sex nicht mögen. Also Frauen, die

- verächtliche Bemerkungen über Sex machen
- es peinlich finden, über Sex zu reden
- sich häufig sexuell verweigern
- es ihrem Ehemann oder Freund übelnehmen, wenn er seine Sexualität offen zeigt
- eine »Lassen-wir's-über-uns-ergehen-Haltung« an den Tag legen oder Sex für etwas halten, das man »erdulden« muß.

Warum es Männer abtörnt

Wie wir schon feststellen konnten, ist Sex eine der wenigen Ausnahmesituationen, bei denen Männer ihre Verletzlichkeit Frauen gegenüber offenbaren. Verhält sich eine Frau so, als würde sie Sex nicht mögen, hat der Mann das Gefühl, etwas falsch zu machen, schlecht und unanständig zu sein, ist verwirrt, weil er als hemmungslos abgestempelt wird. Und aus Kapitel 4 ist Ihnen bekannt, wie ungern sich Männer im Unrecht fühlen! Außerdem hat der Mann das Gefühl, nicht gut genug zu sein, denn ein »richtiger Mann« wäre fähig, in der Frau das Verlangen nach sich zu wecken. Möglicherweise macht einer Frau der Sex sogar Spaß und sie ist nur zu unsicher, es auch zu zeigen. Nichtsdestotrotz: Bei ihrem Partner erzeugt sie das Gefühl, sich besser nicht ihrer Kritik auszusetzen, und es vergeht ihm einfach die Lust.

Ein Mann wird einer Frau gegenüber nicht offen sein und sich verletzlich zeigen, wenn er das Gefühl hat, von ihr als Person oder mit seinen Bedürfnissen ins Unrecht gesetzt zu werden.

Warum Frauen sich so verhalten

Es gibt verschiedene Gründe dafür, warum Frauen sich so verhalten, als würden sie keinen Sex mögen.

1. Ein Mythos: Männer respektieren Frauen nicht, die Spaß am Sex haben. Vielen von uns wurde in ihrer Jugend eingeprägt: »Zeige den Jungs nie, daß es dir Spaß macht. Sie werden dich nicht respektieren – und eine andere heiraten, eines der anständigen Mädchen.« Also lernten wir, unsere Sexualität zu unterdrücken, in der Absicht, auf sexuellem Gebiet nicht zu freizügig, willfährig oder erfahren zu wirken. Dieser Mythos ist alles andere als wahr. Die meisten Männer mit gesundem Gefühlsleben wünschen sich eine Partnerin, die den Sex genießt. Das hilft ihnen, sich in ihrer eigenen Sexualität wohl zu fühlen. Sollten Sie also immer noch versuchen, das liebe, anständige Mädchen zu spielen, erlauben Sie sich endlich, sich gehenzulassen und die sinnliche Frau zu sein, die Sie im Innersten wirklich sind.

2. Sie haben vielleicht Spaß am Sex, nur törnt Ihr Partner Sie nicht gerade an, oder Sie mögen seine Art des Liebesspiels nicht besonders. Kürzlich kam ein Paar zu mir in die Eheberatung. Der Mann bemängelte, seine Frau sei ein Sexmuffel. Ich bat ihn, den Raum zu verlassen, um mit ihr allein sprechen zu können. Ich fragte sie, von Frau zu Frau, wo das Problem denn liege. »Es stimmt«, vertraute sie mir an, »ich vermeide es tatsächlich, mit meinem Mann zu schlafen. Aber nicht, weil ich keinen Sex mag. Ich liebe Sex. Nur nicht mit ihm!«

Wenn Sie sich so verhalten, als würden Sie keinen Sex mögen, fragen Sie sich doch mal: *Hätte ich vielleicht mehr Spaß am Sex, wenn mein Partner unser Liebesspiel anders gestaltete?*

Lautet die Antwort ja, sprechen Sie mit Ihrem Partner über Ihr Sexualleben, und geben Sie Ihren Wünschen und Bedürfnissen Ausdruck. Sehr hilfreich könnte auch ein Gespräch mit einem erfahrenen Sexualtherapeuten oder Eheberater sein. Das könnte Ihnen und Ihrem Partner den Einstieg in die Kommunikation über Sex erleichtern.

Ein weiterer Grund für nachlassende sexuelle Bedürfnisse können emotionale Spannungen in der Beziehung sein. Wie ich in meinem Buch *How to Make Love All the Time* erläutert habe, können unterdrückter Ärger, Ablehnung und Mißtrauen nach und nach die Leidenschaft ersticken. Versuchen Sie, Ihre emotionalen Spannungen zu beseitigen, und Ihr Sexualleben wird wieder aufblühen.

3. Sie mögen vielleicht wirklich keinen Sex. Wenn Sie glauben, ein tiefersitzendes Problem zu haben als die bis jetzt angesprochenen, wenn Sie wirklich keinen Sex mögen, empfehle ich Ihnen, mit einem Sexualtherapeuten zu sprechen, um herauszufinden, warum Sie Ihre Sexualität abblocken. Dies ist oft der Fall bei Frauen, die als Kind sexuell mißbraucht wurden. Lassen Sie sich helfen, damit Sie Zugang bekommen zu allen Ausdrucksmöglichkeiten der Liebe.

Die Lösung

Zeigen Sie Ihrem Mann Ihre sinnliche, sexuelle Seite. Geben Sie sich selbst grünes Licht, Ihre Sexualität zu genießen – im Bett und außerhalb des Bettes. Sagen Sie ihm, daß Sie ihn begehren, zeigen Sie ihm Ihr Verlangen, und Sie werden sehen, wie ihn das auf Touren bringt!

Lustkiller Nr. 2 *Wenn Frauen sexuell niemals die Initiative ergreifen*

»Ich finde es unerträglich, daß meine Frau beim Sex niemals die Initiative ergreift. Das zwingt mich, immer der Aggressor sein zu müssen und das Risiko einzugehen, von ihr abgewiesen zu werden.«

»Es ist schon so, daß ich mich von meiner Freundin total manipuliert fühle. Sie kommt fast nie von sich aus auf mich zu. Sie wartet, bis ich den Anfang mache. Manchmal weiß ich genau, daß sie mich will, aber sie macht trotzdem nicht den ersten Schritt, und das stinkt mir unwahrscheinlich.«

Männern vergeht die Lust bei Frauen, die beim Sex niemals die Initiative ergreifen. Ein Mann fühlt sich dadurch gegängelt, hingehalten, manipuliert, und das macht ihn wütend.

Warum es Männer abtörnt

Wenn Sie in Ihrer Beziehung selten von sich aus sexuell aktiv werden, muß Ihr Mann schließlich das Gefühl bekommen, er allein hätte hier den Risiko-Job. Immerhin ist es ein emotionales Wagnis, einfach zuzugehen auf die Person, die man liebt, und ihr zu sagen, daß man mit ihr schlafen möchte. Vielleicht ist sie nicht in Stimmung, vielleicht hat man noch nicht genug getan, um sie in Stimmung zu bringen. Wenn Sie nicht wenigstens hin und wieder den ersten Schritt machen, fühlt Ihr Partner sich allein für Ihr Sexualleben verantwortlich. Und denken Sie daran: Männer glauben, sowieso für vieles im Leben verantwortlich zu sein. Wenn Sie ihm nicht einen Teil der Last abnehmen und auch sexuelle Risiken eingehen, fühlt sich etwas in ihm betrogen und verärgert, und er wendet sich ab.

Warum Frauen sich so verhalten

Die Gründe, weshalb Frauen sexuell nicht die Initiative ergreifen und weshalb sie so tun, als würden sie keinen Sex mögen, sind so ziemlich die gleichen:
Wir glauben, wenn wir den ersten Schritt tun, sehe das so aus, als hätten wir Spaß am Sex (ja, tatsächlich!). Vielleicht gehen wir dem Sex mit unserem Partner oder dem Sex ganz allgemein aus dem Weg; vielleicht benutzen wir sexuelle Zurückhaltung auch als Machtmittel unserem Partner gegenüber, wenn wir uns in anderen Bereichen der Beziehung unterdrückt fühlen. Doch letztlich führt das beim Mann immer nur zu Ärger und Frust.

Die Lösung

Genau wie bei Lustkiller Nummer eins: Rangehen an den Mann! Zeigen Sie ihm deutlich, wenn Sie in Stimmung sind für die Liebe! Sicher, ab und zu bekommen Sie auch mal einen Korb von ihm. Aber im Endeffekt merkt er, daß Sie ihn genauso begehren wie er Sie – und das törnt einen Mann an.

Lustkiller Nr. 3 *Wenn Frauen der Körper des Mannes nicht vertraut ist*

»Ich war mal mit einer Frau zusammen, die behandelte meinen Penis wie einen prähistorischen Kunstgegenstand. Sie hatte solche Scheu davor, ihn einfach festzuhalten oder zu reiben, als hätte sie noch nie einen gesehen. Dabei wußte ich, daß das durchaus der Fall war. Ich konnte nicht mit ihr schlafen, so sehr hat mich das abgetörnt.«

»Wenn ich eines hasse, dann, daß Frauen sich immer beklagen, die Männer würden sich nicht genug Zeit fürs Vorspiel nehmen oder nur auf den Busen und die Muschi aus sein. Oje, das ist bei den Frauen doch genau das gleiche. Sie glauben, wenn sie dich küssen und deinen Schwanz anfassen, bist du schon befriedigt. Na klar, das tut gut, aber es befriedigt mich nicht. Es gibt mir das Gefühl, sie ist gar nicht richtig bei der Sache.«

Sie wissen doch, wie sehr Sie es hassen, wenn ein Mann Ihre Brüste abgrabscht, ein paarmal an der Klitoris rumrubbelt und dann meint, er hätte Sie unheimlich stimuliert? Es wird Sie vielleicht überraschen, aber Männern geht es genauso. Sie sind ernüchtert, wenn Sie Ihr Vorspiel auf das beschränken, was einer mal »Schwanzfoppen« genannt hat. Und es macht Männer ernsthaft böse, wenn man ihren Penis wie eine geladene Waffe behandelt, die jederzeit losgehen kann.

Warum es Männer abtörnt

● Sie fühlen sich dadurch als Sexobjekt – ein steifer Schwanz, immer gebrauchsfertig – und nicht wie jemand, den man liebt und der einem etwas bedeutet.

• Sie erhalten den Eindruck, daß man ihren Körper nicht mag oder nie gelernt hat, was Männer antörnt.

• Wenn Sie seinen Penis ohne Sensibilität oder das nötige Vertrauen anfassen, glaubt er, Sie hätten seinen Penis nicht gern (lachen Sie nicht!) und demzufolge auch ihn selbst nicht. Wie wir zuvor gesehen haben, sind Männer sehr empfindlich, wenn es um ihr so deutlich sichtbares Sexualorgan geht.

Männer identifizieren sich so sehr mit ihrem Penis, daß sie die Gefühle, die Sie ihrem Sexualorgan entgegenbringen, auch auf sich als Person beziehen.

Ein Mann hat es mir einmal so erklärt: »Wenn meine Frau meinen Penis anfaßt, als wäre es ein kleines, gefährliches Tier, das gleich beißt, fühle ich mich zutiefst von ihr verletzt. Ich ziehe mich dann total zurück.«

Es gibt einem Mann das Gefühl, daß Sie es eilig hätten, ihn auf Touren zu bringen, wenn Sie direkt nach dem Penis greifen, damit Sie »die Sache bald hinter sich haben«. Vergessen Sie nicht: Männer wurden in dem Glauben erzogen, daß Frauen sowieso keinen Sex mögen. Erwecken Sie also nur im geringsten den Eindruck, daß Sie es nicht in vollen Zügen genießen, fühlen Männer sich abgewiesen und beschämt und ziehen sich konsequenterweise zurück.

Warum Frauen sich so verhalten

1. Penisangst: Ich glaube, Freud war im Irrtum. Ich habe mehr Frauen mit Penisangst als Penisneid kennengelernt. Wir wurden dazu erzogen, dem Sexualorgan eines Mannes mit Furcht und Mißtrauen zu begegnen, weil es uns verletzen könnte. Viele Frauen haben sich nie richtig Zeit genommen, einen Penis kennenzulernen (ich scherze nicht!), ihn sich vertraut zu machen. Darüber hinaus übertragen wir manchmal unbewußt vorhandene Gefühle wie Ablehnung oder Zorn auf das Geschlechtsorgan des Mannes, besonders dann, wenn wir uns bei ihm nicht sicher fühlen oder nicht genügend geliebt.

2. Wenn Ihnen das Liebesspiel mit Ihrem Partner keinen Spaß macht, tun Sie vielleicht genau das, was Männer argwöhnen: Sie sehen zu, ihn so schnell wie möglich auf Touren zu bringen, damit Sie ihn befriedigen können und das Ganze hinter sich haben.

3. Frauen ist es oft peinlich, einen Mann zu fragen, wie und wo er gern liebkost wird. Sie wollen ihm nicht zeigen, daß Sie es nicht wissen, und verhalten sich daher, wie gerade beschrieben. Ein Mann drückte es so aus:

> Ich war mit Frauen zusammen, von denen ich wußte, daß sie keine Ahnung hatten, was einem Mann gefällt. Sie gingen mit meinem Penis um, als hätten sie es aus einem schlechten Porno gelernt, und wunderten sich dann, daß mich das nicht sonderlich erregte. Manchmal glaube ich, Frauen halten den Penis eines Mannes für derartig sensibel und erregbar, daß sie ihn nur anzugucken brauchen und er steht. Das mag vielleicht auf Achtzehnjährige zutreffen, aber ich bin dreiundvierzig und brauche etwas mehr Zuwendung.

Die Lösung

1. Schließen Sie Freundschaft mit dem Penis Ihres Partners! Auch auf die Gefahr hin, wie eine TV-Sexberaterin zu klingen, möchte ich Ihnen folgenden Rat geben, wie man zu einer wundervollen Geliebten wird: Lernen Sie den Penis Ihres Mannes kennen. Fragen Sie ihn, wie er gern gestreichelt, geküßt und liebkost wird, und auch, was ihm *nicht* gefällt. Schließlich haben Sie selbst kein solches Glied, woher sollten Sie also wissen, wie man liebevoll damit umgeht, wenn Sie nicht fragen! Ihr Liebster wird entzückt sein über so viel Aufmerksamkeit, und Ihnen gibt es das sichere Gefühl, ihn erregen zu können.

2. Beziehen Sie beim Liebesspiel den ganzen Körper Ihres Partners mit ein, so wie Sie selbst es auch von ihm erwarten. Denken Sie daran: Wenn Ihr Partner eine Erektion hat, heißt das noch lange nicht, daß Sie Ihre Pflicht getan haben und es nun Zeit ist für Geschlechtsverkehr. Lernen Sie, den ganzen Körper Ihres Partners zu lieben und zu schätzen. Das gibt Ihnen die Zeit, Ihre eigene Erregung noch zu steigern, und vermittelt ihm das Gefühl, daß Sie einfach alles an ihm lieben.

Lustkiller Nr. 4 *Wenn Frauen den Mann für ihren Orgasmus verantwortlich machen*

»Ich war damals mit einer Frau zusammen, die mich schier zum Wahnsinn trieb. Ich hatte jedesmal das Gefühl, den ›Orgasmus-Test‹ zu absolvieren. Werde ich herausfinden, was diese Frau zum Höhepunkt bringt? Sie erzählte mir, daß es mit dem Orgasmus bei ihr nicht immer so einfach sei; natürlich wollte ich sie gern befriedigen. Aber sie hielt mich wohl für einen Hellseher oder so was. Sie verriet mit keinem Wort, wie sie es gern hat und was bei ihr wirkt. Sie dachte vielleicht, wenn ich die Nuß knacke, wäre ich der Richtige. Ich wurde jedesmal frustrierter, wenn ich sie streichelte oder leckte und sie mir nicht den geringsten Hinweis gab, ob das, was ich da machte, auch das war, was sie brauchte. Es kam vor, daß ich sie eine halbe Stunde und länger ohne Pause stimulierte, meine Hand war schon taub, mein Kiefer schmerzte, aber sie half mir noch immer nicht weiter. Schließlich traf ich sie nicht mehr. Es war mir einfach zu anstrengend.«

»Mir vergeht es wirklich, wenn meine Frau mir die Schuld daran gibt, daß sie nicht zum Orgasmus kommt. Ich könnte es noch verstehen, wenn ich nicht sensibel genug mit ihr umginge – das tue ich aber. Manchmal, auch nach sehr langem Vorspiel und ausgedehntem Geschlechtsverkehr, kommt sie immer noch nicht und gibt mir dann das Gefühl, ich hätte versagt.«

Männer möchten einer Frau schon helfen, zum Orgasmus zu kommen, sie wollen aber nicht das Gefühl haben, es sei ihre Schuld, wenn es nicht klappt. Wenn Frauen diesen Druck auf Männer ausüben, ist das ein todsicherer Lustkiller.

Warum es Männer abtörnt

● Es setzt Männer unter den Erfolgsdruck, über den wir bereits sprachen: Wenn Sie bei ihm nicht »kommen«, ist er nicht gut genug, sozusagen ein Reinfall.

● Wenn Sie einem Mann nicht sagen, was Sie mögen, fühlt er sich »auf die Probe gestellt«, als ob Sie seine Fähigkeiten als Liebhaber testen wollten.

Männer legen das als Manipulation aus, nehmen es Ihnen insgeheim übel und ziehen sich zurück.

Warum Frauen sich so verhalten

1. Einem Mann zu sagen, wie er uns hochkitzeln kann, ist vielen Frauen immer noch peinlich – es bestätigt die Tatsache, daß wir zu den »schlimmen« Mädchen gehören, die Spaß am Sex haben und zum Orgasmus kommen wollen, dem Gipfel der Zügellosigkeit.

2. Wenn ein Mann uns bis zum Orgasmus stimuliert und wir ihn dabei anleiten, geben wir damit zu, daß wir nicht als Sexgöttinnen geboren sind, die auf Fingerschnipsen zum Höhepunkt kommen.

Viele Frauen lügen hier lieber und sind frustriert, als daß sie zugeben, nur mit Mühe zum Orgasmus zu gelangen.

Die Lösung

Nehmen Sie sich selbst wichtig genug, einen Mann um das zu bitten, was Ihnen guttut. Achtung: Er ist nicht dafür verantwortlich herauszufinden, wie man Sie zum Orgasmus bringt. Allerdings kann er ein liebevoller Partner auf dem lustvollen Weg dahin werden. Reden Sie darüber außerhalb des Schlafzimmers. Sie können sich abwechselnd erzählen, was Sie im Bett mögen und was nicht. Wenn Sie selbst durch Masturbieren sehr leicht zum Orgasmus kommen, es mit dem Partner, der Sie stimuliert, aber schwieriger finden, erklären Sie ihm Ihre bevorzugten Techniken!

Keine Angst, Ihr Lover ist nicht beleidigt, wenn Sie Vorschläge machen. Im Gegenteil, wahrscheinlich törnt es ihn an! Dieser »verbale Geschlechtsverkehr« ist genauso wichtig, wenn nicht noch wichtiger als der physische, an dem Sie beide beteiligt sind.

LUSTKILLER NR. 5 *Wenn Frauen im Bett Verkehrspolizei spielen*

»Ich lernte Angela bei einer Verkaufsbesprechung kennen, zu der mich meine Firma geschickt hatte. Es funkte sofort zwischen uns und wir landeten noch in derselben Nacht zusammen im Bett. Ich hätte schon Verdacht schöpfen müssen, als sie begann, mich zu instruieren, wie ich sie zu entkleiden hätte. Nein, zieh mir das noch nicht aus, mach langsamer. Jetzt nimm mir den Schmuck ab – vorsichtig – leg ihn auf den Nachttisch. Da war schon alles gelaufen. Diese Frau hatte einen Kontrolltick. Sie hörte einfach nicht auf, mir vorzuschreiben, was und wie genau ich es zu tun hätte. Schneller... jetzt langsamer... so ist gut... jetzt geh ein bißchen mehr nach links – nicht so, ja so. Ich kam mir vor, als wäre ich mit einem Trainer im Bett. Was für ein Flop!«

»Meine Freundin war schon verheiratet und hat früher ein ziemlich unbefriedigendes Sexualleben gehabt. Ich schätze, ihr Ehemann war unsensibel und egoistisch im Bett, und Lori fühlte sich nie genug beachtet. Das Problem ist, daß sie es nun an mir ausläßt, indem sie mir haarklein vorschreibt, was ich zu tun habe. Ich fühle mich die ganze Zeit wie auf der Teststrecke: Tue ich etwas, was ihr nicht gefällt, wird sie beinahe wütend und korrigiert mich. Und das törnt mich total ab. Als ob sie mir nicht zutraut, auch ohne ihre Hilfe ein guter Liebhaber zu sein.«

Ich habe die sexuelle Verkehrspolizistin in *How to Make Love All the Time* als einen von zehn verschiedenen sexuellen Typen vorgestellt. Sie ist eine Frau, die die Kontrolle über den Liebesakt braucht. Sie gibt jede Menge Anweisungen, korrigiert ihren Partner, wenn er etwas falsch macht, und klingt im Grunde wie ein Offizier, der Befehle erteilt. Die sexuelle Verkehrspolizistin hat eine genaue Vorstellung davon, wie Sex »auszusehen hat«. Sie versucht, ihren Partner so zu formen, daß er dieses Idealbild erfüllt.

Warum es Männer abtörnt

● **Wissen Sie noch, wie wichtig es für Männer ist, Vertrauen zu spüren? Wenn Sie ihnen im Bett andauernd Verhaltensmaßregeln erteilen,** haben Männer bald das Gefühl, Sie trauen ihnen gar nicht zu, etwas allein herauszufinden, und sind abgetörnt!

● **Wenn Sie zu viele Anweisungen geben, fühlt ein Mann sich kontrolliert und manipuliert,** als ob Sie versuchen würden, beim Liebemachen das Oberkommando zu übernehmen. Sie werden damit zu einer Person, mit der er einen Machtkampf austrägt, anstatt eine Frau zu sein, die er lieben kann.

Warum Frauen sich so verhalten

1. Sie trauen dem Mann nicht zu, es von allein herauszufinden. Vielleicht haben Sie in der Vergangenheit unschöne, unbefriedigende sexuelle Erfahrungen gemacht mit einem Partner, der keine Ahnung von Ihren Bedürfnissen hatte. So etwas kann Sie zur Polizistin beim Verkehr werden lassen. Unbewußt entscheiden Sie: Lieber erkläre ich im Detail, was mich antörnt, als daß ich einen weiteren frustrierenden Abend riskiere.

2. Sie fühlen sich in anderen Bereichen Ihrer Beziehung machtlos und benutzen sexuelle Instruktionen unbewußt dazu, ein momentanes Gefühl von Kontrolle zu erleben.

3. Sie sind es gewohnt, in Ihrem Job die Zügel in der Hand zu halten, und betrachten Sex als ein Projekt, das Sie erfolgreich durchzuführen gedenken. Ich habe Hunderte von erfolgreichen Geschäftsfrauen interviewt, die sich im Beruf so daran gewöhnt hatten, Anweisungen zu erteilen, daß sie diese Gewohnheit, ohne es zu merken, bis ins Schlafzimmer mitnahmen.

Die Lösung

Reden Sie mit Ihrem Partner über Ihre sexuellen Vorlieben und Abneigungen, und zwar außerhalb des Bettes. Wenn es dann soweit ist, vertrauen Sie darauf, daß er Ihre Information aufgenommen hat, und seien Sie kreativ. Geben Sie Ihrem Liebsten Gelegenheit, Ihren Körper zu erkunden; genießen Sie das Gefühl, so geliebt zu werden, wie Sie es möchten. Geht er immer noch total unsensibel mit Ihnen um, müßten Sie eventuell überprüfen, ob Sie überhaupt zusammenpassen und wie gut Sie aufeinander eingestimmt sind.

Lustkiller Nr. 6 *Die sexuelle Leiche – wenn Frauen im Bett nicht reagieren*

»Wissen Sie, was ich hasse? Eine Frau, die einfach nur so daliegt, wenn ich Liebe mit ihr mache... kein Laut, keine Reaktion, nichts. Das gibt mir ein Gefühl, als hätte das, was ich tue, nicht die geringste Wirkung auf sie. Als ob sie tagträumen würde oder schlafen oder darauf warten, daß es vorbei ist. Es törnt mich ab, wenn Frauen beim Sex so passiv sind.«

»Ich wünschte, meine Frau wäre nicht so reserviert im Bett. Ich weiß, daß sie mich liebt, aber beim Sex ist sie so verdammt teilnahmslos. Ich sage: Gefällt es dir so, Liebling? Und sie antwortet: Sehr schön. Aber im Grunde könnte sie genausogut tot sein. Sie liegt einfach bewegungslos da, während ich sie stimuliere. Manchmal komme ich mir vor, als würde ich sie vergewaltigen. In letzter Zeit bin ich gar nicht mehr so wild aufs Lieben.«

Sich beim Sex totzustellen gehört zu den größten Lustkillern für Männer. Einige von denen, die ich interviewt habe, ereiferten sich sehr über diesen Punkt. Sie können Frauen nicht ausstehen, die den Sex offenbar nicht genießen, ja wie tot daliegen und ihn über sich ergehen lassen!

Warum es Männer abtörnt

Eines der Geheimnisse, die wir über Männer erfahren haben, lautet: Für sie ist es wichtig, sich erfolgreich zu fühlen, als ob sie tatsächlich etwas bewirkt hätten.

Wenn Sie auf das Liebesspiel Ihres Partners nicht reagieren, weder physisch noch verbal, fühlt er sich wie ein Versager.

Die klassischen psychologischen Studien haben gezeigt, daß Menschen sich viel eher darüber aufregen, wenn man sie gar nicht beachtet, als wenn man sie kritisiert. Regungsloses Daliegen ohne einen Laut der Lust und ohne ein Wort der Zustimmung macht jeden Mann verrückt und törnt ihn ab.

Warum Frauen sich so verhalten

1. Sie haben den Komplex: »Ich will nicht wie eine Hure wirken«. Und deshalb gestatten sich manche Frauen Sex nur, solange es nicht so aussieht, als hätten sie Spaß daran. Stöhnen, sich winden, japsen, keuchen vor Lust – all das würde ihr Geheimnis verraten: Es geht ihr großartig, sie fühlt sich phantastisch, sie liebt Sex!

2. Für manche Frauen ist die Methode, sich beim Sex totzustellen, ein Weg, um unterdrückten Ärger und Widerstand gegen ihren Partner auszudrücken. Als wollten sie sagen: »Siehst du, ich fühle gar nichts. Du kannst mich nicht mal antörnen, du Arschloch. Du hast nicht die geringste Macht über mich.« Im Psychologen-Jargon bezeichnet man das als »passiv-aggressives Verhalten«; die Frau scheint passiv zu sein, macht mit ihrer Nicht-Reaktion in Wahrheit aber eine sehr aggressive Aussage.

Die Lösung

Erlauben Sie sich selbst, Ihrer Sinnlichkeit beim Liebesspiel Ausdruck zu verleihen. Versuchen Sie Ihrem Partner zu sagen:

- wieviel Lust er Ihnen bereitet mit dem, was er tut
- wovon Sie noch mehr möchten
- was Sie ihm gern Gutes tun würden
- wie toll er auf Sie wirkt und warum.

Zeigen Sie Ihrem Partner, wie sehr Sie den Liebesakt genießen. Es ist eine weitere Möglichkeit, sich mitzuteilen und eine Einheit zu schaffen. Nicht nur der Versuch, sich gegenseitig anzutörnen. Hüten Sie sich aber, es mit dem Reden zu übertreiben, sonst kommt es zum Lustkiller Nummer sieben.

Lustkiller Nr. 7 *Das sexuelle Plappermaul – wenn Frauen im Bett zuviel reden*

»Ich kannte mal eine Frau, die konnte im Bett den Mund nicht halten. Von der ersten Minute an redete sie ununterbrochen, gab mir eine detaillierte Beschreibung all ihrer Stimmungen und Gefühle, die sie gerade durchlebte: Gott, ich liebe deine heiße Zunge in meinem Mund... Du schmeckst so gut... ohhh, Baby, das ist toll, wenn du mich so hältst, so nahe... jetzt werden meine Brustwarzen steif, ohhh ja... küß sie, das ist gut... genau so... oh, das fühlt sich toll an... ach, deine Schenkel sind so stark... und ewig so weiter. Ich kam mir vor, als würde ich mein eigenes Sexleben belauschen! Ich weiß, sie hat versucht, mich anzutörnen, aber je mehr sie redete, desto mehr verging mir die Lust. Ein paarmal hatte ich danach Kopfschmerzen und konnte es kaum erwarten, endlich einzuschlafen, um ein bißchen Ruhe und Frieden zu haben.«

»Manchmal fühle ich mich im Bett von meiner Frau in den Hintergrund gedrängt. Sie erzählt mir, wie sehr sie mich liebt, wie sehr sie mich braucht und daß sie ohne mich nicht leben könnte. Das höre ich immer und immer wieder, wie eine endlose Litanei. Ich liebe sie ja auch, aber ich habe das Gefühl, überhaupt nicht zu Wort zu kommen. Und selbst, wenn ich etwas äußere, scheint es im Vergleich zu ihren Worten völlig unbedeutend zu sein. Ich weiß, sie empfindet mich im Bett als zuwenig emotional, aber sie läßt mir ja keine Chance!«

Das andere Extrem zum Totstellen beim Sex ist das sexuelle Plappermaul: eine Frau, die beim Sex soviel redet, daß es ihren Partner abtörnt.

Warum es Männer abtörnt

● **Es lenkt ihn von seinen Lustgefühlen ab.** Erinnern Sie sich noch an das Geheimnis, warum es Männern schwerfällt, gleichzeitig zu reden und Liebe zu machen? Weil das bedeutet, beide Gehirnhälften zu benutzen. Dasselbe gilt auch fürs Zuhören. Wenn ein Mann Sie beim Sex reden hört, fängt sein Verstand an zu arbeiten, um zu begreifen, was Sie sagen. Je mehr Sie reden, desto mehr arbeitet sein Verstand – bis er schließlich denkt und nicht mehr fühlt. Selbst wenn das, was Sie sagen, ihn vielleicht erregt – der bloße Akt der Konzentration auf Ihre Worte lenkt die Aufmerksamkeit langsam, aber sicher von seinen Gefühlen ab, und es vergeht ihm.

● **Wenn Sie im Bett viel reden, fühlt sich Ihr Lover verpflichtet, auch zu reden.**

Wenn Sie einem Mann etwas über Ihre Gefühle erzählen, fühlt er sich verpflichtet, darauf zu antworten.

Ein Mann geht davon aus: Wenn Sie etwas zu ihm sagen, erwarten Sie auch eine Antwort. Wir untersuchen das noch eingehender im 7. Kapitel. Beim Sex ist es so: Je mehr Sie reden, desto stärker fühlt sich Ihr Lover unter Druck gesetzt, antworten zu müssen. Steht ein Mann unter Druck, kommt er sich kontrolliert vor, wird innerlich wütend und schaltet ab. Es spielt keine Rolle, ob Sie wirklich eine Antwort von ihm erwarten oder nicht – er wird sich immer zu einer Reaktion veranlaßt fühlen.

Warum Frauen sich so verhalten

1. Wenn Frauen nervös sind oder gehemmt, bauen sie ihre Spannungen mit Reden ab. Wenn Sie sich Sorgen machen, wie die Liebesnacht verlaufen wird, wenn Sie sich von Ihrem Partner nicht wirklich angenommen fühlen oder Empfindungen unter der Oberfläche lauern, die Sie nicht wahrhaben wollen, ertappen vielleicht auch Sie sich dabei, wie Sie zu einem sexuellen Plappermaul werden. Das Reden lenkt Sie von Ihren unangenehmen Gefühlen ab.

2. Die meisten Frauen sind redseliger als Männer und identifizieren sich mehr mit dem Emotionalen als mit dem Physischen. Wenn Sie also beim Sex sehr intensive körperliche Empfindungen haben, wissen Sie vielleicht nicht, wie Sie sich dem Vergnügen einfach hingeben und ganz in Ihrem Körper aufgehen können. Reden bringt Sie auf vertrauten Boden zurück – doch für den Preis, daß es Ihren Lover abtörnt.

Die Lösung

Haben Sie den Verdacht, ein sexuelles Plappermaul zu sein? Machen Sie folgenden Test: Wenn Sie das nächste Mal mit Ihrem Partner Liebe machen, hören Sie sich selbst zu. Registrieren Sie, wieviel Sie reden, was Sie sagen und wie es in Ihrem Innern aussieht. Sie stellen fest, daß Sie zuviel reden? Konzentrieren Sie sich mehr auf Ihre körperlichen Empfindungen, leben Sie lustvolle Gefühle aus, und richten Sie Ihre Aufmerksamkeit mehr auf die Wahrnehmung einer Berührung als auf das, was Sie sagen wollen. Versuchen Sie, Ihre Sinnlichkeit mehr zu empfinden, als sie zu beschreiben.

Als richtigen Härtetest probieren Sie ab und zu, beim Liebesspiel mit Ihrem Partner kein einziges Wort zu sagen. Sie werden überrascht sein, wie schwer das ist (glauben Sie es mir!). Sollten Sie allerdings eher zu der Kategorie »Totstellen beim Sex« neigen, vergessen Sie diesen Ratschlag: Reden Sie lieber, soviel Sie nur können!

Lustkiller Nr. 8 *Wenn Frauen sich zuwenig pflegen*

»Ich kann Frauen nicht ausstehen, die Junk Food in sich hineinstopfen und dann jammern, wie dick sie sind oder was für schlechte Haut sie haben.«

»Wissen Sie, was mich abstößt? Frauen mit schlechtem Vaginalgeruch, die von mir oralen Sex erwarten. Wissen sie denn nicht, wie gräßlich das schmeckt?«

»Eine Frau muß kein Model sein, aber eins törnt mich ganz sicher ab: Frauen, die schlampig aussehen – mit Kleidern wie Säcke, keine richtige Frisur –, es gibt mir immer das Gefühl, sie geben sich nicht mal Mühe, gut auszusehen, weil ich ihnen sowieso nicht so wichtig bin.«

Meine Damen, es fällt mir schwer, Ihnen das mitzuteilen, aber Männer legen auf unsere gepflegte Erscheinung genauso viel Wert, wie wir das umgekehrt auch bei ihnen tun. Sie sagen es uns vielleicht nicht, wenn es sie abtörnt, sie bestreiten es vielleicht sogar. Aber, glauben Sie mir, es ist so. Die Liste der Beschwerden, die ich im Laufe meiner Untersuchung gesammelt habe, ist erstaunlich. Sie beinhaltet:

- unrasierte Achseln und Beine

- Mundgeruch

- Damenbärte

- unmodische Kleidung

- ungesunde Ernährung

- überbehandeltes Haar (ausgebleicht, zu starke Dauerwelle etc.)

- zu Hause mit Lockenwicklern oder unförmigen Hauskleidern herumlaufen

- schlechter Intimgeruch

- schlaffes Gewebe

- schlechte Haut, mit zentimeterdickem Make-up zugekleistert

- Körpergeruch

- abgestoßener, abblätternder Nagellack.

Ich muß sagen, am häufigsten kam der Punkt »schlechter Intimgeruch«.

Warum es Männer abtörnt

Wie wir zuvor besprochen haben, sind Männer stärker visuell orientiert als Frauen. Männer lassen sich visuell sehr schnell antörnen, sind aber genauso schnell auch durch visuelle Eindrücke wieder abgetörnt. Obwohl sich Frauen oft über dieselben Fehler bei Männern beschweren, fällt es ihnen leichter, darüber hinwegzusehen, indem sie die Dinge mehr durch die emotionale Brille sehen. Männer lassen sich eher durch das Physische beeindrucken.

Warum Frauen sich so verhalten

Es gibt keine tiefgreifenden psychologischen Erklärungen dafür, warum manche Frauen sich nicht genügend pflegen. Ein Grund ist so gut wie der andere – Faulheit, Selbstverleugnung, fehlendes Bewußtsein, Überbeanspruchung durch Kinder, mangelnde Erziehung in Körperhygiene. Der springende Punkt ist: Wenn wir unsere Erscheinung vernachlässigen, stört das die Männer ebenso (wenn nicht noch mehr), wie uns umgekehrt auch ungepflegte Männer stören.

Die Lösung

1. Stellen Sie sich folgende Frage: Wenn Sie ein Mann wären, würden Sie sich selbst attraktiv finden? Sie werden niemals körperliche Perfektion erreichen, aber Sie können dafür sorgen, daß es ein ästhetischer Genuß ist, Sie zu schmecken, zu riechen und zu berühren. Denn um nichts anderes geht es beim Sex. Schreiben Sie mal all die Dinge auf, die Sie tun können, um sich richtig sexy zu fühlen – neue Frisur, Körperlotion bei trockener Haut usw.

2. Sie sind, was Sie essen. Wenn Sie schlecht essen, werden Sie schließlich auch so aussehen. Übrigens: Schlechter Atem und Körpergeruch sind für gewöhnlich Anzeichen von schlechter Ernährung. Bekennen Sie sich zu einer neuen, gesünderen Nahrung. Sie werden besser aussehen, sich besser fühlen, besser riechen und besser schmecken!

3. Mehr bewegen! Sie fühlen sich sexy und sehen auch so aus. Untersuchungen haben gezeigt, daß Frauen, die regelmäßig sportlich aktiv sind, sich sinnlicher fühlen und den Sex mehr genießen als Frauen, die keinen Sport treiben. Sie haben Bewegungstraining wahrscheinlich noch nie als Aphrodisiakum angesehen, aber genau das ist es! Raffen Sie sich zu irgendeiner körperlichen Aktivität auf – sei es Wandern, Fitneßtraining, Fahrradfahren, oder tanzen Sie ganz einfach für sich allein zu Ihrer Lieblingsmusik.

4. Schmecken Sie Ihre eigene Vaginalflüssigkeit. Nein, es handelt sich nicht um eine neue, abartige sexuelle Variante. Es ist ein praktischer Vorschlag, etwas auszuprobieren, um mehr über Ihren Körper zu erfahren. Sicher wissen Sie, daß Geruch und Geschmack Ihrer Vaginalsekrete sich im Laufe Ihres Monatszyklus verändern. Sind Sie sexuell in einer aktiven Phase, schlage ich vor, daß Sie jeden Tag mit dem Finger in Ihre Vaginalsäfte stippen und eine Geruchs- und Geschmacksprobe machen. So, und wenn Sie jetzt mit »Igitt! Wie eklig!« reagieren, habe ich eine Frage an Sie:

Wieso erwarten Sie von einem Mann, daß er mit dem Mund etwas berührt, das Sie für eklig halten?

Wenn Sie sich selbst schon nicht riechen oder schmecken mögen, wird es ihm wahrscheinlich genauso gehen! Die unangenehme und peinliche Überraschung, wenn Ihr Liebster den Cunnilingus beginnt und es sich plötzlich anders überlegt, sollten Sie sich ersparen – besser ist, Sie wissen im voraus über Ihren Körper Bescheid. Wenn Sie spüren, daß Sie nicht so frisch riechen oder schmecken, wie Sie gern möchten, haben Sie zwei Möglichkeiten: Sie können eine Spülung mit einer Wasser-Essig-Lösung machen (benutzen Sie keine dieser parfümierten Waschlotionen, sie enthalten reichlich Chemie und Reizstoffe), oder Sie sagen Ihrem Partner, daß Sie heute abend nicht in der Stimmung für oralen Sex sind.

Anmerkung: Wenn Sie ein chronisches Problem mit Vaginalgeruch haben, halten Sie Rücksprache mit Ihrem Gynäkologen. Sie haben vielleicht eine Infektion, von der Sie nichts ahnen.

Lustkiller Nr. 9 *Wenn Frauen ihren eigenen Körper nicht mögen und sich selbst herabsetzen*

»Eins törnt mich wirklich ab bei meiner Frau: Sie beklagt sich ständig, wie häßlich sie aussieht. Wir haben uns umgezogen, sind zum Ausgehen bereit, ich mache ihr ein Kompliment – und sie antwortet mir: Nein, ich sehe furchtbar aus. Wenn ich darauf bestehe, daß sie toll aussieht, fängt sie an zu lamentieren: Meine Haare sind schon wieder zu lang, dieses Kleid ist unvorteilhaft für meine Figur, es macht mich fett... und so weiter. Wenn sie fertig ist, hat sie mich schließlich davon überzeugt, daß sie furchtbar aussieht, und mir ist die Lust restlos vergangen.«

»Ich kann Frauen nicht ausstehen, die sich ihres Körpers schämen. Wissen Sie, Frauen, die man nur im Dunkeln lieben darf, wo man sie nicht sieht. Oder Frauen, die sich ausziehen, wenn man gerade nicht hinguckt und sich dann unter der Bettdecke verstecken. Ich fühle mich wirklich abgetörnt, wenn ich mit jemandem zusammen bin, der sich selbst nicht schön findet.«

Wir liefern den Männern die Stichworte. Wenn Sie sich ständig selbst schlecht machen und auf Ihre Unzulänglichkeiten hinweisen, wird er Ihnen früher oder später zustimmen!

Warum es Männer abtörnt

- **Männer stehen auf Selbstvertrauen.** Das geht zurück auf ihre eigene Konditionierung: gut = selbstsicher, schlecht = schwach. Wenn Sie sich selbst schlechtmachen, wirkt Ihr mangelndes Selbstvertrauen wie ein Lustkiller. Und je mehr Sie Ihre körperlichen Schwachstellen betonen, desto eher wird er sie bemerken.

- **Wenn Sie sich extrem schüchtern verhalten oder so, als ob Sie sich Ihres Körpers schämten, gibt das dem Mann das Gefühl, Sie hielten Sex für etwas »Schmutziges«.** Es drängt ihn in die Rolle des

Aggressors, des Bösen, der Ihnen etwas antun will, das Sie offensichtlich geschmacklos finden. *Wenn Sie so tun, als sei Sex etwas Schmutziges, wird er sich schmutzig fühlen.*

Warum Frauen sich so verhalten

1. Wir sind darauf getrimmt, unseren eigenen Körper nicht zu mögen. Wir werden ständig mit Bildern »perfekter Schönheit« bombardiert – das große, schlanke Model Anfang Zwanzig ohne ein Gramm Fett am Leib. Viele von uns schätzen sich als unvollkommen ein, weil sie dem Klischee nicht entsprechen. Ergo schämen wir uns unseres eben nicht so perfekten Körpers, weil er nicht so aussieht, wie wir es gerne hätten. Ist man mit dem Mann zusammen, den man liebt, steigert sich die Befangenheit noch. Wir fürchten, wenn er uns mal genau anschaut, wird er entdecken, daß wir alles andere als perfekt sind!

2. Frauen werden dazu erzogen, bescheiden zu sein und ihre Sinnlichkeit nicht zu zeigen. Hier haben wir es wieder mit dem »Ich-will-keine-Hure-sein«-Komplex zu tun. Viele von uns fühlen sich immer noch »unanständig«, wenn sie zugeben, daß sie es toll finden, wie ihr Körper aussieht und sich anfühlt, oder sich vorstellen, vor einem Mann langsam die Hüllen fallen zu lassen. Ein »braves Mädchen« tut so etwas doch nicht, oder?

Die Lösung

1. Lernen Sie Ihren Körper als Ausdruck weiblicher Schönheit lieben.

● Schreiben Sie 20 Dinge auf, die Sie an Ihrem Körper schön finden.

● Verführen Sie Ihr eigenes Spiegelbild, wenn Sie allein sind, und entdecken Sie, wie sexy Sie dabei aussehen!

● Fragen Sie Ihren Partner, was ihm an Ihrem Körper gefällt, und glauben Sie ihm.

Und haben Sie keine Angst, er könnte entdecken, daß Sie nicht perfekt sind – er weiß es bereits und liebt Sie trotzdem.

2. Hören Sie auf, sich vor Ihrem Partner herabzusetzen.

- Weisen Sie nicht auf die Cellulitis an Ihren Oberschenkeln hin.
- Widersprechen Sie nicht, wenn er Ihnen ein Kompliment macht.
- Beklagen Sie sich nicht über Ihr Aussehen.

Wenn Ihnen an Ihrer Person etwas nicht gefällt, ändern Sie es. Andernfalls sollten Sie nicht darüber reden. Und wenn Ihr Partner Ihnen sagt, Sie sähen wunderbar aus, sagen Sie: »Danke schön!«

Lustkiller Nr. 10 *Wenn Frauen nur noch ihr Äußeres im Kopf haben*

»Ich kann Frauen nicht leiden, die meinen, sie müßten jederzeit perfekt aussehen. Jeden Tag brauchen sie stundenlang für ihr Haar und das Make-up, und wenn da nur ein bißchen was in Unordnung gerät, rennen sie sofort zur Toilette, um sich wieder herzurichten. Ich will eine Frau, die sich in Jeans und Sweatshirt wirft und mit mir frühstücken geht, ohne sich groß um ihr Aussehen zu kümmern. Die auch mal über die Wiese toben kann, ohne Angst zu haben, ihre Frisur zu ruinieren.«

»Ich kannte mal eine Frau, die war im Bett derartig um ihr Aussehen besorgt, daß es mir total verging. Sie kam ins Bett mit vollem Make-up, Lippenstift und allem Drum und Dran, behängt mit Schmuck – bestimmt vier Goldketten, Armreifen, Ringe an jeder Hand. Sie hatte diese irre langen Fingernägel, die so aussehen wie Krallen, und faßte mich nur sehr vorsichtig an, um sich ja keinen abzubrechen. Beim Sex versuchte sie die ganze Zeit, sich so zu drapieren, daß sie auch gut aussah. Sie hörte mittendrin auf, um sich mit den Fingern durch die Haare zu streichen oder ihre Halsketten neu zu sortieren. Ich konnte es kaum abwarten, da wegzukommen!«

Bei Lustkiller Nummer neun ging es um Frauen, die ihre äußere Erscheinung vernachlässigen. Lustkiller Nummer zehn beschreibt das Gegenteil: Frauen, die pausenlos nur mit ihrem Aussehen beschäftigt sind. Die Männer, die ich interviewt habe, nahmen zu diesem Punkt sehr eindeutig Stellung und konnten ziemlich gut beschreiben, was sie im einzelnen stört.

1. Frauen, die zuviel Make-up auflegen. Das hörte ich wieder und wieder. Tatsache ist: Die meisten Männer hassen Make-up. Solange es dezent bleibt, stört es sie nicht, speziell das Augen-Make-up. Als absolute Störfaktoren wurden aber dicke Grundierungen und Rouge bezeichnet.

Männer hassen es, Ihnen ins Gesicht zu schauen und Schminke zu sehen statt Haut.

Nachdem wir unser Leben lang von den Frauenzeitschriften darauf hingewiesen worden sind, haben wir Frauen uns an die hochmodisch aufgestylten Make-ups gewöhnt. Auf die meisten Männer dagegen wirkt übertriebenes Make-up billig und verunstaltend.

Ein spezieller Lusttöter: Wenn Frauen nach dem Essen direkt am Tisch ausgiebig mit Lippenstift und Lip gloss hantieren, während der Mann zusieht.

2. Frauen, die overdressed erscheinen. Obwohl Männer es durchaus schätzen, wenn Frauen sich gut anziehen, finden sie es unerträglich, wenn eine Frau immer absolut perfekt gekleidet sein möchte. Oder wenn sie in stundenlanger Arbeit ihr Outfit zusammenstellt und sich dann doch noch unwohl fühlt darin. Ein Mann beschrieb eine Freundin, die er zu einem Spiel der Schulmannschaft seines Sohnes mitnahm: Sie erschien in schwarzen Lederhosen, Stöckelschuhen, einem überdimensionalen Angorapullover und in voller Kriegsbemalung. »Sie sah super aus«, erklärte er. »Das heißt, für eine heiße Nacht in der Disco, aber nicht für ein Baseballspiel mit einer Horde Neunjähriger.«

3. Frauen mit Frisuren, die man nicht anfassen darf. Männer fühlen sich abgetörnt bei Frauen, deren Frisur sagt: »Finger weg!« Männer mögen weder Mengen von Haarspray noch perfekt gestylte Frisuren. Und schon gar nicht Haare, in die man nicht hineingreifen kann aus Angst, von Haarnadeln, Kämmen und anderen kosmetischen Geheimwaffen attackiert zu werden.

4. Frauen, die sich mit Schmuck überladen. »Was bringt Frauen dazu, ihren ganzen Schmuck auf einmal zu tragen?« fragte mich ein Mann im Scherz. Frauen, die sich so mit Schmuck behängen, daß sie wie ein überladener Christbaum aussehen, wirken eher abstoßend auf Männer. Wir mögen es für todschick halten, sie finden es protzig.

Warum es Männer abtörnt

Hat der Mann Ihrer Träume Ihnen schon einmal gesagt, Sie sähen ohne Make-up viel hübscher aus, und Sie dachten, er spinnt?

Vieles von dem, was wir Frauen mit uns anstellen, um besser auszusehen und uns wohler zu fühlen, kommt Männern sehr merkwürdig vor. Die weiblichen Schönheitstricks, die Schränke voller Kleider und Schubladen voller Pflegeprodukte sind ihnen fremd – es sei denn, sie sind mit mehreren Schwestern aufgewachsen. Obwohl Männer gepflegte Frauen bevorzugen, stehen sie doch sehr auf Natürlichkeit.

Männer reagieren negativ auf Frauen, die immer nur an ihr Aussehen denken, weil sie damit den Eindruck von Unsicherheit und mangelndem Selbstvertrauen erwecken. Denken Sie daran: Selbstvertrauen macht Männer an. Ist ein Mann mit einer Frau zusammen, die in Panik gerät, wenn er sie ohne Make-up sieht, oder glaubt, sie muß immer perfekt aussehen, um geliebt zu werden, bringt er ihr weniger Respekt entgegen als einer Frau, die selbstbewußt genug ist, ihre natürliche Schönheit zu zeigen.

Warum Frauen sich so verhalten

Leider wurden wir Frauen durch die Werbeindustrie und die Medien einer Gehirnwäsche unterzogen, so daß wir stets dem Leitbild hinterherlaufen, das diese Konzerne gerade für schön befinden. Und um schön zu werden, müssen wir natürlich Produkte erwerben, die eben diese Verfechter des weiblichen Images ganz zufällig anzubieten haben: Make-up, modische Kleidung, usw. Männer sind genauso beeinflußt von diesem Image, und darin liegt die Doppelbödigkeit: Männer sagen zwar, sie wollen eine Frau, die natürlich ist und nicht Stunden braucht, um sich fertigzumachen. Aber wehe, du wirfst dich wirklich nur in Jeans und Sweatshirt und gehst mit ihm los – todsicher guckt er den Frauen nach, die stundenlang vor dem Spiegel gestanden haben!

Ich schminke mich wirklich gern und ziehe mich schick an, aber ich habe gelernt, daß es häufig eher angemessen ist, locker und natürlich zu erscheinen, als zu aufgedonnert zu sein.

Männer schätzen sehr wohl Ihre Fähigkeit, Ihre natürliche Schönheit geschickt zu betonen. Aber sie sehen es ebenso gern, wenn Sie sich so wohl fühlen, wie Sie sind.

Die Lösung

1. Fragen Sie Ihren Lebensgefährten, was er über Make-up und Kleidung denkt. Das heißt nicht, daß Sie einem Mann zuliebe Ihren eigenen Geschmack aufgeben sollen. Nur haben viele Frauen dieses Thema mit dem Mann, den sie lieben, noch nie ausführlich besprochen. Sie profitieren sicher beide davon.

2. Versuchen Sie, Ihre innere Schönheit strahlen zu lassen. Egal, wieviel Mühe und Zeit Sie für Ihr Äußeres verwenden, wahre Schönheit kommt stets von innen. Wenn Sie sich selbst gegenüber positiv eingestellt sind, sich sorgfältig pflegen und sich als Frau wohl fühlen, wird sich diese Schönheit offenbaren.

Lustkiller Nr. 11 *Wenn Frauen keinen Cunnilingus mögen*

»Ich kannte mal eine Frau, die ich sehr anziehend fand. Wir gingen ein paarmal aus und entschlossen uns dann, miteinander zu schlafen.

Im Bett ging es wunderbar los. Wir zogen uns gegenseitig aus und waren sehr zärtlich miteinander. Es wurde immer leidenschaftlicher, ich küßte ihre Oberschenkel und wollte gerade ihre Scham küssen, da schrie sie: ›Tu das nicht!‹

›Ich möchte es aber‹, antwortete ich. ›Ich möchte dir gern Lust bereiten.‹

›Igitt! Ich finde das eklig‹, sagte sie darauf.

Als ich sie nach dem Grund fragte, erklärte sie, sie fände es widerlich ›da unten‹, und die Vorstellung, daß ich sie da küssen würde, mache sie krank. In dem Moment sank mein Verlangen auf den Nullpunkt. Ich meine, wenn sie ihre Muschi für so abstoßend hält, will ich todsicher nicht meinen Schwanz hineinstecken. Mir war danach zu sagen: ›Hey, Baby, vielen Dank für die Warnung!‹«

»Ich genieße den Sex mit meiner Frau, aber es frustriert mich, daß es ihr kein Vergnügen bereitet, wenn ich sie lecke. Sie macht es bei mir, aber ich darf es nicht bei ihr tun. Ich fühle mich so egoistisch dabei, daß ich nur nehme und nicht gebe; als ob sie einen Teil von sich vor mir schützt. In letzter Zeit hatte ich sexuelle Phantasien über andere Frauen – und, wen wundert's: Jedesmal habe ich sie mit dem Mund befriedigt.«

Ich war überrascht, wie viele Männer sich im Laufe meiner Untersuchung über diesen Punkt beklagten, und es brachte einen weiteren falschen Mythos ans Tageslicht:

Mythos: **Männer sind egoistisch im Bett, sie denken nur an ihr eigenes Vergnügen und nicht an unseres.**
Tatsache: **Männer lieben es, Frauen Vergnügen zu bereiten, das törnt sie mit am meisten an.**

Warum es Männer abtörnt

● **Sie kommen sich dadurch wie sexuelle Abstauber vor.** Sie wissen doch, wie gern Männer Fellatio gemacht bekommen. Wenn Sie jemandem nun verwehren, die gleiche Art von Liebe zu erwidern, kommt er sich egoistisch und gemein vor, so als träfe dieses Vorurteil doch zu. Als ob Sie sagen würden: »Ich mache dieses ekelhafte Zeug bei dir, weil du's ja unbedingt brauchst, aber unter keinen Umständen wirst du das bei mir machen. Dafür bin ich mir zu gut.« Was dabei herauskommt, ist, daß er dann sexuell viel erregter ist als Sie.

• **Sie fühlen sich zurückgewiesen und ausgeschlossen.** Wenn Männer bereit sind, bei einer Frau Cunnilingus zu machen, ist das für viele ein intimerer Akt als der Geschlechtsverkehr: die direkte Verbindung der Körperöffnungen. Sie können damit zeigen, wie groß ihre Achtung und Ehrfurcht vor dem Ur-Zentrum des Weiblichen ist, der empfindsamsten Stelle am Körper einer Frau. Wenn Sie Ihrem Partner nicht erlauben, Sie auf diese Weise zu lieben, fühlt er sich abgewiesen und ausgeschlossen. Als gäbe es einen letzten, intimsten Bereich, den Sie nicht mit ihm teilen wollen. Oder wie ein Mann es ausdrückte: »Ihre Liebe reicht so weit, daß ich sie bumsen darf, aber nicht so weit, daß ich sie da unten küssen dürfte.«

• **Sie fühlen sich dadurch kontrolliert.** Will ein Mann Ihnen seine Liebe auf eine ganz bestimmte Art zeigen und Sie lassen ihn nicht, fühlt er sich kontrolliert. Als würden Sie ihn sexuell entmachten. Er hofft ständig, wenn er alles richtig macht oder Ihnen einen Gefallen tut, daß Sie nachgeben und ihn »belohnen«, indem Sie ihm erlauben, das Verbotene zu tun. Aber wenn Männer sich manipuliert vorkommen, vergeht ihnen die Lust.

Warum Frauen sich so verhalten

1. Wir halten Cunnilingus für etwas »Unanständiges«. Vielen Frauen wurde beigebracht, »da unten« zwischen unseren Beinen sei etwas Unanständiges. Schließlich gehen wir auf die Toilette mit dem »da unten« und haben Blutungen. Außerdem verlockt es die Männer zu schlimmen Dingen und dadurch werden wir zu »bösen Mädchen«. Wenn wir uns vorstellen, daß ein Mann uns dort küssen möchte, ekelt es uns. Was gibt ihm das nur? Gehen wir nur von der Lage dieses Körperteils aus, dann übersehen wir den Geist, der dem oralen Akt innewohnt: Ein Mann liebkost den empfindsamsten Teil einer Frau. Männer, die mit Vergnügen Ihr Geschlecht küssen, sind nicht unanständig – nur liebevoll.

2. Wir machen uns Gedanken, wie wir wohl riechen oder schmekken. Vielen Frauen ist es einfach peinlich, mit dem wahren Grund für ihre Abneigung gegen oralen Sex herauszurücken: Sie haben Angst, schlecht zu riechen oder zu schmecken. Die Lösung ist hier ganz einfach: Machen Sie den »Geschmacks-Test« mit sich selbst, wie ich ihn in diesem Kapitel schon beschrieben habe.

3. Wir haben schlechte Erfahrungen mit oralem Sex gemacht. Falls Sie mal unerfreuliche Erlebnisse mit Cunnilingus hatten, stehen Sie einem neuen Versuch wahrscheinlich eher zurückhaltend gegenüber: Männer, die einen von oben bis unten vollschlabbern, Männer, die grob sind, Männer, die sich dazu verpflichtet fühlen, aber offensichtlich kein Vergnügen daran haben – solche negativen Erfahrungen können Ihnen ein für allemal die Lust auf derartige Liebkosungen nehmen.

4. Wir empfinden den körperlichen Vorgang als »zu intensiv«. Wenn Sie noch nie Freude am oralen Sex hatten, dann vielleicht auch deshalb, weil Sie das Lustgefühl als so stark empfinden, daß es Ihnen Unbehagen bereitet. Die Klitoris besitzt einige der empfindlichsten Nervenenden des ganzen Körpers, und Sie sind derartige Reizempfindungen vielleicht nicht gewöhnt. Die überwältigende Intensität macht manchen Frauen Angst. Eine beschrieb es so: »Wenn ein Mann mich da unten mit dem Mund berührt, fühlt sich das einfach *zu* gut an, als würde ich alle Kontrolle verlieren.«

5. Wir empfinden den Vorgang als zu intim. Sich von einem Mann oral liebkosen zu lassen, kann die intimste Ihrer sexuellen Erfahrungen sein. Sie fühlen sich dadurch emotional sehr verletzlich. Diese Verletzlichkeit macht einigen Frauen Angst. Sie kommen sich so exponiert vor, daß sie meinen, sie müßten sich davor schützen. Einem Mann den oralen Sex zu erlauben, bedeutet wirkliche Hingabe. Wenn Sie vor dem Sichgehenlassen Angst haben, entscheiden Sie damit unbewußt, eine solche sexuelle Nähe nicht zulassen zu wollen.

Die Lösung

1. Sprechen Sie mit Ihrem Partner über das Gelesene. Erzählen Sie ihm von Ihren Ängsten und Sorgen. Lassen Sie ihn an allen unerfreulichen Erfahrungen aus anderen Beziehungen teilhaben, damit er versteht, warum Sie zögern, es noch einmal mit oralem Sex zu versuchen. Allein das Gespräch über Ihre Gefühle wird dazu beitragen, das Eis zu brechen und die Sicherheit zwischen Ihnen und Ihrem Partner zu stärken.

2. Bitten Sie Ihren Partner, Ihnen zu sagen, was ihm am oralen Sex so gut gefällt. Zu hören, wie er seine Gefühle während des Cunnilingus beschreibt, wird Ihnen verstehen helfen, warum er so ein Verlangen danach hat. Sie werden es dann weniger als rein sexuellen Akt betrachten als den Ausdruck seiner Liebe.

3. Falls der physische Vorgang zu intensiv für Sie ist, sollten Sie versuchen, sich in kleinen Dosen daran zu gewöhnen. Einige Frauen berichteten, daß vorsichtiger oraler Sex ihnen hilft, sich an so viel Lust zu gewöhnen, sowohl körperlich als auch emotional. Sagen Sie Ihrem Partner, daß Sie diese Technik ausprobieren wollen. Erlauben Sie sich, einfach dazuliegen und sich zu entspannen, atmen Sie tief durch und werden Sie eins mit Ihrer Lust, anstatt darüber nachzudenken, was da jemand mit Ihnen macht. Wenn es zu intensiv wird, bitten Sie Ihren Partner, einen Moment aufzuhören und Sie nur zu streicheln oder im Arm zu halten. Dann wieder weiter. Das wird Ihnen helfen, die Toleranzgrenze gegenüber soviel Lust nach oben zu verschieben!

4. Machen Sie einen »Geschmackstest«, wenn Sie Angst haben, daß Ihr Partner sich ekeln könnte. Lesen Sie noch einmal den Abschnitt über »Geschmackstest« auf Seite 190.

> *Wichtig:* Lassen Sie nie oralen Sex über sich ergehen, weil ein Mann Sie bedrängt oder weil Sie meinen, Sie müßten es tun. Trotz allem, was Sie gerade gelesen haben: Wenn Sie sich dabei nicht wohl fühlen, lassen Sie es sein! Es ist Ihr Körper, und Sie bestimmen, was damit geschieht.

Lustkiller Nr. 12 *Frauen, die küssen wie fleischfressende Pflanzen*

»Niemals werde ich dieses Mädchen vergessen, mit dem ich im College zusammen war. Sie war wahnsinnig hübsch, und ich war unheimlich verknallt in sie. Wir gingen ein-, zweimal zusammen aus, bevor sich überhaupt etwas ereignete. Dann, bei unserer dritten Verabredung, saßen wir abends bei ihr im Appartement auf dem Sofa. Ich wußte, der Moment war gekommen – jetzt durfte ich sie küssen. Ich war so aufgeregt, daß ich mich kaum beherrschen konnte. Sie beugte sich vor, und bevor ich wußte, wie mir geschah, stopfte sie mir ihre Zunge in den Rachen und legte los mit einer Art von Küssen, als ob sie mir das Gesicht waschen wollte. Also, ich halte ja viel von Zungenküssen, aber das war einfach grotesk! Innerhalb von zwei Sekunden war ich total abgetörnt!«

»Es fällt mir schwer, das zu sagen, aber ich kann es nicht ausstehen, wie meine Freundin mich küßt. Sie reißt den Mund so weit auf wie möglich und läßt ihre Zunge in der Mitte kreisen. Ich vermute, sie hält das für sexy und will mich damit antörnen, aber sie erreicht genau das Gegenteil. Mir gefallen sanfte, zärtliche Küsse. Ich bin doch ein Mann und nicht irgendein Tier.«

Während der Männer-Interviews für meine Nachforschungen stieß ich immer wieder auf diesen Punkt: Männer sträuben sich, in die Schablone vom plumpen Sexualprotz gepreßt zu werden, dem sexuelle Feinheiten völlig egal sind – Hauptsache Sex. Viele hatten ähnliche Gefühle wie der junge Mann, der von seiner Freundin zärtlicher geküßt werden wollte. Und alle stimmen überein: Schlabberküsse?... Igitt!

Warum es Männer abtörnt

Aus demselben Grund, aus dem es viele Frauen abtörnt: Es ist ohne jedes Feingefühl, völlig unerotisch und es verunstaltet auch noch das Gesicht!

Warum Frauen sich so verhalten

Frauen halten es vielleicht für sexy, wenn sie das Küssen nie richtig gelernt haben und sich Gedanken machen, wie sie sich im Bett anstellen sollen, und dann versuchen, das zu überspielen, indem sie gleich aufs Ganze gehen.

Die Lösung

Könnte es sein, daß Sie zu Schlabberküssen neigen? Fragen Sie zunächst Ihren Partner nach seiner Meinung über Ihre Kußfertigkeit. Fragen Sie nicht einfach nur: »Gefällt es dir, wie ich küsse?« Fragen Sie: »Wünschst du dir manchmal, ich würde dich anders küssen?« Dann üben Sie verschiedene Arten des Küssens. Als kleine Hilfe denken Sie sich den Kuß als Mahlzeit. Statt das Essen sofort hinunterzuschlingen, versuchen Sie, ein wenig daran herumzuknabbern, kleinere Happen zu nehmen oder jeden Bissen auszukosten. So haben Sie am Küssen bestimmt mehr Vergnügen und Ihr Partner auch – es sei denn, Sie sind beide schlabberige Küsser und mögen es so. Dann schlabbern Sie ruhig weiter drauflos!

Lustkiller Nr. 13 *Wenn Frauen zu ernst sind*

»Ich bin seit drei Jahren mit einer Frau zusammen, die ich sehr liebe. Es gibt nur ein Problem: Sie nimmt alles zu ernst, auch den Sex. Ich bin kein ausgesprochener Witzbold, aber ich lache gern und blödele herum, und wenn ich das tue, ist sie gekränkt. Zum Beispiel im Bett, wenn ich sie manchmal aufziehe oder mit verstellter Stimme spreche, dann sagt sie: ›Bist du bald fertig?‹ Wenn sie den Sex so furchtbar ernst nimmt, werde ich nervös, als ob ich geprüft werde oder so. Ich wünschte, sie würde das Ganze ein bißchen lockerer sehen.«

»Warum glauben Frauen, mal herzhaft zu lachen sei nicht ladylike? Ich mag Frauen mit Sinn für Humor, vor allem, wenn ich dabei über mich selbst lachen kann. Ich war mal mit einer Frau zusammen, die war super in dieser Beziehung. Eines Abends hatten wir uns ein tolles italienisches Essen genehmigt. Wir fuhren zurück in meine Wohnung und gingen miteinander ins Bett. Na ja, wir waren eine Weile dabei, aber offensichtlich kam keiner von uns auch nur in die Nähe eines Orgasmus. Wir schnauften und prusteten und strengten uns maßlos an. Schließlich sah sie mich an und meinte: ›Schatz, ich bin am Verhungern. Ich glaube, ich brauche noch eine Portion Pasta!‹ Wir prusteten beide los vor Lachen. Wäre sie ärgerlich geworden oder hätte sie unser sexuelles Mißgeschick tragisch genommen, wäre mir das peinlich gewesen und hätte den ganzen Abend ruiniert.«

Sinn für Humor ist ein wichtiger Bestandteil der männlichen Psyche. Wie wir gesehen haben, wollen Männer gern perfekt sein: Sie fühlen sich unter Druck, alles richtig zu machen, Verantwortung zu tragen, erfolgreich zu sein, so daß sie das Lachen brauchen, um sich selbst aufzuheitern. Mit Witzchen und Herumblödeln läßt ein Mann emotionale Spannungen ab. Die Frau, die auf den Spaß nicht eingehen kann, törnt ihn ab.

Warum es Männer abtörnt

Wenn ein Mann versucht, komisch zu sein, und die Frau sich weigert, darauf einzugehen, **fühlt er sich ins Unrecht gesetzt, abgeblitzt, so als wäre sie etwas Besseres als er.** Kann sein, er hat die Befürchtung, insgeheim kritisiert und abschätzig behandelt zu werden, besonders im Bett.

Frauen, die zu ernst sind, erinnern Männer an Lehrerinnen, Mütter und andere angsteinflößende weibliche Autoritätspersonen.

Für Männer ist Humor ein Weg, den kleinen Jungen in sich herauszulassen. Wenn Sie sich nicht daran beteiligen oder von sich aus ähnlich reagieren, verschrecken Sie ihn in diesem verletzlichen Bereich, und das Vertrauensverhältnis leidet darunter.

Warum Frauen sich so verhalten

Kleinen Mädchen wird oft beigebracht, daß Lachen und Herumalbern nicht »ladylike« ist. Außerdem haben wir Angst, nicht ernst genommen zu werden, wenn wir uns nicht ernst geben.

Die Lösung

Ein Mann hat mir einmal aufgetragen, Frauen zu sagen, was sie dazu wissen sollten: **daß ein Mann niemals das Gefühl haben möchte, im Bett bei einem tragischen Fehler ertappt zu werden.** Wenn seine Berührung zu grob ist oder zu lasch, wenn er Sie aus Versehen an den Haaren zieht oder so auf Ihnen draufliegt, daß Sie keine Luft mehr bekommen: Tun Sie nicht so, als hätte er gerade ein Verbrechen begangen. Er fühlt sich dadurch zutiefst gedemütigt, ins Unrecht gesetzt, schaltet ab und verstummt. Versuchen Sie statt dessen das Komische an der Situation zu erkennen. *Nehmen Sie's mit Humor!* Lernen Sie, über sich selbst zu lachen – im Bett und überhaupt. Lassen Sie das kleine Mädchen in sich ein bißchen mehr heraus. Sie haben mehr Spaß an der Sache – und Ihr Partner ist auch mehr angetörnt.

Lustkiller Nr. 14 *Frauen, die sich extrem anspruchsvoll und anhänglich verhalten*

»Nichts auf der Welt törnt mich mehr ab als eine Frau, die sich immer wie ein seelischer Sozialfall gebärdet. Sie kann keine Entscheidungen für sich selbst treffen, sie flippt aus, wenn ich andere Frauen auch nur angucke, sie läßt mich keinen Augenblick los, wenn wir zusammen ausgehen. Bei solchen Frauen komme ich mir vor wie in der Falle, als wollten sie mich ersticken. Egal, wie attraktiv sie sein mögen, meine Begeisterung läßt da ziemlich schnell nach!«

»Mein größter Lustkiller sind Frauen, die immer das Opfer sind, die immer jemand anders für ihre Probleme verantwortlich machen oder die ständig am Rande eines Nervenzusammenbruchs zu sein scheinen. Ich hatte mal eine Freundin, die drohte bei jedem Streit mit Selbstmord. Ich wußte, daß sie es nicht ernst meinte, aber sie wurde derartig hilflos, daß ich mich schon bei jeder Meinungsverschiedenheit schuldig fühlte. Nach ungefähr sechs Monaten hatte ich auch nicht das allergeringste sexuelle Verlangen mehr nach ihr.«

»Schwache, weinerliche Heulsusen törnen mich ab.« Das behauptete die Mehrzahl der Männer, die ich interviewte. Es ging nicht um Sensibilität oder Verletzlichkeit, sondern um Frauen, die die Erfüllung ihres Daseins ausschließlich vom Mann erwarten, anstatt eine eigenständige Persönlichkeit zu entwickeln.

Warum es Männer abtörnt

Je hilfloser und anhänglicher Sie erscheinen, desto mehr wird ein Mann sich für Sie verantwortlich fühlen. Er wird zum Vater, Sie werden zum Kind, und das sexuelle Verlangen schwindet.

Warum Frauen sich so verhalten

1. Wir fühlen uns machtlos. Im zweiten Kapitel ging es darum, daß sich erwachsene Frauen wie kleine Mädchen benehmen, ihre Individualität aufgeben und ihre Persönlichkeit zugunsten der Männer zurückstellen. All diese selbstzerstörerischen Verhaltensmuster tragen zu dem Gefühl des hilflosen Anklammerns bei. Je weniger eigenes Selbstvertrauen Sie entwickeln, desto unsicherer und hilfloser sind Sie in einer Partnerschaft.

2. Wir haben Verlustangst. Wenn Sie jemand Nahestehenden verloren haben – sei es als Kind, durch Scheidung oder Tod der Eltern, oder als Erwachsener durch eine zerbrochene Beziehung –, sind Sie meist anfällig für Verlustangst oder Angst vorm Verlassenwerden. Wichtig ist auf der einen Seite, diese Gefühle zu untersuchen und sich davon freizumachen, und auf der anderen, zu begreifen, welchen Einfluß diese Gefühle auf Ihr Liebesleben haben können.

> Je größer Ihre unbewältigte Angst vorm Verlassenwerden, desto stärker die Neigung, sich Ihrem Lebensgefährten als hilflose Klette anzuhängen.

3. Wir haben echte Angst, weil unser Partner uns zuwenig liebt. Manchmal ist die Angst, man könnte jemanden verlieren, den man liebt, begründet. Mag sein, er behandelt Sie nicht gut. Mag sein, er zeigt Ihnen nicht, wie sehr er Sie braucht, und Sie werden dadurch noch liebebedürftiger. Vielleicht will er Ihnen gegenüber keine Verpflichtung eingehen. All diese männlichen Verhaltensweisen sind legitime Gründe dafür, daß Sie sich in einer Beziehung vernachlässigt und machtlos fühlen.

Die Lösung

1. Sorgen Sie dafür, daß Sie in einer Beziehung Stärke besitzen und Ihre Würde bewahren. Haben Sie den Verdacht, daß Ihr Mann Sie als übertrieben liebebedürftige Klette empfindet? Dann lesen Sie noch einmal Kapitel 2 und 3 und rufen Sie sich ins Gedächtnis zurück, wie Sie als starke Frau Ihr Leben gestalten sollten.

2. Machen Sie sich von Ihren Verlustängsten frei. Wenn Ihnen klar wird, daß Sie unbewältigte Ängste vor Verlust und Zurückweisung mit sich herumtragen, machen Sie den Schritt zur eigenen Heilung. Suchen Sie sich einen engagierten Therapeuten oder eine gute Frauengruppe. Tun Sie alles, was nötig ist, um sich von diesem alten Gefühlsballast zu befreien, den Sie von Beziehung zu Beziehung mitschleppen.

3. Vergewissern Sie sich, daß Sie in Ihrer Beziehung keine emotionalen Lücken füllen. Wie wir im dritten Kapitel gesehen haben, fühlen sich Frauen zwangsläufig ungeliebt und bedürftig, wenn sie dem Partner sehr viel mehr geben, als sie von ihm bekommen. Nehmen Sie sich die Zeit, Ihre Beziehung ehrlich zu durchleuchten.

Lustkiller Nr. 15 *Wenn Frauen dumm und oberflächlich sind*

»Ich sage Ihnen, was mich am meisten abtörnt – Frauen, die keine Ahnung haben, was in der Welt um sie herum vorgeht, und statt dessen ihre Zeit mit Maniküre, der neuesten Mode oder vor der Glotze verbringen. Ich habe viele Frauen kennengelernt, die ich äußerlich sehr anziehend fand, aber sobald sie den Mund aufmachten, verlor ich das Interesse. Die Prioritäten stimmten einfach nicht.«

»Mir als Mann ist es sehr wichtig, daß ich stolz sein kann auf die Frau, mit der ich zusammen bin. Das Gefühl zu haben, ich kann sie überall mit hinnehmen oder sie jedem vorstellen und sie kann damit umgehen. Natürlich gefallen mir gutes Aussehen und ein schöner Körper, aber was mich am meisten anmacht, ist eine Frau mit Geist. Das ist für mich wahre Stimulation.«

Viele Männer in meiner Umfrage stimmten darin überein: Frauen mit oberflächlichem Wesen törnen ab. Nicht, daß jeder Mann unbedingt eine Frau mit hohem IQ oder höherer Bildung haben muß oder gar eine Intellektuelle. Schließlich ist auch bei den Männern jedes Intelligenzniveau vertreten. Viele Männer haben es jedoch gern, wenn ihre Frauen nicht als selbstsüchtige, egozentrische, oberflächliche Wesen angesehen werden. Folgendes wurde als unangenehm bezeichnet:

- Wenn Frauen nur Modezeitschriften lesen und niemals andere Zeitschriften oder Magazine

- Wenn die Konversation lediglich aus Klatsch über andere Frauen, Fernsehshows und Informationen aus der *Yellow Press* besteht

- Wenn Frauen stumpf, leichtfertig oder dämlich sind

- Wenn Frauen es nicht für nötig halten, sich weiterzubilden oder an sich zu arbeiten.

Ich weiß, was Sie jetzt denken: Es laufen haufenweise Männer herum, die genauso sind und uns auch genauso abtörnen! Das stimmt. Aber der Mann, den Sie sich wünschen, möchte ganz sicher mit einer Frau zusammensein, die ihm ebenbürtig und nicht unterlegen ist.

Warum es Männer abtörnt

Sie geben es vielleicht nicht zu, aber Männer beziehen oft ihr Selbstwertgefühl aus dem Niveau ihrer Frau. Was andere Männer von seiner Frau oder Freundin halten, ist ihm wichtig.

Männer müssen stolz sein können auf die Frau, die sie lieben.

Da das Denken Männern außerdem meist vertrauter ist als das Fühlen, brauchen sie auch die geistige Beziehung mit Ihnen, nicht nur die körperliche. Für Männer ist eine gute, geistreiche Unterhaltung nicht nur ein Stimulans für den Geist, sondern auch für den ganzen Körper.

Warum Frauen sich so verhalten

Mich als Frau regt nichts mehr auf, als wenn ich sehe, wie andere Frauen sich selbst erniedrigen dadurch, wie sie ihren Körper als Lockmittel im Männerfang einsetzen, ihre geistigen Fähigkeiten ignorieren, das »Dummchen« spielen und ihr Potential in keiner Weise ausschöpfen.

Leider wurden wir in unserem Gesellschaftssystem bis vor kurzem noch in dem Glauben erzogen, Intellekt sei reine Männersache und die Rolle der Frau bestünde darin, hübsch auszusehen und einen Mann glücklich zu machen. Millionen von Frauen müssen sich endlich darüber klarwerden, daß sich die Zeiten geändert haben und daß sie selbst über genausoviel Intelligenz und Talente verfügen wie die Männer. Weil Männer in diesem Bereich einen Vorsprung haben, fühlen wir uns in unserer intellektuellen Entwicklung oft frustriert und fallen zurück ins Klischee des »sei schön und halt den Mund«.

Die Lösung

1. Bilden Sie sich weiter. Sie haben Ihren Intellekt bisher nicht so einsetzen können, wie es Ihnen lieb gewesen wäre? Dann entschließen Sie sich, das *jetzt zu ändern:* Fangen Sie an, mehr zu lesen! Zeitungen, anspruchsvolle Magazine, Bücher. Sie müssen nicht wieder zur Schülerin werden. Aber zu wissen, was in der Welt geschieht, gibt Ihnen einfach das Gefühl, mehr Kompetenz zu haben. Belegen Sie Kurse oder Seminare, um Ihre Wissenslücken zu füllen. Fragen Sie nach bei Dingen, die Sie besser verstehen möchten. Je klüger Sie sich fühlen, desto mehr Selbstvertrauen strahlen Sie aus, und das törnt Ihren Partner um so mehr an.

2. Machen Sie sich eine Liste: »Wo spiele ich das Dummchen?«

3. Denken Sie dran: Klug ist sexy!

Lustkiller Nr. 16 *Wenn Frauen nur am Geld eines Mannes interessiert sind*

»Ich kann diese Frauen nicht leiden, die beim ersten Treffen sofort abchecken, welches Auto ich fahre, was für einen Job ich habe, welche Designer-Klamotten ich trage und wo ich meinen Urlaub verbringe. Ich habe das Gefühl, es ist ihnen völlig egal, was für ein Mensch ich bin. Alles, was sie wollen, ist ein Mann, mit dem sie ihre Freunde beeindrucken können, und jemand, mit dem sie schick essen gehen können.«

»Frauen sagen immer, sie wollen einen zärtlichen, sensiblen, offenen Mann. Einen, der bereit ist, an der Beziehung zu arbeiten. Aber in Wirklichkeit wollen sie nur einen Mann mit Geld. Hat jemand nicht den Superjob, sondern ist nur – sagen wir – Verkäufer in einem Warenhaus oder baut sich gerade erst sein eigenes Geschäft auf, ist es der Frau piepegal, wie liebevoll und aufmerksam er ist. Weg ist sie, hinter irgend so einem Blödmann her, der sie behandelt wie den letzten Dreck, aber einen Porsche fährt, die Brieftasche voller Kreditkarten hat und sie übers Wochenende nach Jamaika einlädt.«

Wenn Sie einen Mann mal richtig wütend werden sehen wollen, bringen Sie das Gespräch auf Lustkiller Nummer sechzehn. Ich glaube nicht, daß bei den Männern, die ich befragt habe, irgendein anderes Thema so viel Verärgerung ausgelöst hat.

Männer hassen das Gefühl, ausgenutzt oder nach ihrem Geldbeutel eingeschätzt zu werden.

Aus einem vergleichbaren Gefühl heraus reagieren wir Frauen so aufgebracht, wenn Männer uns nach der Größe des Busens beurteilen oder der Vollkommenheit unseres Körpers.

Warum es Männer abtörnt

Männer fühlen sich ohnehin ständig unter Leistungsdruck. Wenn eine Frau einen Mann ausschließlich nach seinem materiellen Erfolg beurteilt, hat er das Gefühl, es geht ihr gar nicht um ihn als Menschen. Dieser Mangel an emotionalem Interesse von seiten einer Frau erweist sich als garantierter Lustkiller.

Warum Frauen sich so verhalten

Frauen suchen sich Männer nach ihren Bankauszügen aus,

- wenn sie in einem Mann eher einen »guten Fang« sehen als ein menschliches Wesen

- wenn sie meinen, sie könnten nicht selbst für sich sorgen und müßten sich von einem Mann abhängig machen, der für sie aufkommt

- wenn sie sich nicht durch sich selbst definieren, sondern dadurch, was andere Leute von dem Mann halten, den sie »abbekommen« haben.

Die Lösung

Wenn Sie wollen, daß ein Mann Sie wegen Ihrer inneren Werte liebt und nicht wegen Ihrer äußeren Erscheinung, müssen Sie bereit sein, sich ihm gegenüber genauso zu verhalten.

Mit anderen Worten: Hören Sie auf, einen Mann an seinem Erfolg zu messen, gucken Sie sich lieber an, was für ein Mensch er ist. Es gibt Millionen von wunderbaren, liebevollen Single-Männern, die von den Frauen übersehen werden, weil sie kein schickes Auto fahren, keinen Prestige-Job haben oder unauffällige Klamotten tragen. Was diese Männer Ihnen zu bieten haben, ist sehr viel kostbarer: Sensibilität, Treue, Freundschaft und wahre Liebe.

Lustkiller Nr. 17 *Wenn Frauen ihre Sexualität einsetzen, um Männer zu manipulieren*

»Es törnt mich echt ab, wenn Frauen mir mit diesem ›Ich-bin-ja-so-heiß-komm-und-vernasch-mich‹-Spiel kommen. Ich treffe diese Sorte Frau überall in den Nachtclubs. Sie stolzieren da aufgedonnert herum, werfen mir Blicke zu, als wäre ihr Körper der Köder und ich der Fisch, der anbeißen soll. Ich weiß, daß viele Männer tatsächlich darauf reagieren, aber respektieren tun sie eine Frau nicht, die sich so benimmt.«

»In meinem Büro gibt es eine Frau, die Männer wie Sexobjekte behandelt. Sie flirtet, reizt sie, macht sie dauernd an – und dann wundert sie sich, warum sie niemand ernst nimmt.«

Männer sind keine Trottel, meine Damen. Sie merken, wenn eine Frau sie mit ihrer Sexualität manipuliert. Sie bekommen die »Anmache« sehr wohl mit. Auch wenn es vielleicht aussieht, als würden sie so ein Verhalten toll finden, auch wenn sie Ihnen vielleicht die

Beachtung schenken, auf die Sie aus waren: Die Männer respektieren Sie nicht, nehmen Sie nicht ernst und machen sich hinter Ihrem Rücken über Sie lustig.

Meistens läuft dieses Spiel allerdings viel subtiler ab als eben beschrieben. Wir benehmen uns in Gegenwart von Männern anders als unter Frauen. Unsere Körpersprache verändert sich Männern gegenüber. Wir gehen ein wenig dichter ran. Wir bewegen uns anders, lächeln mehr, suchen Körperkontakt. Wir senden unbewußt Signale aus, um Männer dahin zu bringen, wo wir sie haben wollen. Ich behaupte nicht, daß Frauen das immer mit Absicht tun. Wir beobachten dieses Verhalten so häufig bei anderen Frauen in Film und Fernsehen, daß wir es ganz automatisch annehmen. Aber durch solche Angewohnheiten reduzieren wir unsere Persönlichkeit und vermasseln schließlich unsere Beziehungen zu Männern.

Warum es Männer abtörnt

Genau gesagt passiert folgendes: Die meisten Männer erzählen, daß so ein Verhalten sie sexuell zwar antörnt, gefühlsmäßig werden sie aber davon abgestoßen. Einer drückte es so aus: »Wenn ich eine Frau sehe, die offensichtlich versucht, sexy zu sein oder mich anzumachen, merke ich genau, daß mein Körper ganz automatisch reagiert. Aber das ist rein physisch. Innerlich fühle ich mich angewidert, beinahe gedemütigt durch die Art, wie sie meine Reaktion herausfordert.«

Männer wissen, daß Frauen diese sexuelle Angreifbarkeit an ihnen kennen, diese schnelle physische Erregbarkeit ausnutzen. Deshalb lehnen sie es ab, wenn dieses Mittel gegen sie eingesetzt wird und ärgern sich über ihren eigenen Körper, der ohne ihre Zustimmung reagiert. **Sie fühlen sich manipuliert und überrumpelt und sind abgetörnt.**

Warum Frauen sich so verhalten

Aus einem Gefühl der Machtlosigkeit heraus setzen wir unsere Sexualität ein, um Männer zu manipulieren. Lange Zeit war in unserer Gesellschaft der Sex das einzige Machtmittel, das Frauen

Männern gegenüber hatten. Wir besaßen weder politische noch wirtschaftliche Macht und lernten, den Sex einzusetzen, um unsere Ziele zu erreichen. Wir benutzten ihn, um die Aufmerksamkeit eines Mannes zu erregen, um ihn einer anderen auszuspannen, ihn dazu zu bringen, für uns zu sorgen, und auch, um ihn zu halten. Es macht mich traurig, wenn Frauen sich immer noch so verhalten, als sei die Sexualität ihr einziges Machtmittel.

Das Problem bei diesem Manipulationsverhalten liegt darin, daß es funktioniert: Es funktioniert so gut, daß Frauen aus dieser Rolle nicht mehr herauskommen. Männer respektieren sie nicht und sie sich selbst auch nicht.

Die Lösung

Wenn Sie nicht wie ein Sexobjekt behandelt werden wollen, sollten Sie sich dementsprechend benehmen und auch den Mann nicht als solches behandeln.

Überprüfen Sie mal aufrichtig Ihr Verhalten in Gegenwart von Männern. Fragen Sie sich, ob Sie Ihr wahres Ich nicht hinter Ihrer Sexualität verstecken. Versuchen Sie, sich einfach als Mensch zu geben und nicht als Frau. Möglicherweise wissen Sie nicht, was das heißt, bis Sie es eine Weile geübt haben.

Eines der größten Komplimente machte mir ein bekannter Fernseh-Produzent, mit dem ich bei verschiedenen Projekten zusammenarbeitete. »Weißt du, was ich an dir so liebe, Barbara?« sagte er. »Wenn wir zusammen sind, benimmst du dich nicht wie eine Frau, du bist einfach ein Mensch. Du gehst mit mir um, wie das ein Mann auch tun würde. Dadurch fühle ich mich sehr entspannt in deiner Gegenwart und respektiere dich wirklich.«

Lustkiller Nr. 18 *Wenn Frauen über ihre verflossenen Liebhaber reden*

»Ich treffe mich mit Suzanne jetzt schon seit über einem Jahr, und sie redet immer noch von ihrem Ex-Freund. Mache ich etwas besser als er, vergleicht sie uns. Mache ich das gleiche falsch wie er, ist sie auf mich *und* auf ihn sauer. Es kommt mir so vor, als wären wir zu dritt in dieser Beziehung. Ich wünschte, sie wäre schon völlig drüber weg gewesen, als wir uns kennenlernten, weil es mich ganz verrückt macht!«

»Ich hasse es, wenn Frauen sich über ihre früheren sexuellen Erfahrungen auslassen. Ich meine, ich gehe ja nicht davon aus, daß sie Jungfrau ist. Aber es interessiert mich nicht, wie groß oder klein der Schwanz von diesem Typen damals gewesen ist, nicht mal, was für ein lausiger Liebhaber irgend jemand war. Es törnt mich ab, an all die Männer zu denken, mit denen meine Partnerin schon geschlafen hat.«

Es wird Zeit, der Wahrheit ins Auge zu sehen: Ihr Partner will nichts hören über die Männer, mit denen Sie vor ihm zusammen waren. Er toleriert es gerade noch, wenn Sie das Thema ansprechen. Er mag sogar neugierig erscheinen. Aber innerlich geht er auf Distanz. Sicher ist Ihnen klar, warum er nicht gern Lobeshymnen auf frühere Lover von Ihnen hört, aber was ist mit den schlimmen Sachen? Wird er sich durch solche Aussagen nicht aufgewertet fühlen? Die Antwort ist: Nein!

Warum es Männer abtörnt

• **Er kommt zu dem Schluß, daß Sie einen miserablen Geschmack in bezug auf Männer haben.** Wenn Sie schlecht über Ihre früheren Partner reden, denkt Ihr jetziger unwillkürlich: *Klingt, als ob das alles Idioten waren. Ist das ihr Geschmack, was Männer betrifft? Heißt das, ich befinde mich in Gesellschaft von Idioten? Bin ich ein Idiot und weiß es nur nicht?*

• **Er lernt Sie von einer finsteren, rachsüchtigen Seite kennen und fragt sich, ob er Ihr nächstes Opfer sein wird.** Wenn Sie wie ein Rohrspatz über Ihren ehemaligen Freund oder Ehemann schimpfen, wie gräßlich er war, dann vielleicht in dem Glauben, Ihr Partner freut sich, daß Sie Ihren Ex so sehr verabscheuen. Statt dessen konfrontieren Sie ihn mit der wütenden, unversöhnlichen Seite Ihrer Persönlichkeit, und so etwas schreckt Männer ab. Erinnern Sie sich, wie empfindlich sie auf Kritik reagieren. Erlebt Ihr Partner Sie derart kritisch, selbst wenn es sich gegen andere Männer richtet, könnte er unwillkürlich zu dem Schluß kommen: *Wenn sie auf jemanden, den sie mal geliebt hat, so wütend sein kann, zieht sie vielleicht eines Tages genauso über mich her. Mag sein, ich kann mich auf ihre Liebe nicht verlassen.*

Ein Mann formulierte es so: »Jedesmal wenn meine Freundin ihren Ex-Ehemann in der Luft zerreißt, macht mich das so nervös, daß ich den Typ sogar verteidige. Ich weiß, ihr Ärger ist berechtigt, aber ich glaube, ich habe Angst, daß sich ihre Wut eines Tages auch gegen mich richtet.«

● **Es ärgert ihn, daß Sie so ein Schwächling waren und solch schlechte Behandlung hingenommen haben.** »Wie konnte meine Freundin nur so blöd sein und sich von ihrem Ex-Ehemann so mies behandeln lassen?« rief ein Mann aus, während wir über diesen Lustkiller diskutierten. Wenn Sie Ihren Ex-Partner als Monster hinstellen, wird Ihr jetziger Freund sich fragen, was für eine Frau Sie sein müssen, daß Sie sich von einem Mann so behandeln lassen.

Warum Frauen so handeln

1. Manchmal haben Frauen ihre früheren Beziehungen seelisch noch nicht ganz verarbeitet und fühlen sich bei ihrem jetzigen Partner sicher genug, ihren Emotionen freien Lauf zu lassen. Es ist wichtig, sich von Wut und Vorwürfen, die man mit sich herumträgt, zu befreien. Aber Ihr Partner ist nicht unbedingt die geeignete Person, um Ihnen bei der Aufarbeitung dieser Gefühle zu helfen. Frauen verfallen sehr leicht in diesen Fehler, besonders wenn eine Beziehung noch ganz frisch ist und sie sich mehr geliebt fühlen als jemals zuvor. In dieser großen Liebe fühlen Sie sich sicher genug, sich zu öffnen und die alten Schmerzen loszulassen. Es mag Ihnen danach besser gehen, aber Sie riskieren damit, Ihren Partner abzuschrecken.

2. Indem wir unseren früheren Liebhaber kritisieren, machen wir unserem neuen Partner auf versteckte Weise klar, wie wir von ihm behandelt werden wollen. »Außer zum Geburtstag bekam ich von Don niemals irgendwelche Aufmerksamkeiten oder kleine Geschenke. Das habe ich gehaßt an ihm. Er war so unromantisch.« Diese Bemerkung über ihren früheren Lover macht eine Frau ihrem neuen Freund gegenüber. Übersetzung: *Kauf mir hin und wieder was, wenn du mit mir gut Freund sein willst!*

Sehr oft wenden Frauen bei ihren Lebensgefährten diese Form der indirekten Kommunikation an, statt offen und ehrlich über ihre Wünsche und Bedürfnisse in der Beziehung zu sprechen.

Die Lösung

1. Tragen Sie noch alten, unverdauten Ärger und Groll auf frühere Liebhaber mit sich herum? Suchen Sie sich einen Ratgeber, Therapeuten oder eine Frauengruppe, um sich von diesen Emotionen zu kurieren. Das soll nicht heißen, daß Sie Ihre Gefühle nicht mit Ihrem neuen Partner besprechen können, aber *benutzen Sie ihn nicht als seelischen Mülleimer*. Und denken Sie an eines:

Solange Sie Ärger und Vorwürfe gegenüber Ihrem alten Partner in sich fühlen, sind Sie immer noch an ihn gebunden.

Ihr jetziger Partner wird Ihnen die Aufarbeitung dieser negativen Gefühle hoch anrechnen, und sein Vertrauen in Sie wird sogar noch gestärkt.

2. **Setzen Sie sich mit Ihrem Partner zusammen, und sprechen Sie über Ihre Bedürfnisse und Erwartungen in Ihrer Beziehung.** Verlassen Sie sich nicht auf Hinweise, Andeutungen oder indirekte Kommunikation, wenn Sie etwas Bestimmtes wollen. Sprechen Sie offen über Ihre Bedürfnisse, und bitten Sie auch Ihren Partner darum. In Kapitel neun mache ich ein paar Vorschläge, wie man mit seinem Lebensgefährten eine neue, erfüllende Beziehung gestalten kann.

LUSTKILLER NR. **19** *Wenn Frauen beim Sex nicht spontan sind*

»Was mich am Sexualleben mit meiner Frau am meisten stört? Sie treibt jedesmal einen Riesenaufwand, wenn wir miteinander schlafen. Zuerst verbringt sie mindestens eine halbe Stunde im Bad mit Waschen, Eincremen und weiß Gott noch was. Dann muß sie das Schlafzimmer herrichten – Kerzen überall und die passende Musik. Wenn sie endlich soweit ist, ist mein Interesse verflogen. Es kommt mir so vor, als ob sie sich für eine Art Vorstellung bereit machen würde, mit mir in der Nebenrolle. Ich meine, richtig zu planen kann manchmal sehr toll sein. Aber bei ihr muß alles haarklein durchorganisiert sein, oder es findet nicht statt.«

»Ich liebe spontanen Sex. Das törnt mich richtig an. Mit meiner letzten Freundin hatte ich ewig Streit deswegen. Zum Beispiel kommen wir nach Hause nach unserem Workout im Fitneß-Studio, ich fange in der Haustür an, sie zu küssen, und sage: ›Ich bin so geil, komm, laß es uns tun‹. ›O Schatz, in bin auch geil‹, sagt sie dann, ›aber ich mag jetzt nicht. Ich habe noch nicht geduscht und muß auch noch unsere Sachen von der Reinigung holen für die Party heute abend.‹ Immer hatte sie irgendeine Entschuldigung, warum es der falsche Zeitpunkt war: Sie hätte noch nasse Haare vom Duschen oder sie erwarte einen Anruf oder wir hätten nicht genug Zeit. Es war ja nicht so, daß ich es immer nur auf diese Art wollte, manchmal haben wir uns auch stundenlang geliebt und es wurde zu einem richtigen Ritual. Aber ab und zu hätte ich mir gewünscht, daß sie einfach alles fallenläßt und zu mir sagt: ›Ich will dich jetzt!‹«

Wir haben schon gehört, weshalb Männer auf spontanen Sex stehen: um Spannungen abzubauen oder weil ihnen die Energie zu einer großangelegten Verführung fehlt, aber trotzdem wollen sie gern mit einer Frau zusammensein. Ich habe so viele Beschwerden gehört, daß Frauen nicht spontan genug sind, deshalb habe ich den Punkt in die Hitliste der Lustkiller aufgenommen. Die Beschwerden bezogen sich im besonderen auf

● Frauen, die sich ewig lange im Bad aufhalten, bevor sie für den Sex bereit sind,

- Frauen, die unbedingt die richtige Beleuchtung, Musik oder das passende Ambiente haben müssen,
- Frauen, die sich dabei Gedanken um ihr Aussehen machen – Haare, Make-up und so weiter.

Warum es Männer abtörnt

1. Aus dem Sex wird ein Projekt: Das setzt Männer unter Leistungsdruck. Wenn Frauen sich für Sex bereitmachen wie für eine größere Unternehmung, sehen Männer sich leicht in der Situation, etwas leisten zu müssen. Mittlerweile sollten Sie genug über Männer wissen, um sich darüber klar zu sein, daß Leistungsdruck ein Lustkiller ist. Ein Freund von mir drückte es so aus: »Wenn eine Frau nicht spontan sein kann, macht sie den Sex mehr zu einer Zerreißprobe als zu einem momentanen Feuerwerk.«

2. Männer kommen sich dadurch kontrolliert vor. Ihr Partner ist animiert und hat Lust auf Liebe. Sie stimmen zu, entschwinden ins Bad und lassen ihn zwanzig Minuten warten. Wie fühlt er sich wohl? *Gegängelt.* Wir haben schon gesehen, wie es Männer abtörnt, wenn sie sich kontrolliert vorkommen. Auch dieses Beispiel macht da keine Ausnahme.

3. Er bekommt das Gefühl, daß Sie sich gar nicht soviel aus Sex machen. Gestattet sich eine Frau niemals spontanen Sex, so folgert ihr Partner daraus, daß sie entweder Sex nicht besonders mag oder keinen so großen Geschlechtstrieb hat, wenn sie eine derartige Selbstbeherrschung aufbringt. »Für meine Frau ist Sex nur dann möglich, wenn sie den Sex eliminiert«, sagte ein Mann zu mir. Er meinte damit, daß seine Frau Sex nur in romantisierter Form ertrug, gesäubert und idealisiert, bis kein Funken Lust mehr übrigblieb.

Warum Frauen sich so verhalten

1. Wir haben Angst, sexuell außer Kontrolle zu geraten. Wie ich bereits erklärte, gestehen Frauen nur sehr zögernd ein, sogar sich selbst gegenüber, daß sie manchmal einfach lustvollen Sex haben wollen. Wenn Sie sich also dabei ertappen, wie Sie mit Ihrem Partner auf der Treppe stehen und es hier und jetzt tun wollen, ist Ihnen das möglicherweise peinlich, fühlen Sie sich billig oder nuttig. Mit anderen Worten: Es ist Ihnen vielleicht unangenehm, sexuell so außer Kontrolle zu sein. Es auf später zu verschieben gibt Ihnen Zeit, sich wieder unter Kontrolle zu bekommen, auch wenn Sie dadurch die Gelegenheit zu einem herrlichen Moment der Leidenschaft verpassen.

2. Es ist schwierig, mit Ihrem Partner spontan lustvoll zu sein, wenn Sie sich emotionell von ihm vernachlässigt fühlen. Die meisten Frauen wissen, daß wir weniger körperliches Vorspiel brauchen, wenn wir am Tag oder Abend vor dem eigentlichen Geschlechtsakt viel Liebe, Aufmerksamkeit und Zuwendung erhalten haben. Es fällt schwer, von einem Partner angetörnt zu sein, der Sie die ganze Woche über kaum angefaßt hat und nun, wo er plötzlich in der Stimmung für Sex ist, wilde Hingabe von Ihnen erwartet. Ein langes Bad vorher nehmen, den Raum mit Kerzen dekorieren und andere nichtspontane Handlungen sind alles Dinge, mit denen Sie sich selbst vielleicht in Stimmung bringen, wenn Ihr Partner das nicht für Sie getan hat.

Die Lösung

Lesen Sie Kapitel fünf noch einmal, es enthält Anleitungen, wie man spontanen Sex genießen kann.

Lustkiller Nr. 20 *Wenn Frauen häßliche Unterwäsche tragen*

»Der größte Lustkiller überhaupt ist für mich, wenn Frauen diese Unterhosen tragen, die meine Mutter hatte – diese Baumwolldinger, die bis zur Taille raufgehen und an den Seiten so eingeschnitten sind. Bäh! Wenn ich die sehe, verliere ich jedes Interesse am Darunter.«

»Ich finde nichts widerlicher, als eine schöne Frau kennenzulernen, eine Weile mit ihr auszugehen, sie schließlich mit in mein Appartement zu nehmen, sie auszuziehen – und festzustellen, daß sie gräßliche Unterwäsche trägt. Schlabberige Unterhosen, ausgeleierter, häßlicher BH. Was für eine Enttäuschung!«

Ich konnte nicht widerstehen, mir diesen Lustkiller bis zum Schluß aufzuheben. Hätten Sie mich gebeten, eine Liste jener Lustkiller aufzustellen, die meines Erwartens von den mir befragten Männern genannt würden, wäre mir nicht im Traum eingefallen, diesen Punkt auf die Liste zu setzen. Und doch wären Sie erstaunt, wie viele Männer das ansprachen, ja sogar die gleichen Formulierungen benutzten, wie:

- »Unterhosen, wie meine Mutter sie getragen hat«

- »Sackartige Unterhosen, die ihnen am Po herumschlabbern«

- »Ausgeleierte Unterhosen oder BHs«

- »Büstenhalter, die aussehen wie Brustpanzer (die mit verstärktem Rückenteil und den vielen Haken)«

- »BHs, die nicht richtig passen (zu groß oder zu klein)«

Sind Sie genauso geschockt, wie ich es war? Hätten Sie gedacht, daß Männer so was überhaupt wahrnehmen? Tja, tun sie aber, und wenn die Unterwäsche ihren Ansprüchen nicht genügt, ist sie offenbar ein echter Lustkiller.

Warum das Männer abtörnt

Zunächst ist alles, was einen Mann an seine Mutter erinnert (weiße, sackartige Schlüpfer, steife, altmodische BHs), aus naheliegenden Gründen ein großer Lustkiller: das alte Inzest-Tabu. (Sieht sie Mama zu ähnlich, kann ich sie natürlich nicht bumsen.) Wie auch immer, die beste Erklärung, die ich zu diesem speziellen Lustkiller gehört habe, kam von einem einundvierzigjährigen Schriftsteller:

»Wenn ich eine Frau entkleide und feststelle, daß sie häßliche Unterwäsche trägt, gehen mir drei Dinge durch den Kopf: *Erstens – sie hat* wohl kein großes Interesse an sich selbst, daß sie so ein Zeug anzieht; zweitens – sie hat wohl auch kein großes Interesse an mir, daß sie mich dieses Zeug an ihr sehen läßt; und drittens – sie hat wohl auch kein großes Interesse am Sex, denn sie kann sich in diesem Zeug unmöglich sexy fühlen!«

WARUM FRAUEN SICH SO VERHALTEN

Was soll ich dazu sagen, Ladies? Ist es Faulheit oder Geiz, wenn wir uns keine schöne Wäsche leisten? Oder haben wir endgültig die Hoffnung aufgegeben, einen Mann kennenzulernen und jemals wieder Sex zu haben; trugen wir deshalb die alten Höschen, ohne zu ahnen, daß sie ein paar Stunden später jemandem vor die Augen kommen?

DIE LÖSUNG

Rangieren Sie Ihre alte, ausgeleierte, verfärbte Unterwäsche aus. Kaufen Sie sich Wäsche, in der Sie sich schön fühlen. Es müssen keine Spitzen-String-Tanga-Modelle sein. Es gibt heute wunderschöne attraktive Baumwoll-Slips auf dem Markt. Und übrigens – sollte Ihr Freund oder Ehemann der gleichen »Unterwäsche-Sünde« schuldig sein, sagen Sie ihm, wie sehr es auch Sie abtörnt. Bewegen Sie ihn dazu, die kaputten Boxer-Shorts oder ausgeleierten Jockey-Slips fortzuwerfen.

Auch wenn Sie als Single leben, tragen Sie Unterwäsche, in der Sie sich sexy fühlen. Schließlich kann man nie wissen, wo und wann einem der Richtige begegnet. Ich sage: Allzeit bereit sein!

Ich hoffe, dieses Kapitel zu lesen hat Ihnen genausoviel Spaß gemacht wie mir, es zu schreiben. Ich schlage vor, daß Sie Ihren Partner bitten, diese Liste durchzugehen und Ihnen zu sagen, wie er über jeden einzelnen Lustkiller denkt. Dann machen Sie sich eine Liste Ihrer eigenen Top-20-Lustkiller und besprechen sie mit ihm. Die Liste zu schreiben wird Ihnen Spaß machen, und Ihr Partner wird ebensoviel über Sie erfahren, wie Sie gerade über Männer gelernt haben.

Das Unbegreifliche im Zusammenleben

7 Geheimtips für die Verständigung mit Männern

Stellen Sie sich folgendes vor: Sie landen in einem fremden, exotischen Land, wo niemand Ihre Sprache spricht. Aber das beunruhigt Sie nicht – Sie sind mit einem speziellen Wörterbuch ausgerüstet, das erklärt, wie man sich mit den Eingeborenen dieses Landes verständigt. Sie steigen aus dem Flugzeug und machen den ersten Kontaktversuch entsprechend den Richtlinien Ihres Buches, aber die Person sieht Sie an, als hätten Sie nicht alle Tassen im Schrank. Sie wenden sich an einen anderen Menschen und versuchen Ihr Glück aufs neue mit einem Satz, den Ihr Buch als freundlich einstuft. Diesmal wird der Eingeborene ärgerlich, ist sichtlich beleidigt und beginnt Sie anzuschreien. Jetzt packt Sie langsam die Panik, und Sie blättern verzweifelt in Ihrem Buch, um einen Satz zu suchen, mit dem man um Hilfe bittet. Sie sagen diesen Satz zu einem Mann auf der Straße und wundern sich sehr, als dieser Mann, statt Ihnen zu helfen, in lautes Gelächter ausbricht und kopfschüttelnd weitergeht. In diesem Moment erkennen Sie die furchtbare Wahrheit – *Ihr Buch nützt Ihnen nichts.* Es wurde offensichtlich für ein völlig anderes Land geschrieben, denn diese Leute verstehen kein Wort von dem, was Sie sagen.

Falls Sie es noch nicht selbst erraten haben: In dieser Geschichte spiegelt sich die Frustration wider, die all die Jahre hindurch Frauen empfunden haben, wenn sie versuchten, sich mit ihren Männern zu verständigen. Wir reden mit Männern in einer Sprache, von der wir annehmen, daß sie sie verstehen, und stellen dann fest, daß kein Wort davon ankommt.

Kennen Sie das? Sie haben ein wunderbares Gespräch mit einer Freundin, die Ihren Standpunkt voll und ganz begreift, und sagen dann zu ihr: »Könnte ich nur einen Mann finden, mit dem ich mich genauso gut verstehe wie mit dir, ich wäre glücklich bis ans Ende meiner Tage!«

Dieses Kapitel ist als Anleitung für Sie gedacht, wie Sie lernen, sich mit dem Mann, den Sie lieben, zu verständigen. Es beschreibt Erkenntnisse darüber, wie Männer denken, zuhören und sich ausdrükken. Das zu erfahren war von unschätzbarem Wert für mich, und ich weiß, daß es auch in Ihrem Leben einen Schritt nach vorn bedeuten wird.

Drei Geheimnisse über die Kommunikation mit Männern

Auf den nächsten Seiten werde ich drei Geheimnisse aufdecken, um damit die männlichen Kommunikationsmuster verständlich zu machen. Jedes Geheimnis wird in drei Informationsblöcke aufgeteilt:

1. Was Frauen aus Mangel an Verständnis bei der Kommunikation mit Männern falsch machen
2. Wie Männer darauf reagieren
3. Lösungen für neue Wege der Verständigung

Studieren Sie diese drei Geheimnisse, und wenden Sie die Lösungen im täglichen Leben an – es wird sich sofort auf Ihre Beziehung mit Männern auswirken.

KOMMUNIKATIONSGEHEIMNIS NR. 1 *Männer kommunizieren am besten, wenn der Themenbereich überschaubar ist*

In diesem Buch haben wir immer wieder gesehen, wie zielorientiert Männer sind und wann sie sich am sichersten fühlen: wenn sie innerhalb von Bereichen operieren, die sie im voraus kennen. Auf diese Weise sichern sie sich ein Gefühl von Kontrolle über jegliche Situation, in die sie geraten. Darum brauchen Männer einen geistigen Anhaltspunkt, wenn sie ein Gespräch mit Ihnen führen. Sie möchten den Zweck der Unterhaltung erfahren und was Sie von ihnen wollen. Erst dann haben sie das Gefühl, zu wissen, was sie tun, wenn sie mit Ihnen reden.

WAS FRAUEN FALSCH MACHEN

Wir sind zu vage bei unserer Bitte um ein Gespräch. Wir sagen:
»Wir sollten uns mal unterhalten.«
»Schatz, ich finde, wir sollten mal über unsere Beziehung reden.«
»Gib mir einen Rat, was ich mit meinem Job machen soll.«

Das Problem bei diesen Bemerkungen liegt darin, daß sie zu vage sind, wenig zielgerichtet und zeitlich nicht eingegrenzt. Sie geben Ihrem Partner überhaupt keinen Hinweis, in welche Richtung er denken soll oder innerhalb welcher Grenzen sich das Gespräch entwickeln kann. Das bereitet ihm das höchst unbehagliche Gefühl, herausfinden zu müssen, was Sie eigentlich von ihm wollen und brauchen. Er verliert den Überblick. Er fühlt sich unter Leistungsdruck, ohne jedoch die Spielregeln zu kennen, und das hat Angst und Unsicherheit zur Folge.

Die meisten Frauen kennen dieses Problem nicht, denn:

Frauen sind mehr verlaufs- als zielorientiert.

Zwei Freundinnen können zusammensitzen und sagen: »Quatschen wir einfach ein bißchen.« Es macht ihnen überhaupt nichts aus, daß sie keine Ahnung haben, wohin das Gespräch führen wird oder welchen Zweck es hat. Der Vorgang des Sich-Mitteilens tut ihnen einfach gut. Viele Männer jedoch finden diesen Mangel an Struktur sehr verwirrend.

Wie Männer darauf reagieren

Ihr Partner könnte zu erkennen geben, daß ihn das Gespräch nicht mehr interessiert.
Es könnte so aussehen, als ob er sich weigerte, mit Ihnen zu reden.
Er könnte Streit anfangen in dem Versuch, Sie von Ihrem Vorhaben abzubringen.
Er könnte das von Ihnen gewünschte Gespräch immer wieder aufschieben.
Er denkt vielleicht, Sie sind überspannt oder wissen nicht, was Sie sagen wollen, und nimmt Sie gar nicht ernst.

Die Lösung

1. Wenn Sie mit einem Mann diskutieren wollen, sollten Sie ihm Anhaltspunkte für das Gespräch geben. Sagen Sie ihm genau, worüber Sie reden möchten, worauf Sie hinauswollen und was Sie von ihm erwarten. Zum Beispiel:

»Lieber, laß uns heute abend mal ein bißchen reden. Seit dem Besuch deiner Mutter letzte Woche hatten wir noch gar nicht richtig Zeit füreinander. Sag mir doch mal, was für einen Eindruck du von dem Besuch hattest, und ich erzähle dir, wie ich mich gefühlt habe. Auf die Art finden wir heraus, wie wir das nächste Mal besser damit umgehen.«

»Jim, ich möchte gern mit dir über unsere Beziehung sprechen. Wir kennen uns jetzt sechs Monate, und ich finde, dies ist ein guter Zeitpunkt, um einmal unsere Stärken und Schwächen unter die Lupe zu nehmen. Ich weiß, das wird mir mehr Sicherheit geben, und ich bekomme ein klareres Bild, in welcher Hinsicht wir an unserer Beziehung arbeiten müssen.«

»Harry, du mußt mir unbedingt helfen, ich weiß nicht, wie ich mit meinem Chef klarkommen soll. In letzter Zeit fühle ich mich echt überfordert, und das ärgert mich langsam. Ich bin unsicher, wie ich ihm das beibringen soll, und da dachte ich mir: Hör dir mal die Meinung eines Mannes an, dann findest du den richtigen Dreh.«

In jedem dieser Beispiele gab die Frau ihrem Partner einen *Anhaltspunkt* für das Gespräch, anstatt einfach nur zu sagen: »Sprechen wir doch mal über den Besuch deiner Mutter« oder »reden wir mal über unsere Beziehung« oder »du mußt mir bei meinem Job helfen«. Jetzt hat der Mann im Geist eine Vorstellung vom Ziel der Unterhaltung und findet einen leichteren Einstieg.

2. Stellen Sie ihm Fragen. Um das Gespräch für einen Mann besser zu gliedern, hilft es auch, ihm Fragen zu stellen. Je präziser die Fragen, desto besser. Einige Beispiele:

Falsch: »Wie läuft's denn so in der Arbeit?«
Ihr Partner wird Ihnen die kürzestmögliche Antwort geben, etwa: »Gut.«

Richtig: »Schatz, wie geht es dir denn mit dem neuen Projekt? Ist es so schwierig, wie du gedacht hast?«

Falsch: »Jim, ich finde, wir wollten mal über unsere Beziehung reden.«
Jim wird sich in die Enge getrieben fühlen und wahrscheinlich antworten: »Wieso, stimmt was nicht?«

Richtig: »Jim, ich finde, wir sollten mal über unsere Beziehung reden. Wir kennen uns jetzt sechs Monate. Was hältst du für unsere Stärken, was für unsere Schwächen, und wie soll es weitergehen?«

Falsch: »Harry, du mußt mir helfen mit meinem Chef.«
Harry wird sich sofort überrumpelt fühlen, so als sollte er die Lösung des Problems ganz allein finden.

Richtig: »Harry, ich habe ein Problem mit meinem Arbeitgeber. (Problem erklären!) Meinst du, ich sollte ihn direkt ansprechen oder meinen Vorgesetzten einschalten? Was würdest du tun?«

3. Machen Sie keine Andeutungen, wenn Sie etwas wollen! Es ist besser, direkt zu sein. Eine der schlimmsten Angewohnheiten von uns Frauen ist es, in Gesprächen mit dem Liebsten die Dinge nicht direkt anzusprechen: *Andeutungen* zu machen, statt klar darum zu bitten; lieber den Partner *abzuchecken,* indem wir ihn fragen, was er von einer Sache hält, als das Risiko einzugehen, unsere eigene Meinung zur Diskussion zu stellen; *vage zu bleiben* bei Dingen, die uns stören, statt klar damit herauszurücken. Bei all diesen Taktiken fühlen Männer sich sehr manipuliert, und das macht sie sauer.

»Ich kann es nicht ausstehen, wenn meine Frau sich in Andeutungen ergeht«, empörte sich ein Ehemann. »Ich weiß, was sie eigentlich sagen will, aber so, wie sie es anstellt, bekomme ich den Eindruck, daß sie mich entweder für so blöd hält, darauf reinzufallen, oder für schwach genug, um mich von ihr manipulieren zu lassen. Ich wünschte, sie würde einfach sagen, was sie beschäftigt.«

Befolgen Sie diesen Rat – Sprechen Sie gegenüber Ihrem Lebensgefährten die Dinge immer direkt an. Dann kennt er die Marschrichtung und fühlt sich sicherer im Gespräch mit Ihnen.

KOMMUNIKATIONSGEHEIMNIS NR. **2** *Männer machen ihre Denkprozesse im stillen durch und teilen nur das Ergebnis mit*

Mittlerweile wissen Sie, daß Männer erzogen wurden, immer eine Antwort parat zu haben und keine Angst oder Unsicherheit zu zeigen. Das hat zur Folge, daß Männer sehr oft ihre Denkprozesse im stillen durchführen und sich erst äußern, wenn sie zu einem Ergebnis gekommen sind oder eine Lösung gefunden haben. Ein Bekannter von mir nennt das »Brüten«. Männer »brüten« still über den Dingen. Vergessen Sie nicht:

Männer sind ergebnisorientiert.

Männer ziehen es vor, sich erst dann zu artikulieren, wenn sie eine Antwort oder Lösung gefunden haben, vorher nicht. Ihre Denk- und Erkenntnisprozesse laufen still ab. Wollen Sie also einen Rat oder haben Sie eine Frage zu Ihrer Beziehung, wird Ihr Partner wahrscheinlich antworten: »Da muß ich erst mal nachdenken«. Er möchte keine voreilige, »falsche« Antwort geben. Bei meinen Interviews für dieses Buch fühlte sich die Mehrzahl der Männer tatsächlich sehr in die Enge getrieben, wenn ich spontane Antworten haben wollte. Lieber wollten sie »erst mal nachdenken.«

Was Frauen falsch machen

Wir denken laut.

»Ich hasse es, wenn meine Frau den Mund aufmacht und alle Gedanken, die sie im Kopf hat, nur so heraussprudeln.«

»Wissen Sie, was mich verrückt macht? Wenn Frauen ein Problem Schritt für Schritt laut durchkauen und die diversen Möglichkeiten abwägen. Oder alles aufzählen, was sie an diesem Tag erledigen müssen. Es ist zum Davonlaufen.«

Diese und ähnliche Kommentare bekam ich unzählige Male zu hören. Das Problem liegt wieder mal in den kleinen Unterschieden zwischen Mann und Frau und in der Tatsache, daß Männer ergebnisorientiert sind, Frauen dagegen verlaufsorientiert. Hören Sie, wie unterschiedlich ein Mann und eine Frau dieselbe Sache darstellen.

Judy zu ihrem Mann Bob: »Mal sehen, heute morgen bringe ich deinen Anzug in die Reinigung. Eigentlich wollte ich ihn schon gestern abgeben, aber da saß ich bis nach sechs in diesem Meeting. Wenn ich dann schon mal in der Gegend bin, gehe ich noch kurz ins Kaufhaus, vielleicht kann ich die Hose zurückgeben, die ich letzte Woche gekauft habe. Du weißt schon, die mit dem Fleck. Das heißt, eigentlich sollte ich zuerst ins Kaufhaus gehen, da ist es noch nicht so voll, und hinterher zur Reinigung. Das ist sicher besser – man findet so schwer einen Parkplatz beim Kaufhaus, wenn viel los ist. Oh, fast hätte ich's vergessen, ich habe Cindy versprochen, ihr die Nummer von diesem Masseur zu geben. Die schreibe ich lieber gleich auf. Wo hab' ich nur meinen Kalender gelassen? Schatz, hast du meinen Kalender irgendwo gesehen? Mal überlegen, zuletzt hatte ich ihn, als ich in der Küche telefoniert habe...«

Bob zu seiner Frau Judy: »Liebling, ich muß heute vormittag einen Haufen Dinge erledigen. Also dann bis später.«
Ist Ihnen das genauso peinlich wie mir, wenn Sie das lesen? Was hier passiert, ist folgendes:

Frauen bringen ihren Denkprozeß laut zum Ausdruck.

Uns ist nicht mal klar, daß wir das tun. Judy versucht gar nicht, Bob diese ganzen Einzelheiten wirklich mitzuteilen. Es fällt ihr einfach leichter, den Tag zu planen, wenn sie ihn Schritt für Schritt durchgeht und sich selbst dabei zuhört. Bob sitzt dann da und denkt, was die meisten Männer denken...

Wie Männer darauf reagieren

Die meisten Männer reagieren genau wie Bob, wenn er dasitzt und Judy zuhört. Sie denken: **Frauen reden zuviel!**
In Wirklichkeit meinen sie damit, daß Frauen ihnen immer mehr von ihren Gedanken und Gefühlen mitteilen, als sie hören wollen. Für uns ist das normal, die meisten Männer finden es übertrieben.

»Komm zur Sache«

Haben Sie schon mal bemerkt, als Sie versuchten, Ihre Gefühle auszudrücken, wie Ihr Partner ungeduldig auf seinem Stuhl hin und her rutschte? Hat er dann nicht auch gesagt: »Schatz, würdest du bitte zur Sache kommen?« Und Sie hatten den Eindruck, daß er Ihnen gar nicht zugehört hat und daß Ihre Gefühle ihm gleichgültig sind, während er das Gefühl hat, Sie quälen ihn mit Absicht!
Dieses weitverbreitete Dilemma können Sie vielleicht jetzt ein bißchen besser verstehen, wo Sie wissen, wie ergebnisorientiert Männer sind. Sie wollen die Grundzüge Ihrer Gefühlslage in drei Sätzen gesagt bekommen, möglichst noch kürzer. Männer können nicht verstehen, daß schon der Vorgang des Sprechens über Ihre Gefühle dazu beiträgt, sie zu bewältigen, und Ihnen mehr Klarheit über ein Problem verschafft.

Was Frauen falsch machen

Frauen jammern laut los über ihre Probleme, auch wenn sie durchaus glauben, eine Lösung zu finden, was sie den Männern aber nicht zu verstehen geben.
Aus diesem Grund behaupten Männer von Frauen, daß sie immerzu weinen und jammern. Sicher spielen einige Frauen das blökende Opferlamm, tun aber nichts, um etwas daran zu ändern. Andere von uns nehmen ihre Probleme durchaus selbst in die Hand. Wie auch immer, Frauen führen öfter »laut Klage« über das, was sie stört, als Männer, bei denen dieser Vorgang eher innerlich abläuft.

Wie Männer darauf reagieren

Hört ein Mann seine Frau all ihre negativen Gedanken über irgend etwas hervorsprudeln, versteht er nicht, daß das einfach ihre Methode ist, seelische Spannungen loszuwerden. Er begreift nicht, daß es sie tatsächlich in der Problemlösung voranbringt.
Er *wird ungeduldig*, weil er annimmt, das ginge ewig so weiter und sie käme zu keiner Lösung.
Er *fühlt sich schließlich dafür verantwortlich*, die Sache in die Hand zu nehmen.
Er versucht, den Prozeß der Lösungsfindung *voranzutreiben*.

Die Lösung

1. Besprechen Sie diesen Punkt mit Ihrem Lebensgefährten. Erklären Sie ihm Ihre Methode, zu denken und mit ihm zu reden, und lassen Sie ihn wissen, daß Sie auch seine Art verstehen. Ich selbst habe in meiner Beziehung folgendes praktiziert: Jedesmal, wenn ich anfing, laut zu denken, sah mein Partner mich nur an, und wir begannen beide zu lachen. Ich sage nicht, daß Sie aufhören sollen, laut zu denken, wenn es Ihnen guttut. Aber mit Ihrem Partner die Grundproblematik zu besprechen, wird Ihnen beiden die Sache erleichtern.

2. Wenn Sie etwas Bestimmtes mit Ihrem Partner besprechen, geben Sie ihm Zeit, eine Antwort zu finden. Nehmen wir an, Sie und Ihr Mann planen im nächsten Monat eine Reise. Sie möchten nun besprechen, ob Sie lieber Donnerstag abend oder Freitag früh losfahren sollen.

> *Falsch:* Sie beginnen laut, jede Möglichkeit in Erwägung zu ziehen, jedes Für und Wider, und drängen Ihren Partner, sofort Stellung dazu zu nehmen.
>
> *Richtig:* Informieren Sie Ihren Partner einfach, und sagen Sie: »Möchtest du das jetzt besprechen oder lieber eine Weile darüber nachdenken und mir deine Antwort später mitteilen?«

Das gibt Ihrem Partner Gelegenheit, über alles nachzudenken, ohne sich zeitlich bedrängt zu fühlen oder Angst zu haben, womöglich eine »falsche« Antwort zu geben. Ihm die Möglichkeit einzuräumen, das Problem jetzt oder später zu besprechen, gibt ihm außerdem das Gefühl von Selbstbestimmung und Freiheit. Es weckt nicht den Rebellen in ihm, der sich gegängelt fühlen würde, wenn Sie eine sofortige Antwort verlangen.

3. Sagen Sie es Ihrem Partner, wenn Sie sich einfach mal laut über etwas auslassen müssen, um ein Problem in den Griff zu kriegen. Dann ist er wenigstens gewarnt! Wie schon erwähnt, fühlen Männer sich meistens verpflichtet, Sie zu retten, wenn sie Ihr lautes, zielloses Jammern hören. »Warnen« Sie Ihren Partner rechtzeitig, wenn Sie in der Stimmung sind, laut zu lamentieren. Er soll wissen, daß Sie zu einer Lösung kommen wollen und daß dies Ihre Methode ist, die Dinge zu sortieren und sich zu einem Entschluß durchzukämpfen.

KOMMUNIKATIONSGEHEIMNIS NR. **3** *Männer haben keinen so leichten Zugang zu ihren Gefühlen wie Frauen*

»Es macht mich verrückt, wenn ich genau weiß, meinen Mann bedrückt etwas, und ich frage ihn, was es ist, und er antwortet: ›Nichts.‹ Warum fällt es ihm so schwer, sich auszusprechen?«

»Mein Freund und ich streiten uns immer wieder über dasselbe. Ich möchte mit ihm etwas besprechen, das unsere Beziehung betrifft, aber er will nicht darüber reden. Ich schütte ihm mein Herz aus, und er sitzt da, hört zu und sagt keinen Ton. Das Ende vom Lied: Ich schreie ihn an, nenne ihn einen kalten, gefühllosen Zombie, und wir haben den größten Krach.«

Hier ein sehr bedeutsames Geheimnis, das Sie kennen sollten: **Für die meisten Männer ist die innere Gefühlswelt fremd und erschreckend.**

- **Emotionale Regungen sind Männern nicht sehr vertraut.** Die meisten Männer werden darauf getrimmt, ihren Kopf zu benutzen, nicht ihr Herz. Deshalb sind sie es nicht gewöhnt, viel Zeit in die Ergründung ihrer Gefühle zu investieren. Sie wissen doch:

Die Menschen fühlen sich am wohlsten mit dem, was ihnen vertraut ist.

Wir haben gesehen, daß wir Frauen aufgrund unserer sozialen Entwicklung mit unseren Gefühlen auf vertrauterem Fuß stehen als Männer. Wer vergeudet schon gern seine Zeit mit Dingen, bei denen er sich unwohl fühlt? Wer tut schon gern etwas, das ihm nicht liegt?

Wenn die moderne Kunst ein vertrautes Gebiet für Sie ist, unterhalten Sie sich wahrscheinlich auch gern darüber. Haben Sie keine Erfahrung mit Wertpapieren, fühlen Sie sich unsicher auf diesem Gebiet und sprechen auch nicht gern mit anderen darüber.

Da Männer kein sehr großes Vertrauen in ihre eigenen emotionalen Fähigkeiten haben, ist es kein Wunder, daß sie ihre Gefühle nicht so gern erforschen oder mitteilen, wie wir es gern hätten.

● **Ausflüge in die Gefühlswelt geben Männern das Gefühl, außer Kontrolle zu geraten.** Wenn Männer glauben, einer Sache nicht gewachsen zu sein, fühlen sie sich abhängig, als würden sie von etwas beherrscht, das eigentlich sie beherrschen sollten. Dieses Gefühl von Fremdbestimmung ist erschreckend für Männer, und sie meiden es, wo sie nur können. Sie tendieren deshalb dazu, die Welt der Gefühle auszusparen, weil ihnen die emotionale Gewandtheit fehlt, mit der sie, wie sie selber merken, in der Lage wären, die Dinge zu meistern.

Waren Sie körperlich schon mal so richtig aus der Übung und haben daran gedacht, an einem größeren Waldlauf oder einem Aerobic-Kurs teilzunehmen? Keine sehr angenehme Vorstellung, nicht wahr? Sie wären gezwungen gewesen, etwas zu machen, wofür Sie nicht trainiert waren, was für Sie sehr anstrengend gewesen wäre. Nun, übertragen Sie diesen Vergleich auf Männer und ihre Unlust, über Gefühle zu reden. Die Wahrheit ist:

Die meisten Männer sind emotional nicht in Form.

Emotionale Trainingsrunden – zum Beispiel über Gefühle sprechen, Zweifel und Ängste ausdrücken, selbst um etwas bitten, was sie brauchen – sind für viele Männer sehr anstrengend. So ähnlich wie für Sie ein Waldlauf, wenn Sie nicht in Form sind.

Was Frauen falsch machen

1. Mangelnde Vertrautheit mit Gefühlen interpretieren wir bei Männern fälschlicherweise als eigensinnigen Widerstand und werfen ihnen vor, »unsensibel« zu sein.

Die Mehrzahl der Männer, die ich befragt habe, waren verärgert und verletzt, weil sie von Frauen oft als »unsensibel, gefühlskalt und emotionslos« bezeichnet wurden. Es ist sehr wichtig, zu begreifen, daß die männliche Insensibilität ein Mythos ist.

Männer sind genauso sensibel wie Frauen, in manchen Dingen sogar sensibler.

Männer haben nicht immer leichten Zugang zu ihren Gefühlen. *Wenn es also so aussieht, als ob sie nichts empfänden, haben sie in Wirklichkeit einfach keinen Zugriff zu ihren Emotionen.* Fragen Sie beispielsweise Ihren Partner: »Was fühlst du jetzt?«, dann wird er, bevor er eine dumme Antwort riskiert, oder zugibt, daß er nicht genau weiß, was er fühlt (vergessen Sie nicht: Der Satz »Ich weiß es nicht« fällt Männern schwer), einfach antworten: »Nichts!«

2. Wir setzen bei Männern die Fähigkeit voraus, sich genauso schnell über Gefühle klarwerden zu können wie wir. Fast alle Frauen sind emotional gewandter als die meisten Männer, weil wir länger üben konnten. Sie machen einen Fehler, wenn Sie von Ihrem Partner erwarten, daß er innerhalb weniger Minuten seine Gefühle benennen kann, sich seiner verschütteten Emotionen bewußt wird und locker seine Ängste und Verletzlichkeiten mit Ihnen teilt, so wie Sie es tun. Ich behaupte nicht, daß Männer unfähig sind, emotional zu werden. Während der letzten zehn Jahre habe ich in meinen »Making Love Work«-Seminaren mit Tausenden von Männern gearbeitet, die lernen wollten, sich in der Welt des Herzens zu behaupten. Und gesehen, wie sie sich zu sehr liebevollen Menschen entwickelten, die ihre Gefühle ausdrücken können. Bei beiden Geschlechtern sind Umschulung, Übung und tägliches Verhaltenstraining nötig, um die alten emotionalen Gewohnheiten loszuwerden und neuere, gesündere zu entwickeln.

3. Wir nehmen an, daß geistig gebildete und redegewandte Männer sich auch auf emotionalem Gebiet artikulieren können. Kennen Sie das? Sie lernen einen erfolgreichen, sehr gebildeten und hochintelligenten Mann kennen, und weil er auf anderen Gebieten so eloquent ist, erwarten Sie die gleiche Ausdrucksstärke auch im emotionalen Bereich. Ich lernte einen solchen Mann einmal auf einer Konferenz kennen, wo er ein Referat hielt. Er war ein sehr guter Redner, sprach mit großem Einfühlungsvermögen und wußte viel über Philosophie, Psychologie und Esoterik. »Das ist jemand, in den ich mich echt verlieben könnte«, sagte ich mir. »Er scheint wirklich sensibel und ausdrucksstark zu sein.«

Die ersten Male, als wir ausgingen, erregte mich die Aussicht auf eine Beziehung mit diesem Mann sehr. Wir führten wunderbare, intellektuelle Gespräche über den Sinn des Lebens. Er rezitierte Gedichte für mich. Alles schien in bester Ordnung zu sein. Doch nach dem dritten oder vierten Treffen fiel mir etwas Merkwürdiges auf: Dieser Mann sprach niemals darüber, *wie er sich fühlte*. Er erläuterte mir wohl seinen Standpunkt oder seine intellektuelle Analyse, nie aber seine Gefühle. Ich brauchte nicht lange, bis mir klar wurde, daß er zwar ohne jede Schwierigkeit seine Gedanken mitteilen, aber nur mit größter Überwindung sein Herz öffnen konnte. Tatsächlich gestand er mir später, daß er seinen Verstand dazu benutzte, seine Gefühle zu verdrängen. Das erklärte unter anderem, weshalb er den Eindruck erweckte, so besonders intellektuell zu sein.

Lassen Sie sich nicht von einem wortgewandten Redner täuschen. In seinem Innersten ist er vielleicht ein ängstlicher kleiner Junge, der es kaum fertigbringt, die einfachsten Gefühle auszudrücken.

Wie Männer darauf reagieren

Wenn Sie einem Mann vorwerfen, nicht so emotionsstark zu sein wie Sie selbst, dann fühlt er sich kritisiert und mißverstanden. Er rächt sich, indem er Ihnen die emotionalen Reaktionen, die Sie sich wünschen, sogar noch hartnäckiger verweigert. Er wird

- rebellisch

- unkooperativ, wenn es darum geht, Gespräche zu führen

- wütend auf Sie und wirft Ihnen vor, übertrieben emotional zu sein.

Wenn ein Mann sich seiner Empfindungen nicht sicher ist und Sie ihn drängen, darüber zu reden, kommt es vor, daß er das Thema wechselt oder Streit anfängt. Das tut er in der Hoffnung, Zeit zu gewinnen, um herauszufinden, was in ihm vorgeht.

*Wie Kelly und Michael lernten,
weniger zu streiten und sich mehr zu lieben*

Kelly und Michael – ein jungverheiratetes Paar – kamen zu mir, weil es oft Streit gab. »Es geht immer wieder um das gleiche«, beschwerte sich Kelly. »Ich möchte mit Michael über unsere Beziehung reden. Ob mich nun etwas beschäftigt oder ich mich vernachlässigt fühle oder was auch immer. Also spreche ich das Thema an, und egal, worum es geht, Michael weicht dem Gespräch aus. Er versucht, mich davon zu überzeugen, daß ich mich grundlos aufrege. Oder er fängt an, mir lauter Fragen über mich selbst zu stellen, nimmt mich richtig ins Kreuzverhör. Oder er greift mich an, behauptet, ich sei reif für den Psychiater. Am Ende habe ich das Gefühl, er will gar nicht an unserer Beziehung arbeiten, und frage mich, warum ich ihn überhaupt geheiratet habe.«

Ich bat Kelly, mit Michael allein sprechen zu dürfen. »Michael, schildern Sie mir, was in Ihnen vorgeht, wenn Kelly versucht, Sie in eine emotionale Auseinandersetzung zu verwickeln.«

»Tja«, antwortete Michael, »eines merke ich sofort: Ich fühle mich unbehaglich. Ich weiß nicht genau, was sie von mir erwartet. Allein die Tatsache, daß sie mit mir reden will, gibt mir das Gefühl, ich hätte etwas falsch gemacht. Und dann redet sie so schnell und überschüttet mich mit so viel Informationen, daß ich gar nicht alles aufnehmen kann. Ich fühle mich richtig überrannt; ich wünschte, es würde alles etwas langsamer gehen.«

»Wie fühlen Sie sich, wenn Kelly Sie bittet, Ihre Empfindungen in Worte zu fassen?«

Michael schwieg einen Moment und sagte dann: »Unter Druck gesetzt. Ich habe Angst, einen Fehler zu machen. Und verwirrt. Ich bin im Zugzwang, meine Gefühle zu definieren, obwohl ich mir da gar nicht immer sicher bin. Kelly erwartet doch eine prompte Antwort, und wenn ich die nicht parat habe, werde ich total blockiert.«

»Was erwarten Sie von ihr, wenn so etwas passiert?«

»Na ja«, antwortete Michael, »ich glaube, ich brauche mehr Zeit. Sie sollte mir Raum geben und mich über das, was sie gesagt hat, nachdenken lassen, damit ich mir über meine Gefühle klarwerden kann.«

»Und bitten Sie sie um diese Zeit? Sagen Sie ihr, daß Sie sich bedrängt und unwohl fühlen?«

»Eigentlich nicht.« Michael schüttelt den Kopf. »Bis jetzt habe ich mich noch nie richtig damit auseinandergesetzt. Um ehrlich zu sein, ich verhalte mich total idiotisch. Ich werde schrecklich sarkastisch oder ärgerlich und gebe ihr das Gefühl, sie hätte hier das Problem. Ich glaube, ich versuche sie einzuschüchtern, damit sie mit alldem aufhört. Dann bekomme ich wieder Boden unter die Füße und kann eine Antwort finden.«

Michael war das typische Beispiel eines Mannes, der sich emotional nicht artikulieren konnte. Er vermied emotionale Auseinandersetzungen mit seiner Frau, um sein Minderwertigkeitsgefühl und seinen Frust zu verdecken, weil er oft nicht in der Lage war, seine Gefühle in Worte zu fassen. Als Kelly wieder den Raum betrat, erklärte ich ihr Michaels Verhalten, worauf sie sehr erleichtert war. »Ich dachte, Michael liebt mich nicht richtig«, gestand sie. »Aber jetzt verstehe ich, daß er mir nicht aus Mangel an Liebe ausgewichen ist, sondern weil er sich so bedrängt fühlte.« Kelly war einverstanden, die unten beschriebenen Vorschläge auszuprobieren, und Michael versprach, es Kelly ehrlich zu sagen, wenn er das Gefühl hätte, er bräuchte Zeit, über die Dinge nachzudenken. Als ich das letzte Mal mit ihnen sprach, berichteten sie von einer eindeutigen Verbesserung in ihrer Kommunikation.

Die Lösung

1. Ersticken Sie Ihren Partner nicht mit Ihren Gefühlen, indem Sie alles auf einmal heraussprudeln und eine Erwiderung von ihm erwarten. Ziehen Sie die Bremse – nehmen Sie sich Zeit – drücken Sie sich ganz klar aus. Wenn Sie mit jemandem reden, der aus einem fremden Land kommt und gerade im Begriff ist, Ihre Sprache zu lernen, würden Sie auch sehr langsam und deutlich sprechen, stimmt's? Ich will damit nicht sagen, daß Sie mit Männern wie mit

Analphabeten reden sollen. Aber es hilft schon sehr, wenn Sie sich Zeit nehmen und in Ihrer Aussage ganz klar sind, anstatt ziellos drauflozureden. Das bewahrt Ihren Partner davor, sich überrannt zu fühlen, und läßt ihm Zeit, seinen Empfindungen nachzugehen. Es macht doch nichts, wenn es mal stille Momente gibt. Die müssen Sie nicht unbedingt zuquasseln.

Wenn Ihr Partner ab und zu schweigt, ignoriert er Sie nicht – sein Geist verarbeitet die Information, die Sie ihm gegeben haben, und er versucht, sich über seine Gefühle klarzuwerden.

Falsch: Sie halten ihn für emotional zurückgeblieben und bestehen darauf, das Gespräch zu Ende zu führen, ob es ihm paßt oder nicht. Sie folgen ihm zeternd durchs ganze Haus, bis er Ihnen antwortet, und werfen ihm unter Tränen vor, er würde Sie immer zurückstoßen.

Richtig: »Also, ich glaube, ich habe jetzt sehr viel geredet und dich sicher etwas überrumpelt. Laß uns eine Pause machen, in der wir beide über unsere Gefühle nachdenken können, und später weiter darüber reden. Ich liebe dich, und ich weiß, daß wir das in den Griff kriegen.«

---

2. **Versuchen Sie Körperkontakt herzustellen. Nehmen Sie seine Hand, oder legen Sie eine Hand auf seinen Arm. Auch wenn Sie ihn umarmen, hilft es ihm, den Kopf frei zu kriegen und zum Herzen zu finden.**
Dies ist einer der schnellsten und manchmal einfachsten Wege, um dem Mann, den man liebt, bei der Entdeckung seiner Gefühle zu helfen. Männer identifizieren sich sehr mit ihrem Körper, die Berührung läßt Ihren Partner aus seinem ausschließlich logischen, analytischen und emotionslosen Denkmuster in ein empfindsameres, verletzlicheres Bewußtsein gelangen.

> **Wenn Sie merken, daß es Ihrem Partner schwerfällt, seine Empfindungen auszudrücken oder sich Ihre anzuhören, bitten Sie ihn, sich einen Moment schweigend umarmen zu lassen.**

Das kann Ihr Gespräch von einem Augenblick zum anderen von einem intellektuellen Gefecht zu einem liebevollen Austausch verwandeln.

Wie man Männern zuhört

Kennen Sie das? Sie diskutieren etwas mit dem Mann, den Sie lieben, und haben das Gefühl, ganz für ihn dazusein, und plötzlich schreit er Sie an: »Du hörst mir gar nicht zu!«

Werden Sie ungeduldig mit Ihrem Partner, wenn er versucht, etwas auszudrücken, weil Sie das Gefühl haben, er braucht ewig, um zu sagen, was er sagen will?

Daß Frauen nicht richtig zuhören können, ist eine der größten Beschwerden, die Männer gegen uns vorbringen.

Ich weiß noch, wie verrückt es mich gemacht hat, wenn ein Partner mir das vorwarf. »Was soll das heißen, ich höre nicht zu?« fragte ich abwehrend. »Ich sitze doch hier bei dir. Ich bin nicht fortgegangen.« Ich habe Jahre gebraucht, um zu begreifen, wie man Männern zuhören muß, damit sie das Gefühl haben, auch gehört zu werden. Hier einige Tips fürs Zuhören, die Sie üben sollten, um sie im täglichen Leben anwenden zu können.

Zuhör-Tip Nr. 1 *Lassen Sie Ihren Mann ausreden, wenn er versucht, sich mitzuteilen*

»Du unterbrichst mich schon wieder!« Wie oft haben Sie das schon von einem Mann während einer Unterhaltung gehört? Ich pflegte darauf zu antworten: »Ich unterbreche dich nicht, ich erzähle auch etwas über meine Gefühle. Was erwartest du denn von mir, soll ich nur dasitzen, den Mund halten und dich reden lassen?« Wenn Männer ehrlich wären, müßten sie antworten: »Ja, genauso hätte ich es gern.« Wir nehmen an, sie wollen nicht wissen, was wir zu sagen haben. Doch das ist für gewöhnlich nicht der Grund, warum Männer ungern unterbrochen werden. Hier einige Gründe, die Sie berücksichtigen sollten:

• **Männer müssen sich konzentrieren, wenn sie versuchen, ihre Empfindungen auszuloten.** Mittlerweile werden Sie verstehen, um wieviel mühevoller es für einen Mann ist, über seine Gefühle zu sprechen, als für die meisten Frauen. Und Sie erinnern sich, daß Männer Schwierigkeiten haben, zwei Dinge gleichzeitig zu tun. Wenn Sie diese zwei Dinge bedenken, dann wird Ihnen klar, warum Männer es hassen, bei einem Gespräch oder einer Auseinandersetzung unterbrochen zu werden.

Wenn Sie einen Mann mitten im Gespräch unterbrechen, lenkt ihn das augenblicklich davon ab, sich auf seine Gefühle zu konzentrieren.

Versucht Ihr Partner gerade, seine Gefühle zu sortieren – etwas, das den meisten Männern noch schwerfällt – und Sie flechten etwas ein, unterbricht das seine Konzentration. Sie versuchen lediglich, ein Argument anzubringen, aber dadurch, daß er seinen Denkprozeß stoppt und Ihnen zuhört, wird er von seiner Zielrichtung abgelenkt, und das irritiert und verärgert ihn.

• **Männer sind zielorientiert, das heißt, jeden einmal angefangenen Gedanken denken sie gern zu Ende.** Ich weiß, Sie stört es nicht, ein Gespräch über ein Thema zu beginnen, zu einem anderen zu wechseln, schließlich zu etwas völlig Neuem überzugehen, um dann zum Anfangsthema zurückzukehren. Aber Männer macht das verrückt! *Sie wissen doch, Männer sind viel zielorientierter als Frauen, also tendieren sie dazu, in einer geraden Linie zu denken oder auf geradlinigere Art und Weise als wir, nicht spiralförmig, wie Frauen das oft an sich haben.* Wenn also Ihr Partner in einer Diskussion von Punkt A nach Punkt B kommen möchte und Sie unterbrechen mit den Punkten C, D und E, bringen Sie ihn von seinem Vorhaben ab. Er sieht darin nicht einen Beitrag von Ihnen zur Diskussion, sondern ein Hindernis auf dem Weg zu seinem Ziel.

● **Männer brauchen das Gefühl, alles richtig zu machen. Werden sie unterbrochen, heißt das für sie soviel wie: »Du machst es falsch.«** Wenn ein Mann sich mitteilt, möchte er nicht nur das, was in ihm ist, zum Ausdruck bringen. Er möchte es auch auf die »richtige« Art und Weise tun, was immer das für ihn heißt. Ob Sie es glauben oder nicht, Männer sind bei dem, was sie äußern, weit vorsichtiger als Frauen. Das, was Sie hören, mag Ihnen nicht immer sehr sinnvoll erscheinen, doch Ihr Liebster gibt sich alle Mühe damit. Wenn Sie ihn also mitten in seinen Kommunikationsbemühungen unterbrechen, legt er das ganz anders aus: »Du machst es nicht richtig, also unterbreche ich dich lieber gleich, bevor es noch schlimmer wird.« Etwa wie in der Gong-Show im Fernsehen, wo die Leute, die eine miese Show liefern, von der Bühne »gegongt« werden.

Die Lösung

Hören Sie Ihrem Partner zu, ohne ihn zu unterbrechen.

Das heißt, wenn Ihr Partner etwas mit Ihnen besprechen will, lassen Sie ihn vollständig ausreden, bevor Sie antworten.

Wichtig: **Reden Sie nicht gleich los, sobald Ihr Partner Luft holt oder eine Pause macht, und sagen dann: »Oh, ich dachte, du wärst fertig.«**

Vergewissern Sie sich durch Nachfragen, daß er wirklich alles gesagt hat, was er sagen wollte.
»Ist da noch etwas, was du mir mitteilen möchtest?«
oder
»Möchtest du noch etwas dazu sagen?«

Wenn er dann wirklich fertig ist, sind Sie an der Reihe. Natürlich dürfen Sie sich auch von ihm nicht ins Wort fallen lassen. Das heißt zwar nicht, daß Sie sich jedesmal gegenseitig lange Vorträge halten sollen. Aber speziell am Anfang, wenn jemand beginnt, seine Empfindungen zu beschreiben oder ein neues Thema aufgegriffen wird, kann dieser Tip sehr hilfreich sein.

ZUHÖR-TIP NR. *2 Haben Sie Geduld, während er seine Gefühle ergründet*

In meinem Buch *How to Make Love All the Time* habe ich einen »Emotionalen Wegweiser« vorgestellt: ein einfaches, aber sehr wirksames Rezept zum Verstehen Ihrer eigenen Gefühle und der Gefühle anderer. Er hilft Ihnen, aus negativen Empfindungen wie Ärger, Schmerz oder Furcht zurück in ein Bewußtsein der Liebe zu finden. Wenn Sie sich aufregen oder seelisch aus dem Gleichgewicht geraten, machen Sie nämlich jedesmal fünf Emotionsebenen gleichzeitig durch. Diese Ebenen sind:

EMOTIONALER WEGWEISER

1. *Wut,* Vorwürfe und Ablehnung
2. *Schmerz,* Trauer und Enttäuschung
3. *Angst,* Sorge und Unsicherheit
4. *Gewissensbisse,* Reue und Verantwortung
5. *Liebe,* Verständnis, Dankbarkeit und Verzeihen.

Wenn Sie sich über etwas aufregen, durchlaufen Sie normalerweise die Gefühle, die am dichtesten unter der Oberfläche liegen, wie Wut oder Schmerz. Aber wie die Stockwerke eines Hauses bauen sich auch unsere Emotionen schichtweise auf. Wut, Vorwürfe und Ablehnung bilden die erste Schicht. Damit schützen wir uns, wenn wir uns angegriffen oder nicht geliebt fühlen. Darunter liegen Schmerz, Trauer und Enttäuschung – sehr viel verletzlichere Gefühle. Der Schmerz überlagert wiederum die noch empfindlicheren Regungen Angst, Sorge und Unsicherheit. Sobald Sie sich von diesen intensiven Emotionen lösen und sich Ihrem Herzen nähern, sind Sie fähig, Gewissensbisse und Reue zu empfinden, und können vollverantwortlich die tiefere Wahrheit dessen verstehen, was Sie gerade erleben. Und unter Wut, Schmerz, Angst und schlechtem Gewissen liegt die Liebe. Die anderen Gefühle sind einfach Reaktionen, die wir durchleben, wenn etwas unsere Fähigkeit, zu lieben oder sich geliebt zu fühlen, stört.

Mit dem Fahrstuhl vom Kopf zum Herzen

In meinen Seminaren benutze ich gern diesen Vergleich vom Aufzug, mit dem wir vom Kopf hinunter zum Herzen fahren, vom obersten Stockwerk unserer Emotionen – Wut und Vorwurf – hinunter zum Erdgeschoß – Liebe und Verstehen. Jedesmal, wenn Sie sich dafür entscheiden, Ihre Gefühle zu ergründen und das zu erkennen, was ich die tiefere Wahrheit nenne (alle fünf Ebenen), müssen Sie ganz oben anfangen und sich zum Erdgeschoß durcharbeiten. Den Emotionalen Wegweiser benutzend, drücken Sie zu Beginn Ihre Wutgefühle aus, steigen dann in den Fahrstuhl nach unten und halten in jedem Stockwerk, um die jeweilige Gefühlsschicht zum Ausdruck zu bringen, bis Sie endlich das Erdgeschoß der Liebe erreichen.

Zu lernen, wie Sie Ihren Gefühlen Ausdruck verleihen, heißt wissen, wie Sie in den Fahrstuhl hineinkommen. Erst dann können Sie durch alle Gefühlsebenen nach unten fahren und dabei sich selbst und Ihrem Partner die tiefere Wahrheit näherbringen.

Im Laufe meiner Arbeit mit Menschen fand ich heraus: Aus den verschiedensten Gründen, die wir bereits in diesem Buch besprochen haben, fährt der männliche Fahrstuhl etwas langsamer als der weibliche. Das bedeutet, Männer brauchen länger dazu, mit den Gefühlen in Berührung zu kommen, die sich unter den Anfangsreaktionen Wut, Unbehaglichkeit oder Irritation verbergen.

Das ist der Grund, warum Frauen ungeduldig werden, wenn Männer versuchen, sich mitzuteilen. Männer wollen Sie gar nicht irritieren. Sie sind nicht schwerfällig. Sie sträuben sich auch nicht. Männer brauchen einfach länger, bis sie Klarheit über ihre Gefühle haben, weil sie mit ihrem Innenleben nicht so vertraut sind wie Frauen.

*Wie ich meine schlechten Angewohnheiten
beim Zuhören los wurde*

Einer der größten Fehler, die wir beim Zuhören machen, besteht darin, unserem Partner gegenüber ungeduldig zu werden. Ich hatte diese schlechte Angewohnheit, obwohl es mir als Therapeutin eigentlich nicht passieren sollte. Ich saß zum Beispiel mit einem Partner zusammen, und er versuchte, mir zu erzählen, was ihn beschäftigte.

Sobald er vier oder fünf Sätze darüber gesagt hatte, raste ich ihm gedanklich weit voraus, realisierte, was tatsächlich mit ihm los war, und hatte die Antwort schon parat. Er war noch immer am Reden, aber ich saß da, wand mich innerlich, begriff nicht, wieso er so lange brauchte, um draufzukommen, bis ich es nicht mehr aushielt. Ich unterbrach ihn und sagte so etwas wie: »Schatz, ich glaube, es verhält sich so« und legte ihm die ganze Sache dar. Nun muß ich zugeben, daß ich meistens richtig lag in der Einschätzung seiner Emotionen. Nur nahm ich ihm jede Möglichkeit, seinen eigenen Empfindungen nachzuspüren und seinen Denkprozeß zu vollenden, indem ich ihm meine Worte in den Mund legte. Er wurde schließlich ärgerlich, fühlte sich verletzt, bevormundet und kleingemacht.

Eines Tages, nachdem ich ihm gerade eine für meine Begriffe brillante Analyse seiner Gefühle geliefert hatte, platzte er mit dem heraus, was mir endlich mal jemand sagen mußte: »Hör zu, Barbara«, sagte er, »vielleicht denke ich langsamer als du und kapiere meine Gefühle nicht so schnell, wie du das tust. Das alles ist noch immer Neuland für mich, okay. Ich weiß, du versuchst mir zu helfen, aber *laß es mich selbst entdecken!*«

So ungern ich das hörte, wußte ich doch, mein Partner hatte recht. Sinn und Zweck unseres Gesprächs bestand nicht darin, daß ich ermittelte, was er mir sagen wollte, sondern daß er es selbst herausfand. Meine Ungeduld hinderte ihn daran, seinen emotionalen Prozeß mitzuvollziehen. Wie sollte er jemals lernen, sich umfassend zu äußern, wenn ich ihm jedesmal damit zuvorkam? Als ob man einem Kind in Mathematik zu helfen glaubt, indem man ihm die Ergebnisse sagt: Dadurch wird es nie lernen, die Aufgaben selbständig zu lösen.

Die Lösung

1. Erlauben Sie Ihrem Partner, sich emotional unklar auszudrücken. Die Sprache der Gefühle ist für Männer meistens die Sekundärsprache, für Frauen jedoch die Primärsprache. Erwarten Sie von Ihrem Partner nicht, daß er emotional ebenso gewandt ist wie Sie selbst. Geben Sie ihm während eines Gesprächs oder einer Auseinandersetzung die Zeit, seine Gefühle zu ergründen, auch wenn Sie zu wissen glauben, wo ihn der Schuh drückt. Erkennen Sie seine Bereitschaft an, sich dem Prozeß eines emotionalen Striptease zu unterziehen. Auch, wenn er dazu länger braucht als Sie.

2. Führen Sie ihn in den Emotionalen Wegweiser ein, und geben Sie ihm Geleithilfe durch die fünf Ebenen des Gefühls. Wenn es Ihnen ernst ist mit der Beziehungsarbeit, üben Sie sich in den Techniken, die bei der Entwicklung Ihrer Kommunikationsfähigkeiten sehr hilfreich sind. Diese sind sowohl privat als auch beruflich anwendbar. Wenn Ihr Partner bei dem Versuch, sich auszudrücken, zu stolpern scheint, können Sie ihm weiterhelfen, indem sie ihm Fragen stellen, die ihn durch diese fünf Stufen der Empfindung durchführen:

»Was macht dich denn jetzt so traurig?«
»Worüber bist du enttäuscht?«
»Wovor hast du Angst?«
»Worüber machst du dir Sorgen?«

Lassen Sie ihn allein herausfinden, wie er »Es tut mir leid« und »Ich liebe dich« sagen will. Und bombardieren Sie ihn nicht mit Fragen, sobald er nur den Mund aufmacht. Lassen Sie ihm Zeit, seinen eigenen Weg zu finden, und weisen Sie ihm die richtige Richtung, wenn er sich verirrt zu haben scheint.

3. Vergewissern Sie sich, daß Sie Ihren eigenen Emotionalen Wegweiser benutzen, wenn Sie sich Ihrem Partner gegenüber äußern. Es wäre unfair, von seinem Partner die Einhaltung von Regeln zu erwarten, wenn man sie selber bricht. Leben Sie also so, wie Sie es anderen predigen. Je mehr Sie demonstrieren, wie positiv, vollkommen und liebevoll gute Verständigung ist, desto eher sind Sie Ihrem Partner ein Vorbild, dem er folgen kann.

ZUHÖR-TIP NR. **3** *Signalisieren Sie Ihrem Partner, daß Sie seinen Standpunkt verstehen*

Es gibt fast nichts, was Männer mehr aufregt, als wenn sie sich mißverstanden fühlen. Oft ist das der Fall, wenn wir ihre Gefühle nicht würdigen, die sie uns gegenüber äußern.

Männer sind viel eher bereit, unsere Gefühle zu respektieren, wenn man Verständnis für die ihren zeigt.

Hier einige Möglichkeiten, Männern beim Zuhören positives Feedback zu geben:

1. Üben Sie aktives Zuhören – geben Sie wieder, was Sie gehört haben. Das ist eine einfache Kommunikationstechnik, die Paar-Therapeuten anwenden. Sie lernen mit Hilfe dieser Technik, sich gegenseitig besser zuzuhören. Nachdem Sie Ihrem Partner zugehört haben, formulieren Sie für sich, was er Ihrer Meinung nach gesagt hat, und geben es wieder:

Ted: »Mary, ich bin echt frustriert von dem, was sich in letzter Zeit in unserem Sexualleben abspielt. Anscheinend bist du nie in Stimmung für Sex, und ich weiß nicht, ob es an mir liegt oder an etwas anderem. Aber langsam fühle ich mich sehr weit weg von dir, und das gefällt mir nicht. Immer hast du irgendeine Entschuldigung: Entweder nerven dich die Kinder, oder du bist zu müde, oder du hast Kopfschmerzen. Jedenfalls ist es drei Wochen her, daß wir miteinander geschlafen haben. Ich meine, die Ursache liegt ganz woanders. Ich weiß, in letzter Zeit hatten wir wenig Zeit füreinander, vielleicht fehlt dir das Gefühl der Nähe, oder was weiß ich. Ich hasse jedenfalls diesen Zustand.«

Mary (schlechtes Zuhören): »Wie kannst du so was sagen? Ich habe dich kaum gesehen in diesem Monat, du warst ja so verdammt beschäftigt. Du bist doch derjenige, der abends erschöpft nach Hause kommt. Glaubst du vielleicht, das törnt mich an? Du hast keine Ahnung, was es heißt, ein kleines Baby und noch die zwei weiteren Kinder am Hals zu haben.«

Mary (gutes Zuhören): »Du hast also das Gefühl, daß ich dich ablehne und vielleicht keinen Spaß am Sex mit dir habe? Das muß ein schlimmes Gefühl sein, ziemlich beängstigend. Besonders, wo ich doch weiß, wie zärtlich du bist.«

Ted: »Ja, das stimmt, und das tut mir weh.«

Wenn Ted merkt, daß Mary seine anfänglichen Gefühle ernst nimmt, fühlt er sich sicher genug, um weiterzugehen und seine tieferen Empfindungen auszuloten. Jetzt kann er gemäß dem Emotionalen Wegweiser von der Wut zur größeren Verletzlichkeit wie Schmerz und Angst kommen.

2. Geben Sie Männern visuelle und verbale Zeichen, die ihnen sagen, daß Sie zuhören und auch verstehen. Wenn Sie Ihrem Partner zwar zuhören, aber nur still dasitzen und ihn anstarren, können Sie sicher sein, daß er glaubt, Sie hören ihm gar nicht zu. Männer brauchen viel Ermutigung, bevor sie das Reich ihrer Emotionen betreten. Sie können Ihren Partner auf vielerlei Weise dabei unterstützen:

● Denken Sie daran, Männer sind visuell ausgerichtet. Bringt Ihr Partner also ein Argument, und Sie nicken mit dem Kopf, fühlt er sich akzeptiert und (akustisch) verstanden.

● Ein kleines »Aha« oder »Mm-hmm« signalisiert Ihrem Partner, daß Sie zuhören und verstehen, was er Ihnen zu sagen versucht. Sie müssen nicht einer Meinung mit ihm sein, aber Sie können Verständnis zeigen.

ZUHÖR-TIP NR. 4 *Gehen Sie auf Tuchfühlung mit Ihrem Partner*

Erinnern Sie sich? Körperliche Berührung hilft Ihrem Partner, die Verbundenheit mit Ihnen zu spüren und mehr von seinen Empfindungen zuzulassen. Übertreiben Sie es nicht, aber wie in diesem Kapitel schon erwähnt: Händchenhalten, enges Beieinandersitzen oder Ihre Hand auf seinem Arm – damit stellen Sie mehr Intimität her und fördern ein emotional befriedigendes Gespräch.

Diese Zuhör-Tips haben sich bei mir wirklich sehr bewährt. Ich hoffe, das tun sie auch bei Ihnen. Teilen Sie diese Informationen unbedingt auch Ihrem Partner mit, damit auch er ein guter Zuhörer wird!

Wie kommunizieren Männer? Fünf der häufigsten Fragen

Hier sind fünf Fragen, die Frauen mir immer und immer wieder über die Kommunikation mit und unter Männern stellen. Die Antworten darauf zu kennen wird Ihnen helfen, die Beziehung mit Ihrem Lebensgefährten reicher zu gestalten.

1. WARUM VERSUCHT MEIN LEBENSGEFÄHRTE IMMER, MIR MEINE GEFÜHLE AUSZUREDEN, WENN WIR STREIT HABEN?

Kennen Sie die Situation? Sie versuchen, dem Mann, den Sie lieben, etwas über Ihre innere Verfassung mitzuteilen – etwas, das Sie stört; etwas, das Sie von ihm brauchen und nicht bekommen; etwas, womit er Sie verletzt hat. Sie vergießen vielleicht sogar Tränen – und irgendwie, innerhalb von Minuten, finden Sie sich mitten in einer hitzigen intellektuellen Debatte wieder und sind dabei zu verlieren. Sie können nicht begreifen, was geschehen ist. Am Anfang waren Sie so emotional und verletzlich – zum Schluß nur noch defensiv und sarkastisch.

Sie wurden das ahnungslose Opfer einer Taktik, die Männer anwenden, wenn sie sich bedroht, erschreckt oder verletzbar fühlen: *Sie versuchen Sie von der Gefühlsebene wegzubringen.*

Wenn Männer sich bedroht fühlen oder Angst empfinden, versuchen sie die Gesprächspartnerin aus dem Herzbereich in den Kopfbereich zu ziehen, damit sie den Disput gewinnen können und die Kontrolle behalten.

Männer fühlen sich auf der geistigen Ebene viel wohler als im Gefühlsbereich. Sie haben da einfach mehr Übung. Wenn Sie also einen emotionalen Austausch suchen, hat Ihr Partner sofort das Gefühl, Ihnen unterlegen zu sein. Um das Kräfteverhältnis wieder zu seinen Gunsten auszutarieren, probiert Ihr Mann, das Gespräch weg von Gefühlen und hin zu den Fakten zu steuern. Er stellt eine Menge Fragen, macht Beobachtungen, anstatt seine Empfindungen mitzuteilen, und versucht, Ihnen Zweifel an Ihren eigenen Gefühlen einzuimpfen, indem er Dinge sagt wie:

- »Du klingst neurotisch – du bist bald reif für den Psychiater.«
- »Nicht zu glauben, wie du aus der Fassung gerätst.«
- »Nun mal ganz ruhig, du wirst ja hysterisch.«
- »Du bist übersensibel und wehleidig.«

Die meisten Frauen fallen auf diese Taktik herein, setzen sich von ihren Empfindungen ab und *lassen sich in ein intellektuelles Gefecht mit ihrem Partner locken.* Auf die Art wird er wahrscheinlich gewinnen (nicht nur, wenn er Rechtsanwalt ist!) oder sich wenigstens nicht als Verlierer fühlen. Das eigentliche Problem wird nicht gelöst, Sie bleiben frustriert und verwirrt zurück, und er ist erleichtert, einer Konfrontation mit seinen emotionalen Unzulänglichkeiten entgangen zu sein. Es mag stimmen, daß einige Männer sich dieser Verhaltensweise tatsächlich nicht bewußt sind, die Mehrzahl der Männer, die ich befragt habe, ist sich aber über diese Taktik völlig im klaren.

Die Lösung: Lassen Sie ihm das nicht durchgehen! **Bleiben Sie Ihrem Herzen treu, halten Sie Verbindung mit Ihrem Gefühl.** Darin liegt Ihre größte Stärke als Frau. Geben Sie Ihrem Partner zu verstehen, daß Sie seine Tricks durchschaut haben und diese nicht mehr ziehen. Und noch eines: Die eigentlichen Probleme zu umgehen stellt für Ihren Partner auch keine größere Befriedigung dar als für Sie selbst. Je sicherer ein Mann sich im Umgang mit seinen Emotionen fühlt, desto weniger schreckt er zurück, wenn Sie den Austausch suchen.

2. WARUM HASSEN ES MÄNNER, SPÄTABENDS ÜBER GEFÜHLSDINGE ZU REDEN?

Es ist 23 Uhr 15. Sie und Ihr Partner liegen im Bett und lesen. Ihnen ging schon den ganzen Tag etwas durch den Kopf, das Sie mit ihm bereden möchten. Also wenden Sie sich an ihn mit der Bitte: »Schatz, können wir mal was besprechen?« Ihr Partner schaut Sie an, zeigt ungefähr soviel Interesse wie eine Wegschnecke am Fliegen und antwortet: »Ist schon sehr spät, nicht? Kann das nicht bis morgen warten?« Wenn Sie darauf bestehen, wird er entweder ärgerlich und macht Bemerkungen wie:

- »Warum wartest du immer bis Mitternacht, ehe du mit solchen Sachen herausrückst?«

- »Du weißt genau, daß solche Gespräche niemals kurz ausfallen. Du wirst wieder kein Ende finden.«

- »Kann man am Ende eines Tages nicht mal ein bißchen Ruhe und Frieden haben?«

- »Warum müssen wir über diese Dinge immer dann reden, wenn es dir paßt?«

oder er ist bereit zuzuhören und

- schläft während des Gesprächs ein
- reagiert teilnahmslos auf Ihre Gedanken und Gefühle
- antwortet mit einsilbigem Brummeln und Grunzen

Warum fühlen sich so viele Männer von nächtlichen Gesprächen über Gefühlsdinge derartig belästigt?

1. Spätabends, wenn sie müde sind, fühlen Männer ihre Überlegenheit schwinden. Sie sehen ein Gespräch oft als kleinen Machtkampf an. Ist der Gesprächsinhalt emotional, fühlen sich Männer sowieso im Nachteil, wie wir gesehen haben. Also wird Ihr Partner versuchen, solange er müde ist, die Diskussion aufzuschieben, weil er weiß, daß es mit seiner Überlegenheit nicht so weit her ist, wie ihm lieb wäre. Natürlich ist das für Frauen genau der Punkt: Wir reden mit Männern instinktiv lieber, wenn sie müde sind, weil ihr Widerstand geringer ist und ihr Verstand nicht so scharf arbeitet.

2. Männer fürchten, daß Sie kein Ende finden und sie nicht zum Schlafen kommen. Das geht zurück auf unser Kommunikationsgeheimnis über die Anhaltspunkte, die Männer brauchen, um sich in einem Gespräch wohl zu fühlen. Wenn Sie mitten in der Nacht mit ihm reden wollen und er weiß, er ist zum Zuhören verdonnert, bekommt er es mit der Angst zu tun und sagt sich: *Sie wird zu reden anfangen und kein Ende finden. Wir werden die ganze Nacht wach sein, und ich komme morgen völlig übermüdet zur Arbeit. Dann werde ich Fehler machen, man wird mich feuern, ich bin ein Versager.* Und damit steht fest: Heute kein Gespräch mehr!

Die Lösung: Besprechen Sie dieses Problem mit Ihrem Partner, und treffen Sie eine Absprache über nächtliche Gespräche. Vielleicht müssen Sie ab und zu einen Kompromiß schließen und bis zum nächsten Tag warten. Sie können auch versuchen, Ihrem Partner eine Zeit vorzugeben: »Schatz, ich muß mit dir reden. Hast du eine Viertelstunde Zeit für mich? Ich weiß, du bist müde, aber es würde mir wirklich guttun, und wir können es fortsetzen, wenn du mehr Zeit hast.«

Halten Sie auf gar keinen Fall Ihre negativen Empfindungen tage- oder wochenlang zurück und lassen dann eines Nachts alles auf einmal über Ihren Partner niedergehen. Natürlich fühlt er sich dann überschüttet. Reden Sie über Ihre Probleme, solange sie noch klein sind und keine Riesenkonflikte, die sehr viel schwieriger und zeitraubender zu lösen sind.

3. WARUM KANN MEIN PARTNER KEINEN RAT VON MIR ANNEHMEN? WARUM KOMMT ER STATT DESSEN EIN PAAR TAGE SPÄTER UND TUT SO, ALS HÄTTE ER ES GERADE SELBST HERAUSGEFUNDEN?

Sie kennen die Situation: Sie und Ihr Partner erörtern, ob Sie im Urlaub ans Meer fahren sollen oder an einen nahegelegenen See. Sie versuchen Ihren Partner davon zu überzeugen, daß es ein Fehler wäre, ans Meer zu fahren: Zu der Jahreszeit ist es dort überfüllt, und Sie haben gerade erst gehört, daß der Ort zum In-Treff für Teenager geworden ist. Der See dagegen ist ruhig, preisgünstig und romantischer. Ihr Partner scheint Ihrem Standpunkt gegenüber nicht sehr aufgeschlossen zu sein und argumentiert sogar damit, daß das Meer endlich mal eine Abwechslung wäre. Sie wissen, daß er nicht ans Meer will. Sie wissen, er ist einer Meinung mit Ihnen. Aber er weigert sich, das zuzugeben.

Es vergehen ein paar Tage, und eines Abends beim Essen wendet Ihr Partner sich Ihnen zu und sagt: »Weißt du, ich habe darüber nachgedacht. Ich glaube, am Meer wird es dieses Jahr ziemlich voll sein mit all diesen Teenies, die Schulferien haben, und so. Sicher wird es am See viel erholsamer. Ich finde, wir sollten im Urlaub an den See fahren, Liebes.« Und Sie sitzen da in stiller Fassungslosigkeit, können es nicht glauben, daß Ihr Partner sich nicht daran »erinnert«, wie Sie ihm vor ein paar Tagen haargenau dasselbe vorgeschlagen haben.

Wie das zustande kommt, das haben wir schon früher einmal in diesem Buch besprochen:

- **Männer brauchen das Gefühl, recht zu haben.** Falls Sie es noch nicht bemerkt haben – Männer haben oft ein ausgeprägtes Konkurrenzdenken, sogar gegenüber Ehefrauen oder Freundinnen. Sie haben eine Idee, Ihr Mann stimmt vielleicht auch zu, trotzdem hat er irgendwie das Gefühl, »unrecht« zu haben, nur weil er nicht zuerst daran gedacht hat. Nachgeben und einräumen, daß Sie recht haben, gibt ihm das Gefühl, daß Sie klüger sind als er – etwas, das Männer sich selbst gegenüber niemals eingestehen würden.

- **Männer fühlen sich gern für alles verantwortlich.** Wenn Sie für ein Problem die Lösung anbieten und selbst wenn Ihr Mann derselben Meinung ist, hat er irgendwie das Gefühl, Sie wären jetzt am Ruder, Sie wären die dominierende Kraft in der Beziehung. Das ist ein sehr ursprünglicher Instinkt in Männern, den sie leugnen würden, bis sie blau anlaufen – und doch wissen wir, es ist so!

● **Männer fühlen sich gern unabhängig und machen lieber alles selbst.** Das geht zurück auf den kleinen Jungen, der versucht, aus der Abhängigkeit von seiner Mutter auszubrechen. Der sagt: »Nein, Mama. Will Schuhe selber zumachen. Allein.« Wenn Ihr Mann merkt, daß Sie ihm bei einem Problem helfen konnten, das er allein nicht gelöst hat, kommt er sich insgeheim unmännlich vor.

Die Lösung: Sehr wichtig ist, zu realisieren, daß Männer sich dessen gar nicht bewußt sind. Es ist nicht so, daß Ihr Partner sich Ihren Vorschlag anhört und sich dann sagt: »Verdammt, warum bin ich nicht selbst darauf gekommen? Na ja, ich warte bis Dienstag und tue dann so, als wäre die Idee von mir.« Und wenn Sie ihn fragen, wird er schwören, er könne sich nicht erinnern, daß Sie vor dem Dienstag etwas Derartiges erwähnt hätten. Der beste Rat, den ich Ihnen geben kann: Besprechen Sie diesen Punkt mit Ihrem Lebensgefährten, geben Sie ihm diese Seiten zu lesen, und warten Sie ab, was geschieht. Schließlich ist es keine beziehungsgefährdende Angewohnheit – nur einfach zum Verzweifeln!

4. WARUM ZEIGT MIR MEIN PARTNER SEINE ANERKENNUNG NICHT GENAUSO WIE ICH IHM?

Folgende Situation: Sie und Ihr Partner wollen am Abend ganz groß essen gehen und danach zum Tanzen. Sie haben anderthalb Stunden auf Haare, Maniküre und Make-up verwendet und sind in ein nagelneues Outfit geschlüpft. Sie gehen ins Wohnzimmer, um sich »ihm« zu präsentieren, und sagen: »Voilà, da bin ich. Wie sehe ich aus?« Ihr Partner schaut Sie eine Sekunde lang an und meint: »Ja, hübsch.« Und geht die Autoschlüssel holen.

Sie stehen da und fühlen sich hundsmiserabel. »Hübsch«, denken Sie sich, »ist das alles, was er dazu sagen kann?« Als Ihr Liebster zurückkommt, sagen Sie ihm, daß Sie ein bißchen gekränkt sind. »Aber ich habe doch gesagt, daß du hübsch aussiehst«, antwortet er erstaunt. »Was soll ich denn sonst noch sagen?«

»Nun ja, mein neues Kleid ist dir nicht aufgefallen, zu meinen Haaren hast du dich nicht geäußert, gar nichts.«
»Hör mal, du hast vielleicht Probleme!« sagt Ihr Partner mit erhobener Stimme. »Du bist nie zufrieden. Was ich auch tue, es ist dir nie recht. Ständig erzählst du mir, was ich alles falsch mache.« Und während Sie dastehen und streiten, fragen Sie sich völlig verwirrt, wie es dazu kommen konnte.

Was ist passiert? **Männer nehmen Details ganz anders wahr als Frauen.** Rufen wir uns das Anfangskapitel ins Gedächtnis, wo es um die genetische Entwicklung des Mannes ging. Männer mußten ihr Wahrnehmungsvermögen immer in die Weite richten, Frauen mehr auf Details; Männer suchten den Horizont nach feindlichen Stämmen ab, Frauen behielten Feuer und Kinder im Auge; Männer machten sich Gedanken darüber, wieviel Land sie an einem Tag pflügen konnten und was sie im nächsten Jahr pflanzen würden, Frauen zerbrachen sich den Kopf, was sie abends kochen sollten; Männer machten sich Sorgen, ob sie genug Geld verdienten, um die Kinder aufs College schicken und die Hypothek tilgen zu können, Frauen kümmerten sich darum, daß die Kinder auch saubere Unterwäsche für den nächsten Tag hatten. Die eine Sorte Aufmerksamkeit ist nicht besser als die andere – sie kennzeichnet lediglich die Art und Weise, wie Mann und Frau ihre Umwelt wahrnehmen.

Sie kennen das doch:

Wie oft haben Sie schon nach einem gemeinsamen Besuch bei Freunden eine Bemerkung über deren Einrichtung gemacht und bekamen zur Antwort: »Das Sofa war blau? Ist mir nicht aufgefallen.« Oder Sie fragen Ihren Partner: »Du kennst doch mein grünes Baumwollkleid mit der weißen Schleife. Meinst du, das eignet sich für die Hochzeit deiner Kusine besser als der schwarze Samtanzug?« Sie wundern sich über diesen leeren Blick, den er hat, bis Ihnen klar wird, daß er nicht die leiseste Vorstellung von den erwähnten Outfits hat.

Nicht alle, aber die meisten Männer nehmen nicht so viel Details, Farbe, Form und Strukturmerkmale, wahr wie Frauen. Frauen sind darin geschult, Einzelheiten wahrzunehmen. Das Problem ist:

Unbewußt setzen Frauen bei Männern das gleiche Wahrnehmungsvermögen voraus, das sie selbst haben.

Wenn Sie also Ihren Partner fragen »Wie sehe ich aus?«, erwarten Sie von ihm eine Antwort in der Art, wie Sie ihm eine gegeben hätten: Details über Details. Eben diese spezifische Reaktion, die man von Freundinnen bekommt, wenn man etwas Neues anhat: »Oh, Barbara, ist das neu? Super. Dreh dich um, zeig mal die Rückenpartie. Also, ganz toll. Die Farbe steht dir sehr gut. Und der Schnitt macht wirklich eine tolle Figur. Und wo hast du nur die passenden Ohrringe gefunden? Einfach perfekt. Du siehst phantastisch aus.«

Es ist nicht so, daß Männer Ihnen nichts über ihre Gefühle mitteilen oder ihre Anerkennung verweigern wollten: Sie schenken dem einfach nicht so viel Aufmerksamkeit und sind es nicht gewöhnt, so detailliert auf etwas zu achten. Tatsächlich ist vielen Männern dieses Problem gar nicht bewußt und sie werden es auch nicht verstehen, es sei denn, Sie erklärten es ihnen.

Die Lösung: **Bringen Sie Ihrem Partner bei, mehr auf Details zu achten.** Machen Sie ihn auf Kleinigkeiten aufmerksam – wie er aussieht oder was Ihnen an einem Haus gefällt, an dem Sie sonntags vorbeifahren, oder was Sie an einer Parklandschaft so besonders schön finden:

Männer sagen: »Ein ganz hübscher Anzug.«

Frauen sagen: »Was für ein toller Anzug, Schatz. Sieh mal die feinen Farbnuancen, die da eingewebt sind: hier ein bißchen Rot, und da ist Blau mit drin. Der taillierte Schnitt bringt deine Figur wirklich gut zur Geltung. Sehr gute Verarbeitung, das sieht man an den Revers.«

Männer sagen: »Das Haus da drüben ist nicht schlecht.«

Frauen sagen: »Was für ein wunderschönes Haus. Sieh doch bloß die Umgebung – ist das nicht herrlich? Und die vielen Terrassentüren. Gefällt mir gut, der weiße Anstrich mit der ungewöhnlichen blauen Zierleiste. Es sieht so frisch aus.«

Männer sagen: »Ui, heut' ist es wirklich schön im Park.«

Frauen sagen: »Ich liebe das, einfach so im Park in der Sonne zu sitzen. Zu dieser Tageszeit sieht alles so klar aus im Sonnenschein. Ist doch unglaublich, wieviel verschiedene Grünschattierungen diese Bäume da hinten haben. Guck mal, wie aufgebläht die Wolken aussehen, als ob sie gleich platzen würden. Ich fühle mich so zufrieden, wenn ich hier bin.«

So geben Sie Ihrem Partner Anstöße, selbst auf Details zu achten und Bemerkungen darüber zu machen.

Macht Ihr Partner Ihnen ein Kompliment oder bewundert er irgend etwas, bitten Sie ihn, ein bißchen präziser zu sein. Nehmen wir an, er sagt: »Was du da anhast, gefällt mir sehr, Liebes.« Sagen Sie nicht einfach danke, fragen Sie ihn, was ihm daran gefällt. Sagt er »Ich mag die Farbe«, fragen Sie nach: »Gefällt dir diese Farbe besser als die Blautöne, die ich sonst trage?« Mit anderen Worten, helfen Sie seinem Sinn für Details auf die Sprünge, damit er Einzelheiten wahrnimmt und sich darüber äußern kann.

Bedenken Sie eines: Die Geschichte der Literatur beweist, daß Männer ebenso poetisch und ausdrucksstark wie Frauen sind, aber viele Männer des 20. Jahrhunderts brauchen ein wenig Nachhilfe, um diese Art der Wahrnehmung wieder zu schärfen.

5. WARUM WIRD MEIN PARTNER IMMER SO WÜTEND UND GEHT IN DIE DEFENSIVE, WENN ER SICH ÜBER ETWAS AUFREGT, ANSTATT MIR ZU SAGEN, WAS WIRKLICH LOS IST?

Sie und Ihr Partner sitzen nach dem Essen noch zusammen. Sie merken genau, daß ihn etwas beschäftigt. Sie fragen ihn, was los ist, und er antwortet: »Nichts.«

»Ach komm, Schatz«, beharren Sie, »ich weiß doch, du hast irgendwas. Du kannst es mir ruhig sagen.«

»Ich sagte, alles in Ordnung. Also hör auf, mich zu nerven«, erwidert er mit eisigem Unterton.

»Na, du klingst aber nicht so, als ob alles in Ordnung wäre. Du klingst ziemlich wütend«, fahren Sie fort.

»Jetzt laß mich doch endlich in Ruhe!« brüllt Ihr Partner. »Warum beobachtest du mich ständig mit Argusaugen? Du hast recht, jetzt bin ich wütend – und zwar auf dich, weil du so verdammt zickig bist.«

Wie kommt es nur, daß Wut manchmal die einzige Gefühlsregung ist, zu der Männer fähig sind? Sie werden wütend, wenn sie Angst haben oder sich Sorgen machen. Sie werden wütend, wenn sie sich durch Ihr Verhalten verletzt fühlen. Sie werden wütend, wenn sie ein schlechtes Gewissen haben. Sie werden möglicherweise sogar wütend, wenn sie merken, daß sie Sie zu sehr lieben und brauchen.

Gehen wir zurück in die Kindheit eines Mannes, um die Antwort zu finden. Bis vor kurzem wurde kleinen Jungen eingeprägt, keine Gefühle von Schwäche zu zeigen, wie etwa Schmerz, Angst oder Sorgen. Für Mädchen war das okay, aber nicht für Jungs. Ein Junge, der verletzte Gefühle zeigt, der weint oder zugibt, Angst zu haben, wird verspottet und Heulsuse genannt. Ein Junge wird dafür belohnt, stark und tapfer zu sein und »wie ein Mann« zu handeln. Es ist zulässig, wütend zu werden oder in eine Rauferei zu geraten. Aber schlappzumachen und loszuheulen ist verpönt.

Indem Sie Ihrem Partner die Gefühle nahebringen, zu denen er selbst keine Verbindung hat, können Sie ihn von seiner Wut wegführen und ihm die Sicherheit geben, seinen anderen, empfindsameren Emotionen freien Lauf zu lassen.

»Lieber, ich weiß, wie sehr dich Freds Herzinfarkt treffen muß. Er ist dein bester Freund und im selben Alter wie du. Ich bekomme jedesmal richtig Angst, wenn jemand, der mir nahesteht, so krank wird. Ich kann den Gedanken, einen geliebten Menschen zu verlieren, kaum ertragen. Du kommst dir sicher schrecklich hilflos vor, einfach so abwarten zu müssen, ohne etwas für ihn tun zu können.«

Geben Sie Ihrem Partner oft und viel positives Feedback, sobald er ein kleines bißchen Verletzlichkeit erkennen läßt. Vergessen Sie nicht: Männer bekamen so viel negative Reaktionen, wenn sie sich empfindsam zeigten – und bekommen sie teilweise heute noch –, daß sie jede Ermutigung und Unterstützung brauchen. Öffnet sich Ihr Partner auch nur ein klein wenig, sagen Sie ihm, wieviel Ihnen das bedeutet und wie stolz Sie auf ihn sind. Ich meine damit nicht etwa, daß Sie gönnerhaft werden sollen. Ich schlage lediglich vor, daß Sie Männer bei etwas unterstützen, vor dem sie ziemlichen Bammel haben.

Je wütender ein Mann klingt, desto ängstlicher ist der kleine Junge in ihm.

Anmerkung: **Wenn Sie mit einem Mann leben, der chronisch in Wut gerät und unkontrolliert oder ausfallend ist,** *vergessen Sie all diese Ratschläge! Suchen Sie dann lieber therapeutische Hilfe.*

Das Mann-Frau-Wörterbuch

Nachdem Sie dieses Kapitel gelesen haben, begreifen Sie sicher, warum ich am Anfang feststellte, daß Männer und Frauen verschiedene Sprachen sprechen. Als Hilfe bei der Zusammenfassung des Besprochenen folgt ein Mann-Frau-Wörterbuch. Wie ein Französisch-Englisch-Wörterbuch französische Worte ins Englische übersetzt, enthält dieses Mann-Frau-Wörterbuch die üblichen männlichen Redewendungen – und was sie eigentlich bedeuten, wird in eine für Frauen verständliche Sprache übersetzt. Hier werden nur einige Beispiele vorgeführt, und ich schlage vor, Sie machen sich dementsprechend Ihre eigenen Übersetzungen. Sicher hat Ihr Partner so seine Lieblings-Redewendungen, die Sie zum Wahnsinn treiben. Vielleicht bitten Sie ihn sogar, sich mal gemeinsam hinzusetzen und Ihnen bei der Zusammenstellung dieses Wörterbuches zu helfen. Allerdings sollten Sie nicht überrascht sein, wenn er nur unter der Bedingung zustimmt, daß Sie mit ihm auch ein Frau-Mann-Wörterbuch schreiben!

Redewendung	Übersetzung
»Ich möchte jetzt nicht darüber reden.«	»Ich brauche etwas Zeit, um mir über meine Empfindungen klarzuwerden. Ich habe Angst, wenn ich jetzt antworte, könnte ich etwas Falsches sagen. Es gelingt mir nicht so schnell wie dir, meine Gefühle in Worte zu fassen.«
»Beruhige dich! Du bist viel zu emotional.«	»Ich habe das Gefühl, dich beruhigen zu müssen und nicht zu wissen, wie. Ich fühle mich verantwortlich für deinen Schmerz. Ich weiß nicht, wie ich dir helfen soll.«
»Na ja, so bin ich nun mal. Männer werden eben so erzogen.«	»Ich habe Angst, daß etwas mit mir nicht stimmt. Ich fürchte, ich kann mich nicht ändern. Ich verstehe mein Verhalten selbst oft nicht.«
»Hör zu! Ich sagte, es tut mir leid. Was willst du denn noch?«	»Ich habe Angst, du verzeihst mir nicht. Ich komme mir vor wie ein Scheusal, dich so zu verletzen. Es ist mir peinlich, daß du mich bei diesem Fehler ertappt hast.«
»Liebes, ich muß morgen sehr früh aufstehen. Findest du das jetzt das Richtige? (Abends im Bett während des Vorspiels.)	»Ich hätte echt Lust auf einen Quickie. Aber ich will nicht als Egoist dastehen, wenn ich dich darum bitte.«
»Wieso stellst du es immer so dar, als wäre alles mein Fehler? Machst du selbst nie etwas falsch?«	»Ich kann einfach nicht zugeben, daß du recht hast. Ich ärgere mich über mich selbst, daß ich die Dinge nicht so schnell durchschaue wie du.«

Ich hoffe, dieses Kapitel über die Verständigung mit Männern war für Sie aufschlußreich und nützlich. Sie sollten es immer wieder lesen, bis Ihnen diese Erkenntnisse zur zweiten Natur werden. Bitte lassen Sie »ihn« an Ihrem neuerworbenen Wissen teilhaben. Er wird sich verstanden fühlen, und Sie können gemeinsam auf eine liebevolle, effektive Kommunikation hinarbeiten. Dabei wird Ihnen sicherlich auch der folgende Kommunikations-Wegweiser von Nutzen sein.

Ein Kommunikations-Wegweiser

Drei Tatsachen über die Kommunikation mit Männern, die Sie wissen sollten:

Tatsache ist:	Was Frauen falsch machen
1. Männer kommunizieren am besten, wenn sie einen Anhaltspunkt für das Gespräch haben – sie sind zielorientiert.	Frauen bleiben eher vage und unbestimmt – wir sind verlaufsorientiert.
2. Männer machen ihren Denkprozeß für sich allein durch und teilen nur das Endergebnis mit – sie sind lösungsorientiert.	Frauen denken oft laut. Wir beklagen uns, ohne unsere positiven Gefühle mitzuteilen.
3. Männer haben keinen so leichten Zugang zu ihren Gefühlen wie Frauen – das ist für sie unbekanntes Terrain.	Frauen werfen Männern vor, unsensibel zu sein. Frauen erwarten von Männern, daß sie sich über ihre Empfindungen ebenso schnell klarwerden wie wir. Frauen nehmen an, daß intellektuell wortgewandte Männer sich auch emotional fließend artikulieren können.

Wie Männer reagieren	Lösung
Sie zeigen Desinteresse. Sie verweigern sich. Sie nehmen Sie nicht ernst.	Geben Sie Ihrem Mann Anhaltspunkte. Stellen Sie ihm Fragen.
Sie finden, Frauen reden zuviel. Sie werden ungeduldig und versuchen, Sie anzutreiben. Sie fühlen sich verantwortlich.	Besprechen Sie die Art und Weise Ihrer Kommunikation mit Ihrem Partner. Lassen Sie ihm Zeit, eine Antwort zu finden. Warnen Sie ihn, wenn Sie das Bedürfnis haben zu jammern.
Sie fühlen sich kritisiert und mißverstanden. Sie rebellieren. Sie fangen Streit mit Ihnen an.	Reden Sie langsam, wenn Sie sich über Ihre Gefühle auslassen wollen. Geben Sie Ihrem Partner ein Gefühl der Sicherheit, er muß nicht auf Anhieb wissen, wie alles richtig zu machen ist. Erkennen Sie seine Fortschritte an. Lassen Sie ihm Zeit, seine Gefühle zu ergründen. Seien Sie liebevoll.

8 Wie Sie Ihrem Liebsten helfen, aus sich herauszugehen

»Ich weiß, daß mein Freund emotional sehr verschlossen ist. Er zweifelt wohl immer wieder an der Liebe, denn in der Vergangenheit wurde ihm da ziemlich übel mitgespielt. Er gibt vor, an diesem Gefühlskram, wie er es nennt, nicht interessiert zu sein. Er wird furchtbar sarkastisch, wenn ich versuche, mit ihm über seine Empfindungen zu reden. Aber ich weiß genau, daß meine Liebe ihm helfen wird, sich zu ändern. Er hatte noch niemals jemanden, der ihn so geliebt hat. *Wenn meine Liebe stark genug ist, wird er sich ganz bestimmt öffnen.*«

Ich wünschte, ich könnte Ihnen bestätigen, daß solche Wunschträume wahr werden. Ich wünschte, ich könnte dieses Kapitel schreiben und sagen: »Wenn Sie Ihren Mann nur genug lieben, wird er aus sich herausgehen.« Aber das kann ich nicht, weil es nicht wahr ist. Ich weiß es. Ich habe es versucht. Es funktioniert nicht.

Es ist nicht so, daß Ihre Liebe nichts bewirkt – das schon. Manchmal öffnet sich der Mann ein kleines bißchen. Aber doch nicht so weit, daß die Beziehung richtig gut funktioniert. Manchmal geht er auch ganz aus sich heraus, braucht dazu aber sehr, sehr lange, so lange, daß Ihre Geduld erschöpft ist, wenn es endlich soweit ist. Dann sind Sie so genervt, daß Sie für seine Liebe nicht mehr empfänglich sind. Manchmal verlassen Sie einen Mann, und plötzlich geht die Saat Ihrer Liebe auf, und er geht aus sich heraus. Nur leider zu spät, denn Sie sind nicht mehr da. Wie es auch immer abläuft, sicher geht es Ihnen, wie es mir ergangen ist: Sie fühlen sich ausgenutzt, betrogen, ohne Hoffnung. Und fragen sich, ob es wohl etwas genutzt hätte, wenn Sie ihn noch ein bißchen mehr geliebt hätten. Und schließlich bleiben Sie mit gebrochenem Herzen zurück, wie wir Frauen immer, wenn wir einem Mann unsere Liebe schenken und er nimmt sie nicht an.

Es gibt nur einen Weg, einem Mann zu helfen, sich zu öffnen: Er muß es von sich aus tun.

Ihre Liebe *kann* etwas bewirken im Leben eines Mannes: Sie kann ihm die Unterstützung, die Sicherheit und den Mut geben, die er braucht, um sich der inneren Welt seiner Gefühle zu stellen. Doch all Ihre Bemühungen und Diskussionen und Tränen werden nicht reichen, wenn er sich nicht selbst zu einem eigenen persönlichen Wachstum verpflichtet fühlt. Er muß sich öffnen wollen. Nur dann können Sie ihm helfen.

Es gibt Unterschiede: Zusammen mit einem Mann an seiner persönlichen Entwicklung zu arbeiten ist etwas ganz anderes, als es ihm vollständig abzunehmen und die Verantwortung dafür zu tragen.

Frauen behaupten sehr oft, sie würden ihren Männern helfen, ihr Herz zu öffnen. Wenn wir ganz ehrlich sind, müssen wir zugeben, daß wir vielmehr ständig versuchen, es aufzubrechen, und er macht es mit einem Schlag immer wieder zu. In Kapitel 3 haben wir gesehen, wie wir die emotionalen Lücken in unserer Beziehung füllen, indem wir das »Rudern« ganz oder zum größten Teil übernehmen. Um sich selbst eine intakte Beziehung zu schaffen, sollten Sie erkennen, ob ein Mann Ihre Hilfe wirklich will oder von sich aus gar kein Interesse daran hat.

Will Ihr Partner sich öffnen?

Ein junges Paar stand kurz vor der Trennung. Die Frau beklagte sich, daß sich ihr Partner all ihren Versuchen zum Trotz weigere, emotional so aus sich herauszugehen, wie sie es sich wünschte. Als ich ihren Freund bat, mir den Konflikt aus seiner Sicht zu schildern, sagte er: »*Ich habe sie nicht darum gebeten, mir zu helfen.*«

Einer der größten Fehler, den Frauen gegenüber Männern machen, ist das Aufstellen eines Plans, wie die Beziehung zu laufen hat, ohne ihren Partner davon in Kenntnis zu setzen.

Sie glauben vielleicht, Ihr Partner müßte in puncto Kommunikation noch dazulernen oder empfindsamer werden oder mehr Verbindung zu seinen Emotionen herstellen. Aber was Sie glauben, zählt nicht, sondern nur, was *er* denkt. Wenn Sie entscheiden, wo es in Ihrer Beziehung langgehen soll, ohne Ihren Partner zu fragen, negieren Sie nicht nur seine Rechte, Sie stellen sich selbst die Weichen für eine große Enttäuschung.

Bevor Sie also überhaupt darüber nachdenken, *wie* Sie Ihrem Partner helfen, sich mitzuteilen, müssen Sie sich erst einmal fragen: **Will mein Partner sich öffnen?**

Wie Sie das am besten herausfinden können? Ganz einfach: Fragen Sie ihn! Natürlich nicht gleich bei der ersten Verabredung, etwa: »Hallo, ich bin Barbara! Sag mal, bist du eigentlich daran interessiert, dich emotional zu öffnen?« Sie sollten auf alle Fälle ein paar Regeln beachten.

Wie man feststellt, ob ein Mann emotional aus sich herausgehen will

1. Machen Sie sich klar, welche Eigenschaften Sie in einem Partner suchen. Schreiben Sie eine Wunschliste. Hier einige Beispiele, wie so eine Liste aussehen könnte:

Sollte gern über Gefühle reden.
Schon selbst etwas für seine Persönlichkeitsentwicklung getan haben.
Gern zärtlich sein.
Flexibel im Denken sein.

2. **Besprechen Sie mit Ihrem zukünftigen Partner den Typ von Mann, den Sie sich vorstellen, und die Art der Beziehung, die Sie führen möchten.** Seien Sie möglichst präzise, und fragen Sie ihn, ob seine Auffassung von sich selbst mit Ihrer Wunschliste übereinstimmt.

3. **Bitten Sie Ihren zukünftigen Partner zu beschreiben, wie sein Idealbild einer Beziehung aussieht.** Aber hüten Sie sich, ihm die Worte in den Mund zu legen!

4. **Denken Sie nach über die Informationen, die Ihnen dieser neue Mensch gegeben hat.** Beobachten Sie während der nächsten Verabredungen sein Verhalten: ob er nur schöne Worte gemacht hat oder ob er wirklich die Eigenschaften zeigt, nach denen Sie bei einem Mann Ausschau halten. Bewährt er sich, machen Sie weiter.

5. **Wird Ihre Verbindung etwas ernsthafter und Sie beschließen, »offiziell« miteinander zu gehen, sollten Sie Ihren Partner bitten, eine Liste der emotionalen Ziele zu machen, die er im Laufe der Beziehung gern verwirklichen möchte.** Zum Beispiel:

● Ich möchte lernen, um Hilfe zu bitten, wenn ich überfordert bin, anstatt alles allein durchzuziehen.

● Ich möchte mich sicher genug fühlen, auch Empfindungen wie Angst oder Schmerz mitteilen zu können und nicht nur das Positive.

● Ich möchte lernen, Probleme anzusprechen, solange sie klein sind, anstatt ihnen aus dem Weg zu gehen und mir einzureden, alles sei »bestens«, und zu warten, bis ich explodiere.

● Ich möchte lernen, die Bedürfnisse meiner Partnerin aufmerksamer wahrzunehmen. Das heißt, mich nicht vom Eigenleben und Beruf derart schlucken zu lassen, daß sie sich vernachlässigt fühlt.

Natürlich sollten auch Sie Ihre emotionalen Ziele auflisten.

Zweck dieser Übung ist es, festzustellen, ob der Mann, den Sie lieben, motiviert ist, sich aus sich selbst heraus zu öffnen. Setzt er sich eigene Ziele, dann fühlt er sich auch für seine eigene Entwicklung verantwortlich.

6. Tauschen Sie die Listen mit Ihrem Partner, und entwickeln Sie einen Plan, wie Sie diese Ziele erreichen können. Treffen Sie Absprachen in puncto Zusammenleben. Diese Absprachen sollten Sie wie »Regeln« befolgen, damit jeder seine eigenen emotionalen Ziele erreicht und mit seinem Verhalten die Harmonie der Beziehung fördert. Im nächsten Kapitel zeige ich Ihnen, wie man sich ein Buch mit Beziehungsregeln erarbeitet. Sobald Ihr Partner seine eigenen Regeln aufstellt, übernimmt er damit die Verantwortung für seinen Prozeß der Öffnung.

Wenn Sie bereits in einer Beziehung leben, können Sie dieses Rezept ebenfalls anwenden, um Ihrem Partner zu helfen, sich auf seine eigenen und Ihre gemeinsamen Ziele zu konzentrieren. Sie selbst lernen dadurch, Ihre eigenen Wünsche und Bedürfnisse zu artikulieren.

Hat Ihr Partner erst einmal einen konkreten Schritt unternommen, um emotional aus sich herauszugehen, können Sie ihn guten Gewissens unterstützen und ermutigen. Sie wissen nun, er will sich selbst helfen, und Sie arbeiten als Team.

Ich kann nicht genug betonen, wie wichtig diese letzten Erkenntnisse sind. Glauben Sie mir, ich weiß aus eigener Erfahrung, wie leicht es passiert, daß man Dinge liest und dabei denkt, »ganz brauchbare Vorschläge«, und sie dann vollkommen ignoriert. Zu gern machen Frauen den Mann zum »Projekt« und versuchen, ihn »hinzukriegen«, ohne daß er die Verpflichtung zur Eigeninitiative übernommen hätte.

Wie man erkennt, ob ein Mann sich nicht öffnen wird

Es gibt in jeder Beziehung einen Punkt, wo Sie sich zugunsten Ihres Partners entscheiden nach dem Motto: »Im Zweifel für den Angeklagten.« Sie tun alles, was Sie nur können, um geduldig zu bleiben, geben ihm die Sicherheit, die er braucht, um eine Entwicklungsphase durchzustehen. Aber leider gibt es in manchen Beziehungen auch den Punkt, wo Sie sich eingestehen müssen, daß Ihr Partner sich niemals ändern wird. Und wie gern Sie ihm auch helfen würden, es wäre völlig zwecklos. Hier einige Warnsignale, auf die Sie achten sollten.

Sie können einem Mann nicht helfen

1 Wenn Sie mehr für ihn tun als er für Sie.
2 Wenn er eine negative, verzagte Lebenseinstellung hat (»Bei mir klappt überhaupt nie etwas. Das Leben ist unfair«).
3 Wenn er stets anderen die Schuld an seinen Problemen gibt und sich weigert, für seine Situation die Verantwortung zu übernehmen.
4 Wenn destruktive Abhängigkeiten ihn bestimmen und er es ablehnt, sich damit auseinanderzusetzen: Drogen, Alkohol, Freßsucht oder Spielleidenschaft.
5 Wenn er das chronische Bedürfnis hat, Kontrolle auszuüben, und jede Lappalie zum Anlaß nimmt, Machtkämpfe mit Ihnen auszutragen.
6 Wenn er stark unter Schuldgefühlen, Selbstvorwürfen und Minderwertigkeitsgefühlen leidet, die auf ungelöste Vorfälle in seiner Vergangenheit zurückzuführen sind. (Er hat Frau und Kinder verlassen und sich das nie verziehen. Er hat seit 20 Jahren kein Wort mit seinem Vater gesprochen.)
7 Wenn er nach Ausreden für sein Verhalten sucht, etwa: »So bin ich nun einmal.«
8 Wenn er alles ablehnt, was ihm selbst und der Beziehung helfen würde: Beratung, Seminare oder Bücher.
9 Wenn er Ihnen sagt, daß er sich nicht öffnen *will!*

Wie wir wissen, ist bei allen Männern hin und wieder der eine oder andere Punkt aus der Liste festzustellen. Doch wenn Ihnen diese

Warnzeichen nur allzu bekannt vorkommen, sollten Sie sie bitte nicht ignorieren. Konfrontieren Sie Ihren Partner mit Ihren Ängsten, suchen Sie Hilfe von außen, und lesen Sie im dritten Kapitel noch einmal nach, wie Sie endlich damit aufhören, emotionale Lücken zu füllen. Vergessen Sie nicht: Zu einer funktionierenden Beziehung gehören immer zwei, die sich engagieren und verantwortlich fühlen.

Andere Methoden, um dem Mann, den Sie lieben, zu helfen

• **Ermutigen Sie Ihren Partner, wirklich feste Männerfreundschaften zu schließen.** Den meisten Männern fallen enge Freundschaften mit Männern schwer. Antrainiertes Konkurrenzdenken und Mißtrauen untereinander komplizieren eine emotionale Bindung. Und doch brauchen Männer solche Freundschaften als Ventil. Frauen sind nicht für alles die idealen Ansprechpartner. Selbst wenn Ihre Vorstellung von Freundschaft etwas anders aussieht als das, was Sie bei Ihrem Mann beobachten: Unterstützen Sie ihn! Männer haben ihre eigene Sprache und spezielle Art, vertraut miteinander umzugehen. Ihr Mann unterhält sich vielleicht drei Stunden lang mit einem Kumpel über seine neue Stereo-Anlage und erzählt Ihnen, daß das sein Bedürfnis nach Nähe befriedigt hätte. Sie denken: »Ist das sein Ernst?« Ist es. Vergessen Sie nicht: Männer werden auch niemals ergründen, warum Frauen so gern zusammen Shopping gehen!

• **Schlagen Sie Ihrem Partner vor, sich an einer Männergruppe oder Diskussionsrunde zu beteiligen.** Männer neigen dazu, sich nicht nur von Frauen, sondern auch von der sogenannten Männergesellschaft zu isolieren. Es gibt auch bei uns immer mehr reine Männergruppen, die von männlichen Therapeuten oder Medizinern geleitet werden. Wenn auch der Gedanke, ein paar Stunden mit einer Gruppe von Männern zusammenzuhocken und über Probleme und Gefühle zu reden, Ihren Mann vielleicht nicht auf Anhieb reizt, wird er doch merken, daß er dort volle Bestätigung seiner eigenen Gedanken und Gefühle und enorme Unterstützung findet.

• **Besorgen Sie Ihrem Partner Bücher von Männern über Männer.** Es wird so viel Wirbel um Selbsthilfebücher für Frauen gemacht, daß Bücher für Männer im Gedränge schon mal untergehen. In den letzten Jahren sind einige hervorragende Bücher erschienen, die aus der Sicht eines Mannes über männliche Erfahrungen berichten. Stöbern Sie in der Psychologieabteilung einer Buchhandlung und suchen Sie einige Bücher aus, von denen Sie meinen, daß sie Ihren Partner interessieren. Machen Sie ihm diese Bücher zum Geschenk. Nachdem er sie gelesen hat, fragen Sie ihn, wie er über den Inhalt denkt, was er erfahren hat und welche Kapitel Sie seiner Meinung nach lesen sollten, um ihn besser zu verstehen.

• **Machen Sie mit Ihrem Partner ein Seminar zur Persönlichkeitsentwicklung.** Seit zehn Jahren leite ich solche Seminare und kann Ihnen aus eigener Erfahrung sagen, daß bei der richtigen Workshop-Konstellation bei Männern gewaltige emotionale Durchbrüche möglich sind. In den meisten größeren Städten werden verschiedene Kurse an den Universitäten, von kirchlichen oder therapeutischen Organisationen angeboten. Oder auch von privater Seite, wie meine »Making Love Work«-Seminare. Informationen über solche Veranstaltungen finden Sie oft auch in den Naturkostläden, die Ihnen Näheres zu solchen Seminaren in Ihrer Umgebung erläutern können. Besuchen Sie ein Seminar nicht mit der Absicht, Ihren Partner »hinzukriegen«: Konzentrieren Sie sich auf sich selbst.

Wie Sie erkennen, ob Sie des Guten zuviel tun

Mit folgender Tabelle können Sie überprüfen, ob Sie einem Mann, den Sie lieben, auf die richtige Weise helfen oder sich selbst dabei aufreiben. In der linken Spalte wird die Hilfestellung aufgeführt, die angemessen ist, in der rechten Spalte das, was des Guten zuviel ist.

Richtige Hilfe	Des Guten zuviel
Geben Sie ihm zu verstehen, daß Sie mit ihm reden wollen, aber drängen Sie ihn nicht, wenn es nicht der richtige Augenblick ist.	Sie lassen sich immer von ihm dirigieren, wenn Sie Probleme besprechen.

Richtige Hilfe	Des Guten zuviel
Geben Sie ihm Zeit für die Antwort, wenn Sie ihn nach seiner Meinung fragen oder eine verbindliche Aussage brauchen.	Sie nerven ihn immer wieder, wenn er ewig zu keiner Antwort kommt.
Geben Sie ihm viel Anerkennung und Lob, so daß er das sichere Gefühl hat, alles »richtig« zu machen.	Sie erhalten von ihm nicht im selben Maß Lob und Anerkennung zurück.
Geben Sie ihm die Chance, aus seinen Fehlern zu lernen, ohne ihn zu bevormunden.	Ihr Leben wird durch seine Unverantwortlichkeit und Trägheit ständig negativ beeinflußt.
Gehen Sie mit liebevollem Beispiel voran; seien Sie zärtlich, planen Sie Überraschungen oder verteilen Sie kleine Aufmerksamkeiten und Geschenke.	Sie füllen weiterhin die emotionalen Lücken in der Beziehung. Sie rudern das Boot, er spielt den Passagier.
Helfen Sie ihm, Verbindung mit seinen Gefühlen aufzunehmen, geben Sie ihm einen Emotionalen Wegweiser, in dem er seine innersten Empfindungen widergespiegelt sieht.	Sie definieren ihm seine Gefühle. Er verläßt sich auf Sie, daß Sie ihn da »rausholen«.
Geben Sie ihm nicht das Gefühl, etwas »falsch« gemacht zu haben, indem Sie überkritisch oder vorwurfsvoll auf Fehler reagieren.	Sie kritisieren ihn niemals, weil Sie glauben, er würde damit nicht fertigwerden.

Richtige Hilfe	Des Guten zuviel
Verstehen Sie die Wichtigkeit seiner Arbeit, und unterstützen Sie ihn in diesem Bereich.	Sie bestärken ihn als »workaholic« und schieben seinen Job vor, um der Beziehungsarbeit aus dem Weg zu gehen.
Hüten Sie sich davor, Ihren Partner wie ein kleines Kind zu behandeln.	Sie akzeptieren ihn nur als Erwachsenen und spielen niemals mit dem kleinen Jungen in ihm.
Gehen Sie auf seine Stimmungen und auf sein Bedürfnis ein, geliebt und akzeptiert zu werden.	Sie behandeln ihn wie ein rohes Ei, immer auf der Hut, ihn ja nicht aufzuregen.

In seinen Bestrebungen, aus sich herauszugehen, braucht der Mann die Hilfe einer Frau. Manchmal glaube ich, Frauen sind emotionale Hebammen, die den Gefühlen und Empfindsamkeiten, die Männer in sich tragen, ans Licht helfen. Aber egal, wie sehr Sie einen Mann lieben, allein können Sie es nicht schaffen, ihn zu öffnen.

> Wenn Sie einen Mann finden, der die Bereitschaft zeigt, ein liebevoller, gebender Mensch zu werden, entwickelt sich Ihre Beziehung über einen bloßen Machtkampf hinaus zu einer Zusammenarbeit.

Es gibt nichts Frustrierenderes als den Versuch, zu einem geliebten Mann durchzudringen, der emotionale Barrieren einfach nicht beiseite schiebt und Sie nicht in sein Herz einläßt. Und es gibt nichts Wundervolleres, als einen Mann zu lieben, der sich voll Leidenschaft und Mut in die Beziehung mit Ihnen stürzt und darauf vertraut, daß Ihre Liebe ihm helfen wird, der sensible und starke Mensch zu werden, der in ihm steckt.

9 So werden Sie eine richtige Power-Frau

»Wahre Nähe mit einem anderen Menschen kann nur erfahren, wer in sich selbst den wahren Frieden gefunden hat.«

Angela L. Wozniak

Die Wandlung von der Frau, die Sie waren, zu der Frau, die Sie gern sein möchten, ist nicht immer leicht. Es erfordert viel Zeit und Mühe, Ängstlichkeit gegen Mut zu tauschen, Selbstaufopferung gegen Unabhängigkeit, Machtlosigkeit gegen Stärke. Dieses Buch habe ich nicht nur geschrieben, damit Sie die Männer besser verstehen, sondern auch, damit Sie sich als Frau besser begreifen lernen.

Wir haben im Laufe dieses Buches gesehen, daß wir häufig vergessen, uns selbst weiterzuentwickeln, während wir uns bemühen, die Männer zu ändern. Das ist mit der verdrehteste und schädlichste Weg, unsere Energie zu verpulvern. Wir vernachlässigen unseren persönlichen Entwicklungsprozeß, und dadurch entgeht uns die Entdeckung der faszinierenden weiblichen Seele, die jede Frau in sich trägt.

Schritte auf dem Weg zur Power-Frau

Power-Tip Nr. **1** *Machen Sie die Übungen dieses Buches*

Dieses Buch enthält viele Übungen, Checklisten und Tabellen, die Ihnen helfen sollen, als starke Frau mit den Männern in Ihrem Leben besser auszukommen. *Bitte wenden Sie diese Mittel und Methoden an. Sie haben sich wirklich bewährt!* Ich habe sie bereits an Tausende von Frauen weitergegeben und wende sie selbst im täglichen Leben an. Sie müssen nicht jede Liste sofort schreiben oder jeden neuen Vorschlag auf der Stelle ausprobieren. Versuchen Sie, jedesmal nur ein paar Seiten zu lesen und von den dort beschriebenen Prinzipien und Techniken Gebrauch zu machen.

Anmerkung: Besonders ans Herz legen möchte ich Ihnen die Übungen aus Kapitel 2 – »Die sechs größten Fehler, die Frauen Männern gegenüber machen« und Kapitel 3 – »Emotionales Lückenfüllen«. Sie helfen Ihnen, negative Verhaltensmuster aufzudecken, die eine erfüllte Beziehung verhindern.

Power-Tip Nr. **2** *Erarbeiten Sie sich eine Liste mit Verhaltensfehlern und ein Büchlein mit Beziehungsregeln*

Die Fehlerliste ist Ihre ganz persönliche Version der sechs größten Fehler, die Frauen gegenüber Männern machen, der 20 sexuellen Lustkiller, der Kommunikationsfehler und der übrigen Zusammenstellung weiblicher Verhaltensmuster, die wir in diesem Buch untersucht haben. So wird es gemacht:

Erster Schritt: Machen Sie eine Liste Ihrer Verhaltensfehler.

Setzen Sie sich hin und überdenken Sie all Ihre bisherigen Beziehungen mit Männern, sowohl privat als auch beruflich. Aufgrund Ihres neuen Verständnisses durch dieses Buch sollten Sie erkennen, was Sie falsch gemacht haben in den Beziehungen zu diesen Männern. Schreiben Sie es auf. Zum Beispiel:

Muster einer Liste mit Verhaltensfehlern

1. Ich versuche Männer, an denen ich interessiert bin, dadurch zu beeindrucken, daß ich viel von mir erzähle. Ich bin so auf meine Wirkung bedacht, daß ich mich nie frage, welchen Eindruck sie eigentlich auf mich machen.
2. Negative Gefühle meinem Partner gegenüber halte ich zurück, weil ich die Sache nicht gefährden und ihn nicht aufregen will. Es endet damit, daß ich mich innerlich langsam von ihm abwende.
3. Ich rede zuviel von meinem Ex-Ehemann und wie sauer ich noch immer auf ihn bin, so daß mein Partner schließlich das Interesse verliert.
4. Wenn ich mich schlecht behandelt fühle, fange ich an zu schmollen oder mich wie ein kleines Mädchen zu benehmen, anstatt direkt zu sagen, was ich will und für mich selbst einzustehen.
5. Ich lasse meinem Lebensgefährten keine Chance, mich mit etwas Romantischem zu überraschen, da ich ihm immer zuvorkomme.
6. Ich gebe dem Mann, den ich liebe, zu viele Ratschläge, führe mich wie seine Mutter auf und schimpfe mit ihm, wenn er meinen Erwartungen nicht entspricht.

Ihre Fehlerliste sollte mindestens 30 oder mehr Punkte enthalten. Erkennungshilfe für Ihre Fehler können Sie aus diesem Buch beziehen: Immer, wenn Sie ein Beispiel entdecken, das auf Sie zutrifft, schreiben Sie es auf. Legen Sie den ersten Entwurf Ihrer Liste für ein paar Tage beiseite, und Sie werden merken, daß Ihnen noch andere Fehler einfallen oder Sie sich bei weiteren ertappen. Ergänzen Sie Ihre Liste.

**Zweiter Schritt:
Erarbeiten Sie ein Büchlein mit Beziehungsregeln.**

Nehmen Sie sich nun jeden Fehler einzeln vor, und stellen Sie eine Regel dafür auf, die Sie davor bewahrt, denselben Fehler noch einmal zu begehen. Zum Beispiel:

MUSTER FÜR EIN BÜCHLEIN MIT BEZIEHUNGSREGELN

Regel Nr. 1 Wenn ich mich bei dem Versuch ertappe, einen Mann, den ich mag, zu beeindrucken, indem ich ausschließlich über mich rede und ihm nicht eine einzige Frage stelle, höre ich mit der Vorstellung auf und konzentriere mich auf den Gedanken: Ist er überhaupt richtig für mich?

Regel Nr. 2 Werde ich mir negativer Gefühle bewußt, spreche ich sie sofort aus, statt zu warten, bis sie stärker werden – auch wenn ich meinen Partner damit aufregen sollte.

Regel Nr. 3 Ich arbeite daran, die Beziehung zu meinem Ex-Ehemann ins Lot zu bringen, indem ich mich frage, wieweit ich die Verletzungen, die mir zugefügt wurden, selbst herausgefordert habe. Ich höre auf, mich als Opfer und ihn als Schurken hinzustellen.

Regel Nr. 4 Wenn meine Gefühle verletzt sind, teile ich das meinem Partner sofort mit, anstatt zu schmollen, es ihm heimzuzahlen, so zu tun, als wäre es mir egal, oder mich wie ein kleines Kind aufzuführen.

Regel Nr. 5 Wenn mir klar wird, daß ich emotionale Lücken fülle, höre ich auf damit und frage mich, was mein Partner mir in letzter Zeit eigentlich gegeben hat. War es nicht genug, mache ich ihm meine Bedürfnisse klar, statt von mir aus die Situation zu verbessern.

Regel Nr. 6 Wenn ich merke, daß ich unaufgefordert Ratschläge erteile oder meinen Partner wie einen kleinen Jungen behandle, ziehe ich mich zurück. Ich atme tief durch und überlasse ihm selbst die Problemlösung. Es sei denn, er bittet um Hilfe.

Vergewissern Sie sich, daß Sie für jeden Fehler eine Regel aufgestellt haben. Selbstverständlich können Sie bei jedem neuen Fehler, der Ihnen auffällt, auch eine neue Regel hinzufügen.

Dritter Schritt: Kopieren Sie die Regeln ein paarmal und studieren Sie sie des öfteren.

Je vertrauter Ihnen die Regeln sind, desto weniger verfallen Sie in dieselben alten Fehler. Ein Vorschlag: Machen Sie sich einige Kopien Ihrer Beziehungsregeln. Eine Kopie tragen Sie immer in der Handtasche; eine zweite legen Sie sich ans Bett und lesen sie gleich morgens; eine weitere kleben Sie an Ihren Kühlschrank (es sei denn, Ihr Partner soll sie nicht sehen).

Prägen Sie sich die Regeln gut ein, bis Sie sie praktisch auswendig können.

Vierter Schritt: Lassen Sie Ihren Partner und / oder gute Freunde an diesen Regeln teilhaben, um deren Unterstützung für Ihre neuen Vorsätze zu gewinnen.

Wenn Sie wirklich ernsthaft auf eine Veränderung hinarbeiten, weihen Sie Ihren Partner in die Regeln ein. Er wird sich über Ihr Engagement freuen und steuert vielleicht selbst noch ein paar Regeln dazu bei. Bitten Sie ihn, Sie »abzumahnen«, wenn er merkt, daß Sie eine Regel brechen. Sie können auch Freundinnen zur Unterstützung heranziehen, die Ihnen helfen, standhaft zu bleiben.

Fünfter Schritt: Bitten Sie Ihren Partner, eine eigene Fehlerliste und eigene Regeln aufzustellen.

Wollen Sie und Ihr Partner an der Gestaltung einer harmonischen Beziehung arbeiten, kommen Sie beide nicht darum herum, eigene Listen und Regeln aufzustellen. Ist Ihre Sammlung erst einmal vollständig, wird das Ihren Partner hoffentlich dazu ermutigen, das gleiche zu tun.

Ein Büchlein mit Beziehungsregeln zusammenzustellen ist der bedeutendste Schritt, den Sie tun können, um Ihr Verhalten tatsächlich zu ändern. Jedesmal, wenn Sie merken, daß Sie Gefahr laufen, wieder in einen Ihrer alten Fehler zu verfallen, werden Sie sich selbst dabei ertappen, sich die entsprechende Regel ins Gedächtnis rufen – und schon haben Sie eine neue Richtung.

Power Tip Nr. 3 *Suchen Sie sich Rückhalt bei Frauen aus Ihrem Umfeld*

Frauen ignorieren oft eine Quelle, aus der besonders reichlich Ermutigung und Beistand fließt – andere Frauen. Wenn wir andere Frauen als Konkurrenz betrachten, als potentielle Gefahr, die uns den Mann wegschnappen könnte, schneiden wir uns ins eigene Fleisch. Frauen können sich bei ihrer Entwicklung gegenseitig auf eine Art und Weise unterstützen, wie es kein Mann je vermag. Wir können den Schmerz der anderen wie unseren eigenen fühlen, können uns an der Stärke der anderen freuen und feiern unsere wechselseitigen Siege, als hätten wir sie selbst errungen. Schließlich sind wir alle verschiedene Facetten ein und desselben Juwels – der weiblichen Seele.

Je mehr Liebe und Unterstützung Ihre Freundinnen Ihnen geben, um so weniger sind Sie darauf angewiesen, daß ein Mann all Ihre Bedürfnisse befriedigt.

Es gibt eine besondere Art der Aufmerksamkeit und Unterstützung, die Ihnen nur Frauen geben können. Wenn Sie dasselbe von Männern erwarten, werden Sie enttäuscht. Einer Tatsache können Sie getrost ins Auge sehen: *Männer werden niemals wie Frauen werden.* Und ich glaube, je mehr Sie sich diese spezielle Art von Liebe und Verbundenheit von Frauen holen, um so eher sind Sie in der Lage, dankbar anzunehmen und wertzuschätzen, was Ihnen ein Mann als Mann zu geben hat.

Hier ein paar Vorschläge:

• **Schließen Sie sich einer Frauengruppe an, oder rufen Sie selbst eine ins Leben.** Gründen Sie eine Selbsthilfegruppe von Frauen, die sich und ihre Beziehung mit Männern verändern wollen. Anfangs könnten Sie sich einmal im Monat treffen und über das sprechen, was Sie aus diesem Buch gelernt haben, und über die Dinge, die Sie sich gerade abgewöhnen wollen. Eine weitere Möglichkeit besteht darin, bei Ihrem wöchentlichen oder monatlichen Treffen über je einen anderen Abschnitt oder Gedanken aus diesem Buch zu diskutieren. Ich schlage vor, Sie zeigen sich gegenseitig Ihre Fehlerlisten und Beziehungsregeln, dann haben Sie nicht das Gefühl, die einzige mit so einer langen Liste zu sein. Und motivieren Sie sich gegenseitig, die neuen, zuträglicheren Verhaltensweisen zu befolgen. Die Zusammenarbeit mit anderen Frauen wird Ihnen Mut machen und Sie darin bestärken, die neuen Prinzipien in die Tat umzusetzen.

● **Suchen Sie sich eine Frau als »Power Buddie«.** So eine »Power-Kumpanin« sollte einverstanden sein, Ihnen als Partnerin zur Seite zu stehen, während Sie beide in den Prozeß der tiefgreifenden persönlichen Veränderung einsteigen. Sie setzen sich mit Ihrer Freundin zusammen, entwickeln emotionale Ziele für sich, zeigen sich Ihre Fehlerlisten und das Büchlein mit Regeln und verpflichten sich zu gegenseitiger Unterstützung in jeder nur möglichen Weise. Wenn Sie sich beispielsweise dabei ertappen, daß Sie sich wieder einmal aufopfern und Ihre ganze Energie an Ihren Partner abgeben, rufen Sie Ihren »Power Buddie« an und bitten Sie um ein Aufmunterungsgespräch. Und wenn Sie selbst die Orientierung verlieren, behält Ihr »Power Buddie« hoffentlich den Überblick und kann Sie wieder ins richtige Fahrwasser bringen.

Power-Tip Nr. 4 *Wahren Sie Ihre Würde*

Im ersten Teil dieses Buches haben wir uns klargemacht, was es heißt, Ihre Würde als Frau zu bewahren. Ich möchte Sie noch einmal daran erinnern, weil das etwas sehr Wichtiges beinhaltet. Denken Sie darüber nach, was es für Sie bedeutet, sich Ihre Würde zu bewahren. Vielleicht heißt es: Kein Sex mit jemandem, solange er sich nicht in irgendeiner Form zu Ihrer Beziehung bekennt! Vielleicht heißt es, daß Sie sich von Ihrem Partner nie mehr anschreien oder bedrohen lassen wollen. Vielleicht auch, nicht zuzulassen, daß Ihnen jemand

Ihre Gefühle ausredet. Nehmen Sie den Satz als Ihr neues »Mantra«. Meditieren Sie darüber, wenn Sie sich ärgern, schreiben Sie es auf, und hängen Sie es überall hin, wo Sie es häufig lesen.

Sind wir wirklich so verschieden?

Während ich an diesem Buch schrieb, gab ich die fertigen Kapitel meinen engsten Freunden zu lesen. Die Reaktionen waren höchst interessant. Die Frauen meinten alle, mit dem, was ich da über Männer geschrieben habe, könnten sie auch etwas anfangen, und sie fühlten sich genauso angesprochen. Und alle Männer gaben zu, etliche der Fehler begangen zu haben, die ich eigentlich den Frauen zugeordnet hatte. »Langsam versteht ihr«, freute ich mich, »unter der Tünche der Erziehung sind Männer und Frauen gar nicht so verschieden.«

Männer und Frauen haben alle dasselbe Ziel: Sie wollen anerkannt werden, sich in ihrer Haut wohl fühlen und geliebt werden.

Auch wenn ich über Männer schreibe und über Frauen, habe ich nicht die Absicht, die Kluft zwischen den Geschlechtern noch zu vergrößern, sondern ich möchte eine Brücke der Verständigung zwischen uns schlagen.

Ganz sicher haben Sie beim Lesen bemerkt, daß Sie einige der Eigenschaften, die ich den Männern zugeordnet habe, auf sich beziehen müssen. Und daß bei Ihrem Partner manchmal die weiblichen Beispiele eher zutreffen als die männlichen. Natürlich trifft nicht alles haargenau auf Sie oder auf Ihren Liebsten zu. Benutzen Sie das aber nicht als Ausrede, auch die Passagen herunterzuspielen, die Sie sehr wohl betreffen! Und denken Sie daran: Sie können das, was Sie gelernt haben, auf alle Männer anwenden, die in Ihrem Leben eine Rolle spielen – Ihre Brüder, Ihren Vater, Ihre Freunde, Mitarbeiter und auf Ihren Chef.

Die »Geburt« eines Buches

Während ich an meinem Computer sitze und diese letzten Zeilen schreibe, denke ich an meine Freundin Jamie, die in diesem Augenblick auf ihre Entbindung wartet. Jamie und ich haben im Spaß immer gesagt, bei ihr würden die Wehen erst einsetzen, wenn auch dieses Buch voll »ausgetragen« wäre. Da sie heute Termin hat, sitze ich den ganzen Morgen da und tippe fieberhaft immer in der Hoffnung, daß das Telefon nicht klingelt, bevor meine letzten Sätze auf dem Papier stehen.

Dieses Buch zu schreiben, war in vielerlei Hinsicht wie eine Geburt für mich. Das war mir noch nie so bewußt wie in diesem Moment, da ich am Ende bin und Kraft schöpfe aus meinem tiefsten Innern, um das letzte aus mir herauszuholen. Jemand hat es mal so ausgedrückt: »Frauen sind die Vehikel des Lebens.« Wir schaffen Leben aus uns selbst, und durch unsere Liebe schenken wir anderen Leben. In unserer eigenen ständigen Erneuerung erfahren wir das Wunder des Lebens.

Wie Jamies Baby entstand dieses Buch aus Liebe. Aus Liebe für die Männer in meinem Leben, denen ich durch freudvolle wie schmerzhafte Erfahrungen Einblicke in die unvergleichliche Schönheit des männlichen Geistes verdanke. Sie halfen mir, die Worte zu finden, ihr geheimnisvolles Schweigen zu beschreiben, und sie lehren mich in jeder neuen Beziehung, daß die Liebe sich lohnt, ganz gleich, wohin sie führt.

Aus Liebe für die Frauen – für meine Mutter, meine Großmütter, meine Freundinnen, für jede Frau, die sich an mich wandte, sich mir in einem Seminar anvertraute oder sich in meinen Armen ausweinte. Sie alle haben mir gezeigt, daß ich nicht allein bin mit meinem Wunsch nach einer liebevollen Welt.

Und vor allem aus Dankbarkeit, daß es die Liebe gibt, daß wir fähig sind, so viele Menschen auf so vielfältige Art zu lieben; daß wir bei einem Abschied zwar einen Menschen verlieren können, die Liebe aber bestehen bleibt; daß sich die Liebe wunderbarerweise immer wieder erneuert.

Durch Liebe habe ich schwerstes Leid erfahren, aber auch größten Frieden gefunden, so hat sie mich als geduldige Lehrerin immer weiter geführt.

Dieses Buch in die Welt zu setzen ist mir nicht leichtgefallen. Mehr als alles andere hat es mich mit meinen eigenen seelischen Untiefen und Blindheiten konfrontiert. Ich erinnerte mich, wie ich mir in längst vergessenen Träumen die Liebe vorgestellt hatte. Aber vor allem bin ich froh, daß ich immer wieder den Mut aufgebracht habe, an die Liebe zu glauben und sogar, wenn Liebeskummer mir das Herz gebrochen hatte, wieder neu zu beginnen.

So wird Jamie also ihr Kind bekommen und mein Verleger dieses Buch. Wie ein Kind wird es von nun an ein eigenes Leben führen, losgelöst und doch ein Teil von mir. Und wie eine Mutter ihr Kind mit dem Herzen begleitet, begleiten meine guten Wünsche dieses Buch.

Vielleicht kann es ein wenig dazu beitragen, Ihr Leben harmonischer und glücklicher zu gestalten. Ich wünsche Ihnen von ganzem Herzen, daß Ihr persönlicher Traum von Liebe wahr wird.

BÜCHER ZUM THEMA
SELBSTFINDUNG UND PARTNERSCHAFT

Rita Freedman
»DIE KUNST, SICH SELBST ZU LIEBEN«
– Der innere Weg zur Schönheit –

Ein einfühlsamer, überzeugender Weg zu mehr Selbstvertrauen und persönlichem Erfolg.
368 Seiten. ISBN 3-453-03984-X

———— ✻ ————

Karin Dietl-Wichmann
»HÖRIGKEIT«
– Die Sehnsucht nach Unterwerfung –

Betroffene erzählen, wie sie zu Gefangenen einer bizarren Leidenschaft wurden.
172 Seiten. ISBN 3-453-04375-8

———— ✻ ————

Monika Reichelt
»DIE VERLETZTE SEELE«
– Über die Bedeutung des Selbstwertgefühls für unsere Persönlichkeitsentwicklung –

Wie Verletzungen des Selbstwertgefühls zu seelischem Leiden, zu Haß gegen die eigene Person oder andere Menschen führen. Ermutigungen zum Aufbau eines stabilen Selbstwertgefühls.
264 Seiten. ISBN 3-453-05198-X

———— ✻ ————

Brenda Schaeffer
»WENN LIEBE ZUR SUCHT WIRD«
Liebe – Liebessehnsucht – Hörigkeit – Perversion der Gefühle

Für viele eine scheinbar ausweglose Realität. Ihre Ursachen – und Lösungen des Problems.
176 Seiten. ISBN 3-453-03218-7

WILHELM HEYNE VERLAG MÜNCHEN

BÜCHER ZUM THEMA LIEBE

Gael Greene
»WIE MAN EINE FEIGE ISST«
– Der Welterfolg – Das Liebesbuch »Delicious Sex« –
Ein vergnügliches Plädoyer für mehr Sinnlichkeit.
Für Frauen, die noch mehr Spaß am Sex haben wollen.
216 Seiten. Mit 18 erotischen Illustrationen.
ISBN 3-453-032229-2

———— * ————

Marc und Judith Meshorer
»SCHÖNER ALS FLIEGEN«
– Frauen verraten ihr Geheimnis, wie sie leicht zum Orgasmus kommen –
Ein anregender Wegweiser für erfüllte Partnerschaft.
270 Seiten. ISBN 3-453-04374-X

———— * ————

Dr. Maurice Yaffé / Elizabeth Fenwick
»HAPPY SEX. SPASS AM SEX.«
– Das umfassende Handbuch der Liebe und der Liebespraktiken –
Mit ausführlichen illustrierten Anleitungen zu einem glücklicheren und erfüllteren Sexualleben.
320 Seiten. ISBN 3-453-37106-2

———— * ————

June M. Reinisch / Ruth Beasley
»DER NEUE KINSEY INSTITUT REPORT«
– Sexualität heute –
Die neuesten Erkenntnisse über das Sexualverhalten von Mann und Frau.
560 Seiten. ISBN 3-453-05195-5

WILHELM HEYNE VERLAG MÜNCHEN

MEDITATIONSBÜCHER ZUM THEMA LEBENSHILFE

Melody Beattie
»KRAFT ZUM LOSLASSEN«
– Tägliche Meditationen für die innere Heilung –
Ein Hazelden Meditationsbuch

Loslassen lernen: Innerlich Abstand gewinnen von Bindungen, Erwartungen, Ängsten und einengenden Denk- und Verhaltensmustern. Der Weg zur Überwindung selbstzerstörerischer Abhängigkeiten.
416 Seiten. ISBN 3-453-04765-6

———— * ————

»DAS BUCH DER LIEBE«
Ein Hazelden Meditationsbuch

Gedanken, die weiterführen. Sprituelle Begleiter für jeden Tag. Lebenshilfe in neuer Dimension.
120 Seiten. ISBN 3-453-02852-X

———— * ————

Anne Wilson Schaef
»NIMM DIR ZEIT FÜR DICH SELBST«
– Tägliche Meditationen für Frauen, die zuviel arbeiten –

Wenn Arbeitssucht das Leben zerstört. Meditationen für Frauen, die wieder zu sich selbst kommen wollen.
Ca. 400 Seiten. ISBN 3-453-05561-6

WILHELM HEYNE VERLAG MÜNCHEN